商务馆实用汉语师资培训教材
世界汉语教学学会　审订

汉语课堂教学技巧325例

周　健　主编

商务印书馆

图书在版编目(CIP)数据

汉语课堂教学技巧 325 例 / 周健主编 .— 北京：商务印书馆，2009（2023.6 重印）
（商务馆实用汉语师资培训教材）
ISBN 978-7-100-06495-8

Ⅰ.①汉… Ⅱ.①周… Ⅲ.①对外汉语教学—教学法—师资培训—教材 Ⅳ.①H195.3

中国版本图书馆 CIP 数据核字（2009）第 004084 号

权利保留，侵权必究。

HÀNYǓ KÈTÁNG JIÀOXUÉ JÌQIĀO 325 LÌ
汉语课堂教学技巧325例
周 健 主编

商 务 印 书 馆 出 版
（北京王府井大街36号 邮政编码100710）
商 务 印 书 馆 发 行
北京艺辉伊航图文有限公司印刷
ISBN 978-7-100-06495-8

2009年12月第1版　　　　开本 710×1000 1/16
2023年6月北京第9次印刷　　印张 27¾
定价：98.00元

主编 周 健

作者（按音序排列）

安辉仁	白晓红	陈 晨	陈光磊	陈佩瑜	陈小英	陈延河
陈作宏	崔建新	狄国伟	范 磊	范文嫣	高思嘉	郭盛春
韩志刚	何 瑾	贺晨吟	恒 声	侯兴泉	黄 立	黄年丰
黄 茜	贾笑梅	李海鸥	李乐毅	李 立	李 琳	李文丹
李香平	李晓琪	李增吉	廖暑业	林柏松	林 凌	林晓彤
林奕高	刘丽宁	刘若云	刘小花	刘运同	卢福波	卢 伟
陆俭明	陆庆和	罗青松	马明艳	毛世桢	毛哲诗	潘先军
彭 柳	彭文峰	彭小川	彭增安	钱旭菁	饶 勤	邵 菁
邵敬敏	宋玉柱	孙清忠	孙新爱	谈颖瑜	谭桂英	唐 玲
田宏梅	田 艳	童盛强	万京湘	王汉卫	王庆云	王淑红
吴 琳	吴晓露	吴晓明	吴中伟	谢海燕	徐玉敏	严丽明
晏懋思	杨德峰	杨惠元	杨 俐	杨岩勇	姚 宁	叶 花
叶 军	易 源	尹绍华	于宏梅	喻 江	喻 捷	岳维善
张 舸	张汉娇	张 娜	张 念	张文莉	张永亮	赵金铭
赵明德	郑秋坤	周 健	周小兵	朱 川	朱其智	朱晓文
宗 和	宗世海					

插图 刘德辉

前　言

　　本书原名《汉语课堂教学技巧与游戏》，是为汉语教师编写的一本课堂教学参考书，1998年秋由北京语言大学出版社出版以来已经重印了7次，受到了海内外广大汉语教师的欢迎。最近10年来，汉语加快走向世界的步伐，各国对汉语学习的需求迅速增长，其增长的速度、规模和范围都超过了人们的预料，汉语学习者已遍布世界的各个角落。

　　如今制约汉语传播的两大瓶颈因素是教师和教材，尤其是专业汉语教师的缺乏，估计短期内难有根本性的改变。培养一名合格的汉语教师，需要数年的努力，但时不我待，很多只受过短期培训的教师或志愿者也匆匆走上了教学岗位，目前最大的问题就是在第一线工作的教师，尤其是新教师，缺乏教学经验和对外汉语教学法知识，教学效果不理想。

　　此外，汉语课堂教学形式单调枯燥、缺乏趣味性也是一个比较普遍的问题。外国学生本来就有"汉语难学"的看法，如果再加上一味强调刻板严肃、满堂灌输、死气沉沉、缺乏幽默感的课堂教学，他们就会产生难上加难的感觉了。但如果教师能采用富有趣味性的教学技巧和课堂游戏，沉闷乏味的教学状态是完全可以改变的。如果能让学生感到汉语不但博大精深，而且好玩、好学、有意思，那么，汉语教学就进入了佳境。我们献给广大汉语教师朋友的这本书就提供了许多具体实用的、富于趣味性的、易于操作的、效果明显的课堂教学方法与技巧。本书绝大多数作者都是长期在国内外从事汉语教学、富有教学经验、教学效果良好的教师，一则则短小的教学技巧，凝聚了他们的教学智慧与创新精神。

"教学有法、教无定法、贵在得法"，教学方法不是固定的、一成不变的，而应根据具体教学情境和学生特点不断改进创新。这次修订，改动很大：对于原版收录的212条教学技巧中教学效果不明显的或操作性欠佳的，我们进行了大刀阔斧的删削。删去了一半左右，又新增了200多条，使总量达到325条。也就是说，新增部分占到全书的三分之二。作者队伍也从原来的26人，扩大到107人。这300余条教学方法与技巧，绝大部分是作者响应征稿踊跃投寄给我们的，也有少量是节录或改编自作者公开发表的著作文章。因条件所限，未能和所有作者一一取得联系。请未联系到的作者见书后速与出版社联系。

　　《汉语课堂教学技巧325例》能有幸在商务印书馆出版，我要特别感谢周洪波先生的关心支持以及本书责任编辑的细致编校。

周　健

2008年11月

于暨南大学华文学院

zhou5081@126.com

目　　录

一　语音教学

正确认识汉语语音教学 ································ 1
1. 基本方法与技巧 ································· 3
2. 试读入手教拼音 ································· 4
3. 简化声母教学 ··································· 6
4. 最小对比对儿 ··································· 7
5. 对比教语音 ····································· 8
6. 声韵举示 ······································· 9
7. 拼音抢答练直呼 ································ 11
8. 拼音填空 ······································ 11
9. 听音改读 ······································ 12
10. 定调音节 ····································· 13
11. 辨调代表字 ··································· 14
12. 填调号，辨音节 ······························· 15
13. 辨音比反应 ··································· 16
14. 速断声调 ····································· 18
15. 教练第三声 ··································· 18
16. 连读变调 ····································· 20
17. 声调归类 ····································· 21
18. 异口同"声" ·································· 22
19. 声调辨听 ····································· 23
20. 判断音节 ····································· 24
21. 选择音节 ····································· 25
22. 对比听辨 ····································· 26

23. 挑出异类 …………………………………………………… 27
24. 读卡听写 …………………………………………………… 28
25. 拼音速递 …………………………………………………… 29
26. 听音填表 …………………………………………………… 30
27. 拼音改错 …………………………………………………… 31
28. 听自己说汉语 ……………………………………………… 33
29. 拼音寻宝 …………………………………………………… 33
30. 拼字母猜词语 ……………………………………………… 34
31. 争分夺秒 …………………………………………………… 34
32. 拼音密码 …………………………………………………… 35
33. 找朋友，练拼合 …………………………………………… 36
34. 四声叠韵 …………………………………………………… 38
35. 辨音填空 …………………………………………………… 38
36. 四声语感 …………………………………………………… 39
37. 写拼音比赛 ………………………………………………… 41
38. 拼音词汇接龙 ……………………………………………… 42
39. 声母迷宫 …………………………………………………… 42
40. 速测语音 …………………………………………………… 43

二　汉字教学

正确认识汉字教学 …………………………………………… 46
41. 基本方法与技巧 …………………………………………… 49
42. 解释汉字的技巧 …………………………………………… 53
43. 字形教学技巧 ……………………………………………… 57
44. 笔顺比赛 …………………………………………………… 59
45. 汉字溯源 …………………………………………………… 61
46. 趣解汉字 …………………………………………………… 62
47. 闪现记字 …………………………………………………… 64

48. 添一笔变新字 … 65
49. 加两点变个字 … 65
50. 看谁组字多 … 67
51. 三笔组字 … 67
52. 挑错改正 … 68
53. 拼字比赛 … 69
54. 偏旁部首搭配 … 70
55. 添部首组新字 … 71
56. 添加部首 … 72
57. 拆字组字 … 73
58. 五字成行 … 73
59. 部件构字 … 74
60. 形声字猜音义 … 75
61. 形音义勾连 … 76
62. 部件组装记字串 … 77
63. 形声字的认知 … 78
64. 形声字结构归类 … 79
65. 拼字扑克 … 81
66. 部件拼字 … 82
67. 猜字组字 … 83
68. 字义关联技巧 … 84
69. 找字中字 … 85
70. 记写汉字比赛 … 86
71. 生字开花 … 87
72. 联网记汉字 … 88
73. 方格填空 … 90
74. 联系旧知找规律 … 90
75. 确定多音字读音 … 91

76. 写同音字 ·· 92
77. 同音字组词 ·· 94
78. 字词接龙 ·· 95
79. 填字成词 ·· 96
80. 选字填空 ·· 97
81. 填字游戏 ·· 98
82. 韵语识字 ·· 99
83. 顺口溜巧记形近字 ··· 100
84. 巧记多音字 ··· 102
85. 形旁的提示作用 ·· 104
86. 形近偏旁辨析 ·· 106
87. 读半边，准没错 ·· 107
88. 认字不能读半边 ·· 108
89. 声旁"交" ··· 109
90. 声旁示音规律（一） ··· 111
91. 声旁示音规律（二） ··· 112
92. 改错别字 ·· 114
93. 选字组词 ·· 116
94. 联想法学汉字 ·· 118
95. 汉字中的文化例释 ··· 119
96. 查字典比赛 ··· 120
97. 汉字笑话 ·· 121
98. 猜字谜 ·· 125

三　词汇教学

正确认识词汇教学 ·· 131
99. 基本方法与技巧 ·· 133
100. 唱歌谣学词语 ·· 135

101. 对比释词 ⋯⋯⋯⋯⋯⋯⋯⋯⋯⋯⋯⋯⋯⋯⋯⋯ 136
102. 语义结构图示 ⋯⋯⋯⋯⋯⋯⋯⋯⋯⋯⋯⋯⋯⋯ 138
103. 图示义项关联 ⋯⋯⋯⋯⋯⋯⋯⋯⋯⋯⋯⋯⋯⋯ 139
104. 竞填水果名 ⋯⋯⋯⋯⋯⋯⋯⋯⋯⋯⋯⋯⋯⋯⋯ 140
105. 梳理词义发展 ⋯⋯⋯⋯⋯⋯⋯⋯⋯⋯⋯⋯⋯⋯ 141
106. 建立词汇网络系统 ⋯⋯⋯⋯⋯⋯⋯⋯⋯⋯⋯⋯ 142
107. 词语串讲 ⋯⋯⋯⋯⋯⋯⋯⋯⋯⋯⋯⋯⋯⋯⋯⋯ 144
108. 借助语境揭示词义 ⋯⋯⋯⋯⋯⋯⋯⋯⋯⋯⋯⋯ 145
109. 完整句释词义 ⋯⋯⋯⋯⋯⋯⋯⋯⋯⋯⋯⋯⋯⋯ 146
110. 提示猜词 ⋯⋯⋯⋯⋯⋯⋯⋯⋯⋯⋯⋯⋯⋯⋯⋯ 147
111. 分辨义项 ⋯⋯⋯⋯⋯⋯⋯⋯⋯⋯⋯⋯⋯⋯⋯⋯ 149
112. 义项辨析 ⋯⋯⋯⋯⋯⋯⋯⋯⋯⋯⋯⋯⋯⋯⋯⋯ 150
113. 短语教学：打交道 ⋯⋯⋯⋯⋯⋯⋯⋯⋯⋯⋯⋯ 151
114. 找数字连成线 ⋯⋯⋯⋯⋯⋯⋯⋯⋯⋯⋯⋯⋯⋯ 152
115. 六六大顺 ⋯⋯⋯⋯⋯⋯⋯⋯⋯⋯⋯⋯⋯⋯⋯⋯ 153
116. 说前后数字 ⋯⋯⋯⋯⋯⋯⋯⋯⋯⋯⋯⋯⋯⋯⋯ 154
117. 数数避"七" ⋯⋯⋯⋯⋯⋯⋯⋯⋯⋯⋯⋯⋯⋯⋯ 155
118. 加减计数 ⋯⋯⋯⋯⋯⋯⋯⋯⋯⋯⋯⋯⋯⋯⋯⋯ 155
119. 寻找规律 ⋯⋯⋯⋯⋯⋯⋯⋯⋯⋯⋯⋯⋯⋯⋯⋯ 156
120. 数字速读 ⋯⋯⋯⋯⋯⋯⋯⋯⋯⋯⋯⋯⋯⋯⋯⋯ 157
121. 数字秘书 ⋯⋯⋯⋯⋯⋯⋯⋯⋯⋯⋯⋯⋯⋯⋯⋯ 159
122. 量词搭配 ⋯⋯⋯⋯⋯⋯⋯⋯⋯⋯⋯⋯⋯⋯⋯⋯ 160
123. 量词比赛 ⋯⋯⋯⋯⋯⋯⋯⋯⋯⋯⋯⋯⋯⋯⋯⋯ 160
124. 教方位词 ⋯⋯⋯⋯⋯⋯⋯⋯⋯⋯⋯⋯⋯⋯⋯⋯ 161
125. 图解方位歧义 ⋯⋯⋯⋯⋯⋯⋯⋯⋯⋯⋯⋯⋯⋯ 163
126. TPR 练方位词 ⋯⋯⋯⋯⋯⋯⋯⋯⋯⋯⋯⋯⋯⋯ 164
127. 教颜色词 ⋯⋯⋯⋯⋯⋯⋯⋯⋯⋯⋯⋯⋯⋯⋯⋯ 165
128. 人体词语 ⋯⋯⋯⋯⋯⋯⋯⋯⋯⋯⋯⋯⋯⋯⋯⋯ 166

129. 我说你指 ······ 167

130. 配对学生词 ······ 168

131. 归类听写 ······ 169

132. 词语汇集 ······ 169

133. 疯狂采购 ······ 170

134. 词语归类 ······ 171

135. 找异类词 ······ 172

136. 另类义项 ······ 173

137. 同音词语 ······ 174

138. 倒顺词 ······ 176

139. 反义语素合成词 ······ 177

140. 猜音译外来词 ······ 178

141. 同义词替换 ······ 179

142. 同义词辨析 ······ 180

143. 三组同义词的辨析 ······ 182

144. "同样"和"一样" ······ 184

145. "帮"、"帮忙"和"帮助" ······ 185

146. "时间"和"时候" ······ 186

147. "认识"、"了解"和"知道" ······ 188

148. 对比析误 ······ 190

149. 说反义词 ······ 192

150. 画画猜词 ······ 194

151. 猜哑谜 ······ 194

152. 词语宽式接龙 ······ 195

153. 成语抢答 ······ 196

154. 连通成语龙 ······ 197

155. 组词扑克 ······ 199

156. 试猜成语 ······ 200

157. 找共同点 · · · · · · 201
158. 词语联想 · · · · · · 202
159. 看图说词 · · · · · · 203
160. 说半续完 · · · · · · 203
161. 填空与替换 · · · · · · 204
162. 结合句子复习生词 · · · · · · 205
163. 改说句子复习生词 · · · · · · 206
164. 缩合造词 · · · · · · 207
165. 填字组词比赛 · · · · · · 208
166. 生词复现法 · · · · · · 209
167. 抽签造句 · · · · · · 211
168. 语块教学法 · · · · · · 212

四　语法教学

正确认识语法教学 · · · · · · 215
169. 基本方法与技巧 · · · · · · 217
170. 变虚为实 · · · · · · 218
171. 加强式输入 · · · · · · 221
172. 英汉对比找规律 · · · · · · 222
173. 教"的、地、得" · · · · · · 224
174. 区分"的、地、得" · · · · · · 225
175. 教"着" · · · · · · 227
176. 教句末"了" · · · · · · 229
177. "了"字的增删 · · · · · · 230
178. 教"一……就" · · · · · · 231
179. 教复合趋向补语 · · · · · · 233
180. 教"其实" · · · · · · 235
181. 对比教关联词 · · · · · · 237

182. 关联词抢答造句 ………………………………………… 238
183. 复句配对 ………………………………………………… 239
184. 教主谓谓语句 …………………………………………… 239
185. 教时刻表达 ……………………………………………… 242
186. 教含有时段的宾语 ……………………………………… 243
187. 速添语法成分 …………………………………………… 244
188. 替换句子成分 …………………………………………… 245
189. 追根问底 ………………………………………………… 247
190. 画线提问 ………………………………………………… 247
191. 临摹图画 ………………………………………………… 248
192. "比"字句 ……………………………………………… 249
193. 高矮排队 ………………………………………………… 251
194. 巧猜数字 ………………………………………………… 251
195. 副词"比较" …………………………………………… 253
196. "有（一）点儿"和"一点儿" …………………… 254
197. 副词"白" ……………………………………………… 256
198. "才"的语法意义 ……………………………………… 257
199. "才"和"就" ………………………………………… 259
200. "能"和"会" ………………………………………… 261
201. "本来"和"本来就" ………………………………… 263
202. "巴不得"和"恨不得" ……………………………… 264
203. "几乎"和"简直" …………………………………… 266
204. "难免"和"不免" …………………………………… 267
205. "把"字句教学顺序 …………………………………… 269
206. "把"字句操练 ………………………………………… 270
207. 摆放家具 ………………………………………………… 271
208. 巧练"把"字句 ………………………………………… 272
209. 教"居然"和"连" …………………………………… 273

210. "不大"和"不太" ···································· 274
211. "起来"、"下去"和"下来" ························ 276
212. 歧义辨析 ·· 277
213. 对比析疑 ·· 279
214. "又"、"再"和"还" ································ 280
215. 多重定语找位置 ···································· 282
216. 教多重定语 ··· 283
217. 教练离合词 ··· 284
218. "正"、"在"、"正在"和"呢" ····················· 287
219. 教"是……的"句 ·································· 288
220. 利用照片练"是……的"句 ······················ 291
221. 连词成句 ·· 292
222. 病句查因 ·· 293
223. 语义指向分析 ······································· 294
224. 时间顺序分析 ······································· 296
225. 疑问句的选择 ······································· 297

五 语篇教学

正确认识语篇教学 ······································ 299
226. 字词句段扩展 ······································· 302
227. 连句成段 ·· 303
228. 引导写话 ·· 305
229. 先排序再加关联词 ································· 306
230. 填关联词 ·· 307
231. 变换角度复述 ······································· 310
232. 看图写话 ·· 312
233. 听后写 ··· 314
234. 模仿式写作训练 ···································· 315

235. 写长法 ·········· 317
236. 重过程的写作训练 ·········· 319
237. 过程法示例 ·········· 320
238. 衔接偏误分析 ·········· 322
239. 省略的语义判断 ·········· 325
240. 用词偏误分析 ·········· 326

六　交际训练

正确认识交际训练 ·········· 328
241. 情景会话训练 ·········· 330
242. 念歌谣学汉语 ·········· 331
243. 完成句子 ·········· 333
244. 切割记句 ·········· 334
245. 扩展句子 ·········· 335
246. 问 B 于 A ·········· 336
247. 快问快答 ·········· 337
248. 合二为一 ·········· 337
249. 电话约会 ·········· 338
250. 找不同 ·········· 340
251. 张冠李戴 ·········· 340
252. 明察秋毫 ·········· 342
253. 领回失物 ·········· 342
254. 听后连线 ·········· 343
255. 暗示猜词 ·········· 344
256. 交头接耳 ·········· 345
257. 西蒙的命令 ·········· 345
258. 故事接力 ·········· 346
259. 当机立"断" ·········· 347

- 260. 卡片配对 ·············· 348
- 261. 听后表述 ·············· 349
- 262. 聆听与描述 ············ 350
- 263. 编故事结局 ············ 350
- 264. 意外的答案 ············ 352
- 265. 编吹牛故事 ············ 353
- 266. 故事表演 ·············· 355
- 267. 互问互答 ·············· 356
- 268. 循环问答 ·············· 357
- 269. 答非所问 ·············· 357
- 270. 交流短信 ·············· 358
- 271. 设语境练说话 ·········· 359
- 272. 练习话别 ·············· 360
- 273. 汉语扑克 ·············· 362
- 274. 自由提问 ·············· 363
- 275. 说鞋找鞋 ·············· 364
- 276. 猜东西 ················ 364
- 277. 描述动物 ·············· 365
- 278. 描述动作 ·············· 366
- 279. 以貌取人 ·············· 367
- 280. 猜猜他（她）是谁? ···· 367
- 281. 提问猜物 ·············· 369
- 282. 介绍我家 ·············· 370
- 283. 画怪物 ················ 371
- 284. 描述相片 ·············· 372
- 285. 观察与描述 ············ 373
- 286. 信息差 ················ 374
- 287. 新闻发布会 ············ 375

288. 问答猜谜 ………………………………………… 376
289. 简历问答 ………………………………………… 378
290. 猜亲属 …………………………………………… 379
291. 听歌记词 ………………………………………… 380
292. 击鼓传袋 ………………………………………… 380
293. 递进复述 ………………………………………… 381
294. 逻辑推理 ………………………………………… 382
295. 排队组句 ………………………………………… 384
296. 电话套语 ………………………………………… 385
297. 说绕口令 ………………………………………… 387
298. 周末活动 ………………………………………… 388
299. 设计结局 ………………………………………… 388
300. 仿说广告 ………………………………………… 390
301. 编词配音 ………………………………………… 390
302. 找相同物品 ……………………………………… 391
303. 欣赏邮票 ………………………………………… 392
304. 猜体态语 ………………………………………… 392
305. 蒙眼旅行 ………………………………………… 394
306. 话题讨论 ………………………………………… 395
307. 趣味抢答 ………………………………………… 396
308. 课堂辩论 ………………………………………… 397
309. 名片头衔 ………………………………………… 398
310. 猜职业 …………………………………………… 399
311. 跨文化交际 ……………………………………… 400
312. 交际任务法 ……………………………………… 403
313. 查电话号码比赛 ………………………………… 405
314. 查地图比赛 ……………………………………… 406
315. 邮政问答 ………………………………………… 407

316. 做导游 …………………………………………………… 408

317. 设计乘车路线 ………………………………………… 409

318. 传递与改编 …………………………………………… 409

319. 识药开方 ……………………………………………… 411

320. 画校园图 ……………………………………………… 412

321. 小品表演 ……………………………………………… 413

322. 点标点 ………………………………………………… 415

323. 学做中国菜 …………………………………………… 417

324. 脑筋急转弯 …………………………………………… 418

325. 汉语的幽默 …………………………………………… 419

一　语音教学

正确认识汉语语音教学

　　语言是音义结合的符号系统，语音是语言的物质外壳，人类的自然语言是有声语言。学习外语，一般都要从语音开始学起。语音学习是外语学习的基础，语音学习的好坏，影响到语法和词汇的学习。比如说，一个学生不能掌握汉语的送气和不送气的区别，就有可能把"兔子跑了"念成"肚子饱了"，意思就完全不对了。另外，在开始交际时，一个人的语音面貌是给对方的第一印象。一个汉语语音面貌好、说话字正腔圆的人会让人感觉他的语言能力强、汉语水平高。同时他自己学汉语、使用汉语也会更有信心。因此，语音的重要性是不言而喻的。

　　但是目前的汉语语音教学效果并不怎么理想，外国学生的汉语普通话普遍说得不够标准，这可能有三方面的原因：第一是教师对学生降低了要求。有些教师认为，中国人说话普遍南腔北调，普通话水平高的也不多，但并不影响交际，对外国人就更不能苛求了，他们能听懂、能交际就行了。第二是语音教学阶段的时间被压缩了，后续阶段又把学习的重点放到词汇、语法等方面，没有把语音教学视为一个长期的任务，没有始终不懈地严格要求，没有把语音训练贯穿于基础阶段的全过程。第三是教师自身的问题，如语音不够标准、不重视语音教学、教学能力偏弱、教学方法欠缺等。

　　任何一种语言的语音都是一个系统，不同语言之间的重要区别之一就是语音系统的差异，所以学习一种语言的首要任务是掌握该语言的语音系统。在现代汉语普通话的语音系统中，最基本的语音成分是音节、句调、停顿和逻辑重音。当然，句调、停顿和逻辑重音的教学要与语法教学相结合才能实现。

　　根据半个多世纪以来对外汉语教学的成功经验，我们认为在汉语学习的开始有必要单独安排一个语音教学阶段。语音教学阶段的重要性在国内外语教学实践中已得到了验证，外语专业的学生之所以语音面貌好于非专业的学习者，主要原因就在于外语专业教学狠抓了语音阶段的训练。语音教学阶段的主要任务是打好语音基础，具体说就是结合词、短句和简短会话的教学，重点开展汉语声母、韵母、声调的单项训练和综合训练，打好坚实的汉语语音基础。因此在语音教学阶段要正确处理好词汇教学、汉字教学、交际教学跟语音教学的关系，处理好音素教学跟语流教学的关系。一定要突出语音教学，突出音素教学，突出单音节的教学。

　　初级阶段的语音教学以模仿、齐读、大量复读等机械性训练为多，学生容易感到单调、厌倦，因此就特别需要教师不断变换训练方法，让学生在生动活泼、充满趣味性的课堂活动中掌握汉语拼音，培养起汉语的语音感。

1. 基本方法与技巧

【做法】

(1) 展示语音

展示声母、韵母、声调的常用方法有以下几种：

图表法　如利用教材上的拼音总表或自制卡片、图表等。

板书法　如结合发音口型板书 aoe，形象展示发音时口形的大小。

图示法　如利用发音部位图或教学图片。

示范法　如教师面向学生展示口型，直接发音，或利用录音示范。

手势法　如用手模拟口腔和舌头。

动画法　利用多媒体教学课件。

描述法　如描述舌位、开口等发音要领。

夸张法　如用放大、拖长、夸张的方法来发轻声、第三声和某些音节。

吹纸法　用于展示强送气音和弱送气音的差异。

带音法　如利用旧音带发新音 i→ü，o→e，sh→r 等。

听辨法　成对地发相近的音，如 b、p、d、t、n、l、en、eng，让学生听辨。

对比法　如把汉语的 u 跟日语的ウ进行对比，汉语中送气与不送气的对比。

体态法　如用头、手等夸张的肢体动作展示四声。

(2) 操练语音

语音教学中，知识的讲解居次要地位，关键在于技能的培养，必须以操练为主展开语音教学。

最常用的操练方法是模仿，教师发音或利用录音展示该语音后，可让学生齐声模仿、跟读，也可以让学生单独模仿发音。此外，辨音认读、四声唱练、拼音指辨、填空、标调、辨别正误、改错、听写等等都是常用的语音教学技巧。

(3) 强化

所谓"强化"主要指鼓励与纠错。学生发音正确，或基本正确，或有进步,教师应及时肯定,予以鼓励,这就是正面强化。当学生发音不正确时,教师应当纠正学生的发音。需要注意的是把握好纠错的"度",在语音教学阶段要严格要求,不能放任;面向全班的教学要抓普遍难点,面向个体时要关注其特殊困难;纠正发音以示范、模仿为常用方法,也应借助语音展示的技巧,尽量启发学生自己发现、自己纠正。

【说明】

以上基本方法是每个教语音的教师都必须熟练掌握的。语音教学中机械模仿较多,学生容易感到枯燥,教师应掌握更多的活跃语音教学课堂的方法。下边这些教学技巧可以帮助教师把语音课上得生动活泼且富有成效。

还要强调的是,语音教学是一项长期的任务,作为汉语教师,应随时随地关注学生的语音发展。一般人可以为了交际的顺利进行而忽略对方的发音是否标准、正确,但汉语教师如果也这样做,则是失职的表现。

(周健)

2. 试读入手教拼音

【做法】

在开始教汉语拼音的时候,教师先不带读,而让学生试读下面的拼音音节表。哪怕学生表示"从来没学过,不会读",也鼓励他"硬读"(声调任意,暂不限定)。对于大多数使用拼音文字的学生来说,即使第一次接触汉语拼音,他们也能根据自己已有的母语拼读经验,正确或基本正确地读出一定数量的汉语拼音。他们一边读,教师一边做出评价,让学生同时用符号在横线上记录教师的评价。

可用以下符号:"√"表示"好";"∕"表示"过得去";"×"表示"不对"。

	syllable	(√, /, ×)		syllable	(√, /, ×)
(1)	ba	___	(16)	jin	___
(2)	po	___	(17)	liang	___
(3)	bai	___	(18)	ting	___
(4)	fei	___	(19)	guang	___
(5)	sao	___	(20)	cu	___
(6)	tou	___	(21)	kua	___
(7)	man	___	(22)	shuo	___
(8)	ren	___	(23)	zhuan	___
(9)	lang	___	(24)	chi	___
(10)	meng	___	(25)	yun	___
(11)	lia	___	(26)	sui	___
(12)	biao	___	(27)	qun	___
(13)	liu	___	(28)	xuan	___
(14)	hua	___	(29)	jue	___
(15)	die	___	(30)	dian	___

　　根据我们的经验，初次接触拼音的外国学生试读音节时，正确和基本正确的比例超过三分之一。学生看到教师还没教，自己已经掌握了不少，对汉语发音增强了信心，同时也能清楚地知道自己薄弱的地方在哪儿。

【说明】

　　这一技巧体现了以学生为主体的探索式学习。上述 30 个音节基本上囊括了全部声韵母组合。学生读完一遍，教师就能基本上了解学生的语音拼读能力，便于开展更有针对性的语音教学。

【目的】

　　增强学习者语音学习的信心，迅速发现重点难点。

（周健）

3. 简化声母教学

【做法】

汉语辅音音位系统比较整齐,我们可以简化处理为两个辅音音位方阵,并以此作为声母教学的顺序:

方阵 A:塞音、鼻音

b	d	g
p	t	k
m	n	ng

(f、h、l 三音易学,可一带而过)

方阵 B:塞擦音、擦音

z	c	s
zh	ch	sh
j	q	x

作为辅音音位的汉语声母,都通过自己的区别特征和具有共同特征的别的辅音音位联系着。从方阵上看,一个音发准了,纵横两向的一类音也就容易发准了,甚至一个聚合群中的音就有了发音部位或发音方法的依据,发起来就容易了。

【说明】

在教学实践中我们发现,严格按照汉语拼音的系统来教,效果并不好,根据汉语语音系统内部的规律性和留学生的母语语音系统的对比特点来简化教学,效果比较明显。

【目的】

提供一个简明的、易操作的汉语声母教学顺序，以提高语音教学效率。

（赵金铭）

4. 最小对比对儿

【做法】

现在教材上的声母出现顺序一般是按照拼音方案的顺序出现的，但这样的顺序并不是最佳的教学顺序。这样就有必要要求教师灵活地处理教材，尽可能按照最小对比的原则安排训练。例如下面是一本教材上的一个拼音表：

声母\韵母	a	o	e	i	u	ü（下略）
b	ba	bo		bi	bu	
p	pa	po		pi	pu	
m	ma	mo	me	mi	mu	
f	fa	fo			fu	
d	da		de	di	du	
t	ta		te	ti	tu	
n	na		ne	ni	nu	nü
l	la		le	li	lu	lü
g	ga		ge		gu	
k	ka		ke		ku	
h	ha		he		hu	
				yi	wu	yu

在上表中，有最小对比的声母对儿是：b–p、d–t、g–k、b–d–g、d–t–k、m–n、f–h。教师要敏感地抓住最小对比对儿进行强化练习，不必机械地以书上的原有顺序为宗。还是以上表为例，表中具有最小对比特征的韵母对儿是o–e、i–ü、u–ü。

【说明】

理论上，最小对比对儿是最佳的对比训练原则，但在操作实践上并不排斥非最小对比的操练，要根据课堂情况灵活掌握，不必走极端。

【目的】

按语音对比的规律操练，提高语音教学的效率。

（王汉卫）

5. 对比教语音

【做法】

对比法是汉语教学的基本方法之一。用于语音教学，可以分为汉外对比和汉语内部的对比。

（1）汉外对比

将汉语和学生母语的语音系统进行对比，在对比的基础上找出相同点和差异点，利用学生的正迁移和负迁移，促进语音的学习和掌握。

先谈语音差异的对比。在教日本学生学习u时，可以把它跟日语的ウ进行对比。日语的ウ跟汉语的u发音有相似之处，如开口度、舌位等。也有不同之处，如发日语ウ时不圆唇，嘴唇前突，肌肉松弛；发汉语u时圆唇，嘴唇前突，肌肉紧张。让学生了解这两个音在上述几方面的异同，可以促进其克服日语ウ的负迁移，掌握u的正确发音。

在教英语学生学习b、d、g等清辅音时，可以将它们跟英语发音部位相同的浊辅音对比，使学生明白汉语这些音在发音部位上跟英语相似，发音时声带不颤动。这样就容易消除英语的干扰，发好这几个音。

语音相同的对比也非常重要。尽管各种语言的语音系统有许多区别，但多少也会有一些相同、相似之处。找出这些相同相似点，就可以利用正迁移，促进汉语语音的掌握。

再如声调一直被认为是汉语语音中最难学的。但有一些语言也有声调，对这些学生利用正迁移，就可以很快掌握声调。如泰语有五个声调，汉语的阴平、阳平、去声在泰语里都有相同相似的调型，对泰国学生来说一点也不难。稍微有点难的是上声，但泰语的第二声跟汉语半上声相似，只要利用泰语的第二声，再将声调稍微升高一点，就是汉语的上声了。

（2）汉语内部对比

发音部位相同但发音方法不同，或发音部位不同但发音方法相同的成对音素。如 z、c、s 和 zh、ch、sh、r 舌位差别的对比，先教舌尖前音，后教舌尖后音。再如送气音和不送气音的对比，先教不送气音，后教送气音。

【说明】

教师要对自己学生的母语语音系统有一定的了解，比如其元音系统、辅音系统、有无声调、有无送气音的情况等，这样上课时才能给学生一些有针对性的建议和帮助。

【目的】

利用对比的方法，让学生尽快理解和掌握汉语的语音规律。

（周小兵）

6. 声韵举示

【做法】

教师准备好汉语拼音声韵母卡片，可把声母卡片发给男生，把韵母卡片发给女生（每人可以得到不止一张），然后教师发单音节音。

例如："充"，由持有该拼音声、韵母的学生分别举起该卡片（即"ch"和"ong"，不考虑声调）。在一秒钟内正确举示卡片的学生得一分，超过时间或误举者扣一分，练习结束时由学生自报得分。

【说明】

本技巧可以迅速检验出学生对拼音掌握的熟练程度及其弱点所在。卡片可以自制，32开大小较好，声母、韵母可用两种不同颜色书写或打印，字体要大而粗，以便全班同学都能看清楚。韵母卡片不标声调。做此练习速度宜快，数量宜多，平均每个学生应举五次以上。第二次做这一练习时，学生交换持有的声母、韵母卡片。教师的发音顺序表课前要准备好，才能保证声韵母练习的周遍性和快捷的发音速度。比如，教师可读这样一些汉字的音节：跑、层、摔、聘、捉、选、静、强、慧、撇、蛮、森、错、钻、孙、铁、载、权、斌、琼、蒋、拖、熊、决、琴、做、从、就……

【目的】

检验汉语拼音教学效果，活跃课堂气氛。

（周健）

7. 拼音抢答练直呼

【做法】

　　教师预先准备好三叠 32 开大小的卡片，第一叠卡片上写声母，第二叠为韵母，第三叠是声调符号。教师课前要检查一遍，确保每一组声、韵、调都能拼读而且能找到相应的常用汉字。教师先指定一个学生做自己的助手，负责同时举示声、韵卡片，教师自己则负责举示声调卡片，要求学生根据同时举出的声、韵、调，举手（或任意）抢答，直呼出该音节，如果正确，再要求其用该音节组一个词。如：zh—uɑn—ˋ—zhuàn—转动。

【说明】

　　本练习主要训练学生迅速直呼音节的能力，不能只念出声母、韵母来。在拼音教学的开始阶段，可以训练学生读出声母、韵母，再调整声调。但到了拼音教学后期，应当训练学生直呼音节，快速读出的能力。

【目的】

　　培养学生直呼汉语音节的能力。

（恒声）

8. 拼音填空

【做法】

　　教师就最近学习的词汇，按语义场组合，用拼音展示。但在拼音中有意空缺若干字母，让学生猜想答案、填写并大声读出来。例如：

（1）水果类：

　　xiāng____；píng____；bō____；lì____；

　　hā____guā；shuǐ____táo；hóng____dān，等；

（2）文具类：

　　qiān____；xiàng____；dìng____jī；juǎn____dāo；

　　____zhūbǐ；wén____hé，等；

（3）运动类：

　　tī____qiú；yóu____；dǎlán____；yǔ____qiú；

　　pīng____qiú；

　　kuà____；sìbǎimǐ____lì；píng____mù；

　　gāotái____shuǐ；等；

（4）服装类：

　　niú____kù；máo____；liányī____；yùn____fú；

　　zhōngshān____；sān____shì____yī；等。

【说明】

　　这个练习既能练习拼音书写又能练习词汇。也可以让某一组学生每人自己设计一个，来考另外一组的学生，然后交换做。

【目的】

　　复习拼音，巩固所学词汇。

（恒声）

9. 听音改读

【做法】

（1）教师读含有声母 z、c、s 的音节，学生立即改读成 zh、ch、sh 的声母，声调不变。例如：

教师	学生
zang	zhang
ceng	cheng
san	shan

然后换过来，即教师读 zh、ch、sh，学生改为 z、c、s。

（2）教师读拼音的第一、三声，学生改读第二、四声，声韵母都不变。例如：

教师		学生	
xiāo	xiǎo	xiáo	xiào
huāng	huǎng	huáng	huàng
quān	quǎn	quán	quàn

【说明】

　　z、c、s 与 zh、ch、sh 是拼音教学中的难点，宜反复练习。也可以改为韵母的替换，如教师读 en、an、in，学生改读 eng、ang、ing 等。声调的变换可以有多种形式，如教师读一、二声，学生读三、四声；教师读第三声，学生读一、二、四声等等。这一技巧有助于学生准确区分发音相近的声母与韵母，正确掌握四声的发音。

【目的】

　　强化分辨近似音，提高汉语拼音的水平。

（周健）

10. 定调音节

【做法】

　　带领学生依次朗读以下音节，反复读熟：

	都	还	也	再	~的
~听	dōu tīng 1+1	hái tīng 2+1	yě tīng 3+1	zài tīng 4+1	tīng de 1+0
~读	dōu dú 1+2	hái dú 2+2	yě dú 3+2	zài dú 4+2	dú de 2+0
~写	dōu xiě 1+3	hái xiě 2+3	yě xiě 3+3	zài xiě 4+3	xiě de 3+0
~看	dōu kàn 1+4	hái kàn 2+4	yě kàn 3+4	zài kàn 4+4	kàn de 4+0

【说明】

上表中利用"都、还、也、再"和"听、读、写、看"以及轻声"的"这些常用词语，进行交叉组合，包括了所有双音节词语可能的声调组合方式。学生如果能把这些常用词读熟读准，就能获得一个参照系，今后遇到声调读不准或没把握的情况，就可以参照相应的音节声调来仿读。

【目的】

用简单常用的音节建立一个双音节的声调变化参照系统，促进学生对声调的掌握。

（杨惠元）

11. 辨调代表字

【做法】

带领学生熟读并标注以下含有四个声调的词语：

学说汉语 滑冰跳舞 来喝汽水 南京上海 十天就走 随他自己 图书报纸
门窗地板 蓝黑墨水 明天上演 骑车去买 时间不晚 昨天下雨 迎宾饭馆
服装市场 毛织地毯 十艘汽艇 航空摄影 研究历史 求知不止 明天更好

【说明】

声调教学是基础语音教学的重点,声调体现了汉语的特殊性,对于大多数外国学生来说,说好声调极为不易。我们提出的"辨调代表字"具有以下特点:(1)一、二声不前后连续;(2)四、一声不前后连续;(3)三声在四声连续的最末一个位置上。

四个字按照声调为"二一四三"的顺序排列较为理想,因为以二声(中升调)开头,所概括的音域大于高平调,从发声器官声带来看,它由松而紧,不是骤然拉紧,比较容易掌握。二声升调经一声平调至四声降调形成"升平降"衔接的连续形式有利于学生掌握。

【目的】

提供朗读材料,培养学生的声调感。

(毛世桢　周健)

12. 填调号,辨音节

【做法】

教师把写有 20 个双音节但未标调号的练习印发给学生。如:

(1) tongzhi	(2) meili	(3) qianjin	(4) fujian
(5) xingfu	(6) zhengqi	(7) weixiao	(8) shangfeng
(9) xiangfan	(10) liangxin	(11) weiyuan	(12) peixun
(13) guanyuan	(14) duanxin	(15) waijiao	(16) shuailing
(17) kongqi	(18) chengshi	(19) jianghua	(20) beijing

第一步,教师念音节,学生在听到的音节上填调号,然后教师通过提问来核对答案。比如,教师问第一个("统治"),学生回答tǒngzhì,三、四(即第三声、第四声)。

核对完毕,做第二步:教师逆序读音节,要求学生从第 20 个倒着向第 1 个再次核对是否一致，然后让学生自己读一遍。

【说明】

在做完第一步核对答案时，一定要学生将标错的调号改正过来以便进行第二步练习。

【目的】

训练学生听准声调和辨别相似音节的能力。

（周健）

13. 辨音比反应

【做法】

首先，全体学生起立，手拉手围成一个大圈（人数多的班可以围几个圈，每圈 8—10 人为宜），教师示范大家松开手，每人后退一步，右手掌伸开，掌心顶住右侧同学的左手食指，同时自己的左手握拳，伸出食指，顶住左侧同学的右手掌心。如此指掌相连，围成大圈。

然后，由教师向学生讲解示范游戏内容与规则。游戏的内容是教师先在黑板上写一个声母（如 p），然后朗读一句话，如：

王小红打算下个月跟男朋友一起去上海旅游。

当参加者听到某个音节中含有这个声母时（如听到本句中的"朋 peng"字），要以最快的速度用右掌抓住右边同学的食指，同时自己的左手快速躲开，以防被左边的同学抓住。教师也可以做韵母（如 uan）或者音节（如 qǐ）的听辨反应训练。其中音节的听辨反应相对容易，可以先做。教师可以读一句话也可以念一小段文章，还可以放录音。游戏进行中，当多数人都有所反应时，教师要暂停朗读或播放，检查对错，进行评判。然后让大家重新搭手，继续游戏。

【说明】

听力课堂易于沉闷,尤其是语音阶段。但这个游戏可以较好调动学生的注意力和积极性,在连续的语流中训练学生的听辨敏感性,在初学语音阶段采用效果较好。游戏重点在于辨音、对比和建立学生的汉语语音感,不在于理解内容。

【目的】

训练学生听辨声母、韵母的敏感度。

(田宏梅)

14. 速断声调

【做法】

教师说双音节词，比如"北京、广州、电梯、历史、苹果……"每个词指定一个学生迅速说出声调来。声调可以用数字表示，如"北京—31"，也可以用手指空划声调符号来表示。双音节练习完就加大难度，练三音节词，比如"李大明、毛泽东、邓小平、黑龙江、上海市、电话机……"，利用本班学生的姓名效果更好。如果学生反映较好，还可以增加四音节的成语、国名、地名等，如"气壮山河、同甘共苦、一国两制、孟加拉国、巴基斯坦、哥伦比亚、哥本哈根、赫尔辛基……"。

【说明】

本练习对于检查学生的声调反应、培养学生的声调感非常有效。声调反应练习要求教师发音速度逐渐加快，练习的量要比较大。以训练双音节、三音节为主，最多练到四音节为止。

【目的】

训练学生的声调感，活跃课堂气氛。

（周健）

15. 教练第三声

【做法】

在绝大多数情况下第三声的实际调值是211，而不是214，教师可按照211甚至21来开展第三声的操练。

首先，教师范读，请学生跟读模仿。教师读时，手可以在五度标示图上随读音做出相应的走向，也可以面向学生伸开胳膊，让食指停在半低音位置，随读音使食指做斜线运动，下滑到低一度的位置，并继续做一点水平移动。全体模仿数遍后，让他们自己齐读三遍。接着，请每一个学生读，对好的鼓励，有问题的马上纠正。最后，全体再读三遍。

基本读法练习后，操练变调读法，即两个三声连读时，第一个三声变成第二声35的读法。教师把这种变化写在黑板上：211＋211→35＋211，并请学生跟读数遍，再做单独练习和齐声朗读。

为培养学生对不同声调的语感，可分别操练以下内容：

（1）带领学生分读四个声调。

（2）带领学生正序连续读四个声调，或倒序从四声到一声连起来读。

（3）引入音节，请学生读带四个声调的音节，教师随时纠正。

（4）单练第三声，教师写出各种组合的单音节叫学生配上三声朗读。

（5）双音节读音训练，包括：3＋1，3＋2，3＋3，3＋4，3＋轻。

（6）选择一些容易混淆的词语，比如"眼睛、眼镜"，开展对比训练。

以下三声变调练习可供选用：

```
（1）3＋1      shǐshū            史书       lǎoshī            老师       děngchē    等车
（2）3＋2      zǔguó             祖国       kǒucái            口才       yǔyán      语言
（3）3＋4      bǐhuà             笔画       mǎnyì             满意       nǔlì       努力
（4）3＋3      měihǎo            美好       shǒubiǎo          手表       yěxǔ       也许
（5）3＋3＋3   zhǎnlǎnguǎn       展览馆     chǎnglǐngdǎo  厂领导
（6）yǒubǎnyǒuyǎn                有板有眼    Nǐ wǎng zuǒ zhuǎn. 你往左转。
（7）Wǒ hěn lǐjiě nǐ.             我很理解你。
      Lǐ chǎngzhǎng tǐng yǒuhǎo. 李厂长挺友好。
```

【说明】

声调教学历来就是汉语教学的难点和重点，而三声更是难中之难。第三声单独发时，调值是214，但除了在句尾或强调时发214外，在其他情况下都发成211。还有，第三声的声调符号是"ˇ"，也容易误导学生，这个符号看起来似乎是前短后长，实际上应为前长后短，即以降为主。从语流中三声的实际调值出发，我们建议直接按211教第三声。这样教不仅简化了第三声教学，也能取得良好的效果。

【目的】

简化第三声教学，改进语音教学，提高教学效率。

（崔建新　周健）

16. 连读变调

【做法】

教师连读音节，让学生甲在黑板上记录所听到的音节声调，再让学生乙写出→单音分解的原始声调。如有错误可由学生丙或教师指出并改正。例如：

你好：ni2hao3→ni3 + hao3（√）

可以：ke4yi3(×)→ke2yi3→ke3 + yi3（√）

雨伞：yu2san3→yu3+san3（√）

小马：xiao2ma3→xiao1 + ma3(×)→xiao2ma3（√）

一下：yi2xia4→yi1 + xia4（√）

一边：yi1bian1(×)→yi4bian1→yi1 + bian1（√）

一会：yi4hui2(×)→yi2hui2→yi1 + hui4（√）

一碗：yi4wan3 → yi2 + wan3（×）→ yi1 + wan3（√）

然后让学生总结出连读变调的规律。例如：

第三声和第三声连读变成第二声和第三声。

"一"的连读变调规律为："一"和第四声连读时，"一"变成第二声；"一"和第一声、第二声、第三声连读时，"一"变成第四声。

【说明】

连读变调是初级阶段语音教学的重点内容之一。让学生听连读音节记变音并改错，可以加深学生对连读变调规律的印象，有利于其尽快掌握这一内容。

【目的】

训练学生掌握连读变调的规律，培养语音感。

（陈晨）

17. 声调归类

【做法】

（1）教师在黑板上写一句话，例如"我很想当飞行员送大家去美丽的国家旅游"。然后教师让学生做如下的归纳：

第一声：当 飞 家

第二声：行 员 游 国

第三声：我 很 想 美 旅

第四声：送 大 去 丽

轻　声：的

然后分别读各声调的字，体会并概括出"第一声高高平平，第二声上扬，第三声曲折，先降后扬，第四声从高处直降到底"的特点。

（2）教师在黑板上板书 10—20 个词语，这其中有些词语的声调是相同的。可以让学生到黑板前，在每个词语上面标调号，把声调相同的词语找出来，然后归成不同的类，排列出来。例如：

教师可以在黑板上板书：

西式　豆浆　身体　牛奶　起床　鸡蛋　中文　红花
详细　讲课　有时　俗语　每天　必修　选修　天堂
其他　理论　开始　同意

让学生标明每个词语的声调：

14 41 13 23 32 14 12 21 24 34
32 23 31 41 31 12 21 34 13 24

然后把这些词语按声调归类，重新排列出来：

1+4（阴平＋去声）：西式、鸡蛋

4+1（去声＋阴平）：豆浆、必修

1+3（阴平＋上声）：身体、开始

3+2（上声＋阳平）：起床、有时

2＋3（阳平＋上声）：牛奶、俗语
1＋2（阴平＋阳平）：中文、天堂
2＋1（阳平＋阴平）：红花、其他
2＋4（阳平＋去声）：详细、同意
3＋1（上声＋阴平）：每天、选修
3＋4（上声＋去声）：讲课、理论

【说明】

声调归纳后反复朗读，有助于培养语感。这个练习要求学生在正确辨别汉字的基础上还要按其声调将不同的词语分类，有一定的难度。它适合初级班的综合课或口语课的课堂使用。教师在选择词语时，要注意尽量选学生学过的词。

【目的】

从直接体验入手，体会汉语声调特点。

（陈晨　周健）

18. 异口同"声"

【做法】

教师在黑板上写一个声母，如s，然后根据实际情况将学生分成2—4个组，让各组学生轮流说出一个声母是s的字，如学生可能说"一二三的三""一二三四的四""死人的死""扫地的扫""是不是的是""森林的森""多少的少""读书的书""颜色的色""比赛的赛""西瓜的西""塞车的塞""思考的思""教师的师""大嫂的嫂"……

教师将学生所说的字写在各组对应的位置上，等各组学生都觉得没有这个声母的字时，教师先让学生自己互相指出黑板上不是所要求声母的字，每指出一个，给指出的组加一分。最后，再看看各组各说对了几个，每个正确的记一分，总分最多的为优胜组。同时，要学生总结一下有哪些字是读这个声母的，为什么有些人会说错，说错的声母跟所要求的声母有哪些区别等。

【说明】

教师应选择那些容易混淆的声母作为比赛的声母，如舌尖前音或舌尖后音，即z-zh、c-ch、s-sh；或送气和不送气音，或一些容易混淆的音，如x-s、f-h等。每一次比赛都要及时总结。通过比赛，学生一方面能够对这个声母的字有更深的印象；另一方面，也能从自身的错误中记住相近声母的字，从而起到辨别相近声母的效果。当然，这个方法也可应用到韵母和声调上。

【目的】

分辨容易混淆和听错的声母。

（林奕高）

19. 声调辨听

【做法】

把学生分成四组，如果教室里正好有四列座位，则按此分组，这样不致引起走动的混乱。教师让每个组负责一个声调，并交代学生：声调就像是你们的朋友，如果你们听到它来了，请马上拍手欢迎它。下面活动正式开始。

首先教师依次说出一组单音节，每个音节念两遍，念完一个就让学生拍手辨认。拍错的同学要跟着教师大声重复一遍，然后再由他（他们）带着大家念一遍。训练完单音节以后，教师再说出一系列双音节，念完一个双音节后，教师拍手，拍第一下表示前一个声调，这时负责此声调的学生拍手；第二下表示后一个声调，相应的学生拍手。依此类推至四音节的训练。在活动过程中，教师要带动学生越快做出反应越好，这样好让气氛紧张，也使得学生没有时间商量或互相观望。

【说明】

　　声调是留学生的一个难点。过去我们比较强调发音训练,比如让学生跟读等;但其实在听觉上形成一种敏感也是非常重要的一个方面。这个训练一方面可以激发学生参与的兴趣,活跃课堂气氛;同时还让教师一目了然地了解各个学生掌握声调的情况,弥补了听力练习的不足。

【目的】

　　培养学生对声调的听觉敏感,进而增强其汉语语音的语感。

（喻江）

20. 判断音节

【做法】

　　教师把含有以下音节的练习纸发给学生,然后教师念出十个音节,让学生判断教师所念跟手里纸上的十个音节是否一致。

发给学生的音节表：

(1) jīnyú   (2) zīyuán   (3) xīngjiàn   (4) huāngyín   (5) qīngxīn
(6) jìnqíng   (7) mùchuán   (8) cízhí   (9) běifāng   (10) zhàojiù

教师朗读的音节表：

(1) jīngyú   (2) zhīyuán   (3) xīnjiàn   (4) huānyíng   (5) qīnxìn
(6) jìnqíng   (7) mùchuáng   (8) cízhí   (9) bǐfāng   (10) zàojiù

【说明】

教师可选择发音相近的词语进行辨析练习，所选词语最好都是实际存在的常用词语。上表所练的都是近似声韵母的辨析，也可以加入声调的变化。

【目的】

训练学生听辨近似的声韵母。

（周健）

21. 选择音节

【做法】

教师把含有以下成对相近读音词语的练习纸发给学生，然后教师选读每组的一个词语，让学生先用笔做记号，再提问学生读出他所选的音节。

（1）jīnxīng　　（2）xīnqíng　　（3）zōngzhǐ　　（4）dānxīn
　　　jīngxīn　　　　xīnqín　　　　zhōngzhǐ　　　dāngxīn
（5）chénnián　（6）chéngnián　（7）jīnjiǎng　（8）yàofāng
　　　chéngnián　　　chángnián　　　jīngjiǎng　　　yàofáng
（9）qíchē　　　（10）chūnjié
　　　qìchē　　　　　chúnjié

【说明】

本练习与"20 判断音节"类似，都是训练学生对相近读音的词语的分辨能力。

【目的】

训练学生听辨近似的声韵母。

（周健）

22. 对比听辨

【做法】

教师把下列近似音对比练习发给学生，然后快速读出，要求学生迅速画出自己听到的音节。

（1）声母分辨练习

gèrén — kèrén　　zǎodào — zhǎodào　　sìshí — shìshí

cónglái — chónglái　　xiǎocǎo — xiǎochǎo　　sīrén — shīrén

（2）韵母分辨练习

yǒuqù — yǒuqì　　yáoyán — yóuyán　　xìngfú — xìnfú

chūchǎn — chūchǎng　　shēnshì — shēngshì　　lǎonián — lǎoniáng

（3）声调的听辨（二、四声与三、四声）

wánjù — mǎnyì　　lǐngxiù — nénggòu　　yánsè — liǎnsè

qiánmiàn — jiǎnyàn　　nánkàn — yèliàn　　shíjiàn — huǒyàn

【说明】

对发音近似的声母、韵母、声调进行对比听辨训练，是一个常用而有效的办法。教师可根据学生的国籍、母语基础、学习情况等特点设计有针对性的对比听辨练习。

【目的】

训练学生听辨近似的声母、韵母和声调的能力。

（周健）

23. 挑出异类

【做法】

教师在黑板上写出几组词语，每组中有若干词语的声调与其他词语不同，让学生到黑板前找出这些异类来。例如：

教师可在黑板上板书：

（1）星期　书桌　香蕉　方便　公司　医生

（2）男士　好像　楼上　文具　一共　走廊

（3）钢笔　多少　地毯　经理　高兴　铅笔

然后，让学生先用数字或调号标明每个词语的声调，再圈出每组中声调与众不同的词语：

```
（1） 11  11  11  14  11  11
（2） 24  34  24  24  24  32
（3） 13  13  43  13  14  13
```

【说明】

这个练习要求学生在正确辨别汉字的基础上标注汉字的声调。它适合初级班的综合课或口语课的课堂使用。教师在选择词语时，要注意选学生学过的词。

【目的】

培养学生对双音节词语声调的敏感。

（陈晨）

24. 读卡听写

【做法】

教师预先在每张卡片上写一个双音节词的拼音（不写汉字），这个双音节词应是学生尚未接触过的。先请第一位学生抽取一张，同时让该学生的同桌走到黑板前，根据同伴的读音在黑板上写出这个双音节来。如果写错了，教师可进行分析评判；若是读音不准，教师可重读一遍，让该生重写。写对了可得一分，读错者无分。若读对了，则读者得一分，写者无分。全班同学依次进行。

【说明】

这一技巧能检查学生对拼音读、写的实际掌握情况。学生平时听惯了教师或录音带的标准发音，现在由学生自己发音自己记录，可以检查出他们实际掌握拼音的水平，也能发现一些平时没有发现的问题，以改进拼音教学。

【目的】

训练学生对不太标准的汉语读音的听力。

（周健）

25. 拼音速递

【做法】

学生围坐在一起，教师在一个学生的耳边说出一个音素（如"z"）、一个音节（如"gàng"）或一个双音节词（如"xìnfú"），让这个学生在下一个学生的耳边轻声告诉他教师说出的音素或音节，依次传递下去，让最后一个学生大声告诉全班学生教师说出的音素或音节。如果在传递的过程中走了样，教师可提问坐在中间的若干学生，说出他们所听到的发音，以此来检查哪个学生出了问题，并加以纠正。

【说明】

　　语音学习很枯燥，该游戏可以活跃课堂气氛，而且能够起到复习、巩固的作用，还能培养学生的听音和辨音能力。"传口令"的技巧常用于传递句子或词语，用于传递拼音效果也不错。

【目的】

　　培养学生准确、敏锐的辨音能力。

（杨德峰）

26. 听音填表

【做法】

　　教师将如下表格发给每个学生，然后教师念出若干音节，让学生选择正确的位置并在该格内标上调号。

	ai	ei	ao	ou	an	en	ang	eng	iao	ie	iu	ian	iong	uo	uan	un
b																
p																
m																
f																
d																
t																
n																
l																
g																
k																
h																
z																
c																
s																
zh																
ch																
sh																

续表

	ai	ei	ao	ou	an	en	ang	eng	iao	ie	iu	ian	iong	uo	uan	un
r																
j																
q																
x																

例如，教师念：bāng、bié、pǎo、pèng、dān、duǒ、měi、gāo、téng、tíng、gěi、guó、kěn、kòu、méng、míng、niè、nèi、lìng、liàng、chǎo、chǒu、shàng、shéng、zhēn、zhèi、jiǎn、jiǎng、qiú、qióng、xuě、xuán、ràng、rēng⋯

要求学生根据纵横坐标一一找到对应的位置，然后在该位置上画调号"ˉ、ˊ、ˇ、ˋ"。

【说明】

这个练习要求学生快速、正确地辨别声、韵、调三个部分，有一定难度，教师可以念两遍甚至三遍。如果学生识字较多，也可以要求学生在相应的位置上写出能正确标音的汉字。

这一练习最好在学完全部拼音后进行，教师应事先准备好要念的音节。如果量足够大，就能帮助教师和学生了解拼音掌握的情况。最后核对答案时最好要求学生自己总结自己的薄弱所在：是声母、韵母，还是声调部分？如是声母，是哪些声母？与自己的母语有无关系？等等。

【目的】

帮助学生了解自己声母、韵母、声调各方面掌握的情况。

（周健）

27. 拼音改错

【做法】

教师把下表（只印左边两列内容）发给学生，要求学生逐一指出下列词语拼注中的错误并进行分析。

小 shiǎo	（xiǎo，声母错误）	
叫 giào	（jiào，声母错误）	
决 jué	（jué，韵母错误，ü在j、q、x后不写两点）	
破 può	（pò，韵母错误）	
送 siòng	（sòng，韵母错误）	
西安 Xīan	（Xī'ān，无隔音符号，易与"先"xiān相混）	
方案 fāngàn	（fāng'àn，无隔音符号，易与"反感"fǎngǎn相混）	
前进 jiánjìn	（qiánjìn，声母j与q不分，韵母拼写错误）	
文艺 uénì	（wényì，u行零声母改用w开头，i单独成音节写作yi）	
药店 yàodyàn	（yàodiàn，ian前非零声母，不能写作y）	
月夜 üèiè	（yuèyè，u行、i行零声母前写y，ü去两点。ü仅在n、l后保持不变）	
论文 luènuén	（lùnwén，韵母uen省写作un，零声母时改为wen）	
对流 duèiliou	（duìliú，韵母uei、iou省写作ui、iu）	
女装 nǔzhuāng	（nǚzhuāng，ǚ在n、l后不去两点，zhuang声调符号位置不对）	
知识就是力量。ZHī shi jiùshì lì liàng.（Zhīshi jiùshì lìliàng. H应小写，lìliàng不分写）		

【说明】

　　以上音节拼合及拼写中的错误是常见的，教师可利用改错分析的机会来一个总结，加深学生对汉语拼音方案的认识，训练学生正确掌握汉语拼音的规则。

【目的】

　　让学生通过改错来检验自己拼音掌握情况，提高拼写的准确性。

（周健）

28. 听自己说汉语

【做法】

教师选好一段两人对话，要求学生先听录音，再两人一组进行模仿练习，然后分组录音。录音后放给全班听，逐一评判，指出优缺点。过一两个月之后，再分别录一次这段对话，然后把两次录音成对地播放给学生听，分析其是否有进步，还存在什么问题。

【说明】

帮助学生找出发音中的缺点，使学生能自觉地注意模仿和纠正。也可选用若干段短文，由每个学生依次朗读其中一段。但学生单独做可能会感到紧张，要给学生练习时间，并由程度好的学生开始。

【目的】

让学生发现自己汉语发音中的问题，以便有针对性地加以改进。

（姚宁）

29. 拼音寻宝

【做法】

教师告诉学生今天有礼物要送给他们，但要考考他们的拼音，如果写对了，就能得到礼物；如果写错了，就得等下一次了。然后让学生准备好笔和纸，先听写几组拼音，每组两个音节；接着根据每组拼音的异同给出指示，引导学生按顺序找出礼物的拼音的字母以及声调；最后拼出礼物是什么。例如礼物是花（huā），指示可以设计为：

听三组拼音，第一组是 hē、kē，第二组是 zhuī、zhī，第三组是 bǎn、pǎo。礼物的第一个字母在 hē 里不在 kē 里；第二个字母在 zhuī 里能找到，在 zhī 里找不到；第三个字母 bǎn 和 pǎo 里都有。声调只在第三组里找不到。

【说明】

教师在组织游戏之前要根据学生的水平选择好礼物，设计好指示，需要花一番心思。

【目的】

训练汉语拼读能力。

（严丽明）

30. 拼字母猜词语

【做法】

教师在黑板上写出一列字母，这些字母按一定的顺序拼合后能构成某一词语的拼音形式（每个字母只能用一次），然后把学生分成两组，让学生猜是哪个词。例如"u a y n h"，答案是"汉语"。先猜出正确答案的小组记一分，然后教师重新出题，最后得分高的小组获胜。

【说明】

所猜的词语最好都是刚学过不久的生词，以适当降低游戏的难度。让学生猜之前教师要先给出提示，告诉学生所猜的词语由几个音节构成。汉语音节的声母总是由辅音构成，这样学生就可先确定可能的声母，再根据汉语拼音声韵的拼合规律去猜出正确的答案。此游戏能帮助学生熟悉汉语音节的构成方式，掌握声韵的拼合规律，训练学生的思维和判断能力。

【目的】

训练学生灵活思维的能力，熟悉汉语声韵调的拼读规律。

（童盛强）

31. 争分夺秒

【做法】

教师预先准备一定数量的拼音字母卡片和声调卡片，每张卡片只写一个字母或一种声调符号。对于一个10人小组来说，大致需要准备b、p、m、f、d、t、l、k、r、j、q、x、w、y、u各4张；z、c、s各8张；h12张；o、e各16张；a、i、u、n、g各40张；声调符号 ˉ、ˊ、ˇ、ˋ各20张。各组都拿到卡片后，可以进行两种比赛：

（1）每组组长到教师那里抽取一张汉字词表，词表上有15或20个生词，要求学生迅速找出这些词的拼音卡片来。以拼写正确率高并且速度比较快的一组获胜。

（2）由教师指定一个范围，比如"动物"，教师一声令下，各组同时来拼写动物名称。时间一到，以拼出的动物数量多的一组获胜。

【说明】

把平时个人书写拼音的比赛变成争分夺秒找卡片的游戏，可以调动每个学生的积极性，活跃课堂气氛，还有助于培养组内学生互相协作的集体意识。

【目的】

训练汉语拼读能力和小组协作精神。

（安辉仁）

32. 拼音密码

【做法】

教师预先在A4纸上分数行打印出一句话的汉语拼音作为密码，然后用不规则的曲线将各词拼音分割开。如下图：

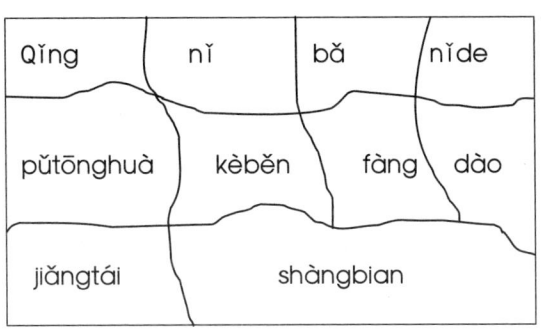

依照曲线把这张纸剪成十块纸片，放进一个信封内。可根据分组情况准备3—4个这样的含有拼音密码的信封。比赛时每个小组围着桌子坐，打开信封，拼图，然后读出密码信息。如上句："请你把你的普通话课本放到讲台上边。"读懂后立即行动，由一位学生把自己的课本迅速放到教师的讲桌上。由于每组的密码都是指令性的，看哪组先完成指令即获胜。

【说明】

教师也可以用市面上卖的小型拼图块改制。拼音可以换成汉字，但要打乱次序排列，以增加难度和趣味。

【目的】

训练学生迅速拼读（最好是直呼）音节、猜测汉语句子的能力。

（安辉仁）

33. 找朋友，练拼合

【做法】

首先，教师事先准备好汉语拼音声韵母卡片，再另外制作一些漂亮的记分卡片，每个卡片分值为一分。然后将全班学生分成两组，分别持有声母卡片和韵母卡片（学生人数少时每人可持有几张卡片）。

游戏开始时，每个小组轮流派一名代表出来找朋友。比如：一学生拿着n，大声地说："我是声母n，谁是我的朋友？"拿着合适韵母卡片（如i、u、ao等）的学生就可以站起来回应："我！"反应最快的学生与n组成最佳朋友，其余则是普通朋友。然后最佳朋友先发言，不仅要拼出音节，还要求说出一个词语。如："我是韵母i，n-i→ni，nǐ hǎo！"接着声母n回答说："你是韵母i，n-i→ni，nǐ hǎo！"两人握手宣布成为朋友，持韵母卡的最佳朋友得两个记分卡。其余的好朋友依此类推与n对话，但只得一个记分卡。表错情的学生不记分。声母组做完五人后，换韵母组派人找朋友，同样做五人，这时只记声母组的得分。教师宣布游戏结束后，统计各人得分，评出优胜者。

【说明】

　　这个游戏也可以改造成其他内容的找朋友练习，规则不变。例如让单韵母 a、o、e、i、u、ü、ê 互相找朋友，得到复韵母的组合等。通过这个游戏，学生不仅可以复习声韵母的发音，练习拼合音节，而且可以在生动活泼的游戏中锻炼口语，加强学生之间的交流。

【目的】

　　训练学生，尤其是低龄少儿学生拼读汉语词汇的能力。

（黄年丰）

34. 四声叠韵

【做法】

教师给难点声母配上同一元音并加上四个声调，以此作为自编儿歌或顺口溜的韵脚，用形象生动的韵文代替枯燥乏味的声韵调训练。如：

（1）ji 的四声： 我有一个新手机，昨天丢了真着急，
汽车上面很拥挤，弯腰难把鞋带系。

（2）qi 的四声： 一二三四五六七，七个气球齐飞起，
云彩上边好天气。

（3）xi 的四声： 小刚衣服脏兮兮，整天玩耍不学习。
身上脏了也不洗，就爱和人做游戏。

（4）j q x j q x，j q x，三个朋友在一起，
小江小青和小溪，天天早起爱学习。

【说明】

本方法还可以用于 z、c、s、zh、ch、sh 等声母配合声调的练习，好处是生动活泼，便于记忆并形成语感。更适合有一定母语基础的学生。

【目的】

专项训练 j、q、x 的拼读，培养语音感。

（侯兴泉）

35. 辨音填空

【做法】

教师在黑板上写这样一个句子：

他把 理化 听成 理发 了。
　　　　A　　　　 B

教师领读后在"理化"和"理发"下分别注上 A、B，叫两名学生到黑

板前分别在 A、B 栏下写上自己所听到词语的拼音，高年级学生也可以写汉字。以下是教师读的 A、B 词语：

A	B	A	B	A	B
微笑	没笑	私人	诗人	人民	人名
会话	废话	栽花	摘花	资源	支援
投资	投机	凶手	松手	星空	升空
小数	少数	壮族	藏族	水饺	睡觉
公物	公墓	基本	资本	发泄	发射
禁止	静止	条子	桃子	窗口	枪口
相信	伤心	自觉	拒绝	江水	脏水

【说明】

本练习的重点是 z、c、s，zh、ch、sh，j、q、x 三组声母，教师也可根据学生的情况练习其他声母、韵母。

【目的】

通过大量读音相近的词语的辨读，训练学生对 z、c、s，zh、ch、sh，j、q、x 三组难点声母的掌握。

（周健）

36. 四声语感

【做法】

教师出示挂图或演示幻灯片，内容是《高林请客》。安排三名学生分别扮演主人高林和客人张红、李莉，要求他们分角色朗读以下短剧：

高 林 请 客

客人甲：我叫张红。

客人乙：我叫李莉。

高　林：张红、李莉你们好！你们喝茶请坐。（客人喝茶坐下）

高　林：今天，我请你们在我这里吃饭。

客　人：吃什么饭？

高　林：葱油炒饭。（客人重复）

客　人：吃什么菜？

高　林：番茄炒蛋。（客人重复）

（吃完饭以后）

高　林：咱们一起玩拍球比赛吧？

客　人：好！咱们来玩拍球比赛。（一起玩）

然后教师让学生挑出短剧中含有四声的词组："高林请客、张红李莉、喝茶请坐、葱油炒饭、番茄炒蛋、拍球比赛"，并带领学生反复朗读。做完上述练习，再领读以下按四声排列的词语：

（1）四声正序

英雄好汉　精神百倍　花红柳绿　光明磊落　风调雨顺　山河美丽

阴阳上去　诸如此类　非常好记　心明眼亮　身强体壮　高朋满座

（2）四声逆序

　　字里行间　大有文章　异口同声　万古流芳　寿比南山　破釜沉舟

　　妙手回春　驷马难追　刻苦读书　痛改前非　背井离乡　四海为家

【说明】

　　四声是汉语语音教学中的难点，本练习通过对话练习给学生一些声调方面的熏陶，让学生在不知不觉中建立起对汉语声调的感知。

【目的】

　　通过四声有规律的排列组合和反复地唱练，培养学生的四声语感。

（周健）

37. 写拼音比赛

【做法】

　　学生分为两组（若男女生人数大致相当，可分为男生组、女生组），每组依次派出一人在黑板上听写拼音。如果声、韵、调三者都对，则留下继续写；若有一处错误，则退下，换第二人上，最后哪个组剩下的"后备力量"多则获胜。

【说明】

　　拼音教学是相对枯燥的，这个练习能吸引学生的注意力和兴趣，训练学生听音辨音能力和正确书写拼音的能力。由于大家一起来挑毛病，能够起到让学生自教自学的效果。教师在安排每组学生出场顺序时，最好能巧妙安排拼音能力弱的先出场，把拼音能力强的同学安排在后边出场。有需要时，某些音节可以念两遍。

【目的】

　　通过比赛，提高学生学习拼音的兴趣，提高拼音书写的准确性。

（周健）

38. 拼音词汇接龙

【做法】

叫第一位学生在黑板上随意写下一个词语的拼音，例如：

　　qián mén（前门）

叫第二位学生用 mén 出拼音，如：ménkǒu（门口）。其余学生依次接续，如：kǒushuǐ（口水）→ shuǐguǒ（水果）→ guǒrán（果然）→ ránhòu（然后）→ hòumiàn（后面）→ miànbāo（面包）→ bāochē（包车）→ chēzhàn（车站）→ zhànshì（战士）→ shìchǎng（市场）……不要求学生写汉字。若中间有人想不出来时，教师可以代拟一个，以便使龙身不断，一直做到学生轮完一圈或两圈为止，要避免出现重复。

【说明】

学生学了两个月汉语之后，就积累了一定量的词汇。由于不必写汉字，加上同音字可以替代，因此这个练习比汉字词语接龙要容易得多，适用于初学者。

【目的】

复习拼音及词汇，提高联想能力，活跃思维。

（周健）

39. 声母迷宫

【做法】

下图是一个由 36 个汉字方格组成的迷宫，这些汉字的声母分别是 zh 和 j。由入口进入迷宫，所经过的汉字必须是声母为 j 的，最后走出迷宫。可用铅笔画出所经过的路线。

入口→	基	知	找	止	周	治
	已	纸	举	局	居	菊
	极	职	集	朱	宅	桔
	季	直	即	智	机	鸡
	记	制	寄	指	剧	种
	击	继	巨	这	距	计

↓
出口

【说明】

　　本游戏可以根据学生识字情况更换用字，也可以改为zh和z，ch和c以及相应的韵母识别练习。

【目的】

　　通过游戏复习拼音，提高拼读能力。

（恒声）

40．速测语音

【做法】

　　根据学生的母语背景，选择以下四个字表中的一种，让学生朗读对应的区域，从而快速测试出学生汉语语音掌握的情况。

母语为英语的学生的重点测试区域

波	白	杯	报	本	朋	表	票	不	夫
法	怕	没	门	忙	在	三	走	宿	坐
词	四	字	地	大	他	德	到	点	对
哪	了	来	两	你	里	路	女	绿	题
志	吃	这	产	中	衬	程	住	说	春
是	日	少	上	受	人	生	睡	剧	泉
向	熊	七	小	先	进	京	学	去	裙
几	家	介	九	见	观	光	快	哭	画
客	和	个	工	国	银	迎	五	我	翁
欤	二	一	也	要	有	用	喂	晚	语

母语为韩语的学生的重点测试区域

波	白	杯	报	本	朋	表	票	不	夫
法	怕	没	门	忙	在	三	走	宿	坐
词	四	字	地	大	他	德	到	点	对
哪	了	来	两	你	里	路	女	绿	题
志	吃	这	产	中	衬	程	住	说	春
是	日	少	上	受	人	生	睡	剧	泉
向	熊	七	小	先	进	京	学	去	裙
几	家	介	九	见	观	光	快	哭	画
客	和	个	工	国	银	迎	五	我	翁
欤	二	一	也	要	有	用	喂	晚	语

母语为日语的学生的重点测试区域

波	白	杯	报	本	朋	表	票	不	夫
法	怕	没	门	忙	在	三	走	宿	坐
词	四	字	地	大	他	德	到	点	对
哪	了	来	两	你	里	路	女	绿	题
志	吃	这	产	中	衬	程	住	说	春
是	日	少	上	受	人	生	睡	剧	泉
向	熊	七	小	先	进	京	学	去	裙
几	家	介	九	见	观	光	快	哭	画
客	和	个	工	国	银	迎	五	我	翁
欸	二	一	也	要	有	用	喂	晚	语

海外华人华侨和中国南方方言背景学生的重点测试区域

波	白	杯	报	本	朋	表	票	不	夫
法	怕	没	门	忙	在	三	走	宿	坐
词	四	字	地	大	他	德	到	点	对
哪	了	来	两	你	里	路	女	绿	题
志	吃	这	产	中	衬	程	住	说	春
是	日	少	上	受	人	生	睡	剧	泉
向	熊	七	小	先	进	京	学	去	裙
几	家	介	九	见	观	光	快	哭	画
客	和	个	工	国	银	迎	五	我	翁
欸	二	一	也	要	有	用	喂	晚	语

【说明】

这一百个音节表中的不同区域是依据不同语言背景学生的常见语音偏误来确定的，教师可以用这个字表来进行快速诊断测试，也可以提供给学生自测用。

【目的】

快速检测不同母语背景学生的汉语语音水平。

（朱川　叶军）

二　汉字教学

正确认识汉字教学

　　汉字是汉语中最具特色的部分，也是汉语学习的最大难点。汉字教学是一项长期的任务，它实际上贯穿于整个对外汉语教学过程。

　　汉字难学，既有汉字现状的客观原因，也有教学方面的主观原因。从客观方面来看，汉字本身存在许多难学的原因：形体上与拼音文字的巨大差异；汉字数量巨大、结构复杂、笔画繁多（平均12.8画）；有理据但规律性不强；繁简体、异体的差异（无论写简识繁，还是写繁识简，都增加了学生的负担）；汉字的规范化尚未完成，等等。但更为关键的是教学不当的原因：对汉字的性质、汉字在汉语教学中的地位、字与词的关系、字与词的网络系统等缺乏正确的认识；教学思路不明确；对学习者的汉字认知、习得过程和学习策略认识不足；教学方法单调等等，都是汉字教学滞后的原因。"语文同步、随文识字"的教学模式把汉字作为词汇教学的附属品，忽视汉字的习得规律，增加了汉字的学习难度。

　　汉字教学的任务不仅仅是帮助学生识字，更重要的是培养他们的汉字自学能力。课堂和教科书不可能教给学生所有的汉字，大部分应来自学生的自学，因此学生的自学能力才是核心能力。汉字自学能力主要包括以下五个方面：

　　（1）辨识形声字及其形旁、声旁的能力；
　　（2）形音义系联能力以及联系旧字猜测字义字音的能力；
　　（3）正确书写汉字的能力；
　　（4）查字典的能力；
　　（5）组词造句辨析能力（汉字使用能力）。

科学的汉字教学是两种规律的综合体现，一种是汉字本体构造和使用的规律，另一种是学习者接受汉字教育的认知规律，二者不可偏废。从以上两种规律出发，我们认为必须把汉字放在一定的网络系统中进行教学才能提高效率。这里所说的汉字网络系统实际包含汉字组合与汉字结构两个系统。汉字的组合系统即字→词→句→篇章的系统，汉字的结构系统指的是笔画→部件→音义符→整字的系统，其中音义符也就是偏旁部首，是汉字结构系统中的关键要素，而整字包含了形、音、义三种成分。

在汉字的教学层面应当以形声字为重点，因为形声字不仅占有现代汉字的 80% 以上，而且形符声符巧妙结合，构字方式提供了汉字滋生发展的条件。形声字能产性强、区别性大，而且还与词的联系紧密，有明显的对应关系。在形声字教学中应当突出偏旁的教学。例如以"扌"为形旁的二百多个通用汉字，意思基本上都跟手的动作有关；含有"心"（包括"忄"等变体）的二百多个通用汉字，都跟思想、气质、情感等心理活动有关。可以说，形旁是系统掌握字义系统的钥匙。同样，声旁则是掌握汉字读音的钥匙。

在教学顺序策略方面，要注意先教可以作为构字部件的独体字，后教包含已知部件的合体字。但从部件到整体只是一般的原则，不能绝对化。因为大脑的认知途径，既有从部件到整体的组合通道，也有从整体到部分的分析通道。从语言交际出发，有时可能会先教合体字，后教独体字。如先学"妈、姐、妹"，再学"马、且、未"是符合认知心理的。如果一味坚持从独体到合体，反而不容易教。同样，作为一般原则是先教笔画少的字，后教笔画多的字，但也不能绝对化。有些汉字笔画虽多，但规律性强或特点突出，学生反而容易掌握。比较理想的识字顺序是学过的旧字能成为新字的认知基础，这样既能滚雪球式地扩大识字量，又能在学习新字的过程中不断复习旧字。

介绍汉字的构形理据，帮助学生正确认识和理解汉字。汉字的象形字、会意字、形声字中都包含着造字的理据，如果明白了其中的理据，学生就能减少错别字，也能主动理解汉字、辨析汉字。当然字理的讲解要根据学生的水平，把握"适时、适当、适量"的原则。

汉语中约占97%的语素是单音节的，它们组合新词的能力极强，语素与汉字基本上是一对一的关系。汉语是高理据性的语言，复合词的意义一般可由其组成成分去推求。因此，在词汇教学中必须加强语素义和语素构词方式的教学。我们平时常说"字不离词，词不离句"，教学中还要注意"词不离字，句不离词"。这样把汉字放在偏旁、语素、词、句、篇章的系统中，就能真正把汉字的学习与汉语的学习结合在一起了。

掌握汉字需要经过大量的阅读、书写练习，仅靠课堂教学是远远不够的。在课外开设书法、中文输入方法等选修课程，成立书法小组，举行书法展览、书法比赛、汉字输入比赛、查字典比赛、猜字谜比赛等活动，也是培养学生汉字学习兴趣的好途径。

41. 基本方法与技巧

【做法】

（1）展示生字

常用的展示生字的方法有以下几种：

板书　把生字写在黑板上。

卡片　用预先写好或印好的汉字卡片。

投影　用电子文档、幻灯片或多媒体动画等展示。

教材　让学生注意观察书上的某个汉字。

实物　用报纸、图书、画片、印刷物、包装纸等展示印在上边的汉字。

听写　利用学生写的正确或错误的汉字导出生字。

作业　利用学生作业中的汉字引出要学的生字。

以旧带新　利用学过的旧字引出生字。例如，用"竟"引出"竞"，用"部"引出"陪"。

展示笔画笔顺　教写带有新部件的汉字，要一笔一笔地展示新部件的笔画、笔顺以及笔画与笔画、部件与部件之间的正确位置和布局，然后让学生模仿。

（2）讲解生字

象形字　展示古代字体或图画，帮助学生建立联想通道。如"日"古代写作"☉"，学生不难理解，以后遇到日字旁的字都能联想到太阳。同样"月、目、木、山、京、禾、羽、龟、食、燕"等象形字都可以通过古体来认知。

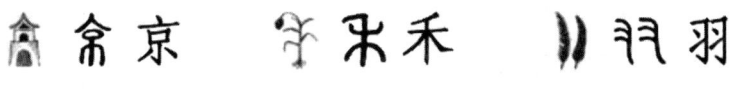

指事字　多数是在象形字的某个部位加上一个笔画，书写时最好用彩色笔

来突出这个笔画。如：刀→刃，木→本。

会意字 是由两个独体字合成表义，可以通过说明（如"尘"，小土就是尘）、图画（如"休"字，画一个人在右边的大树旁休息）、动作（如"看"，把手放在眼眉处向远方眺望）等方式来讲解。

形声字 可通过偏旁引导学生猜测字音字义。偏旁的含义可以从学过的同类字获得，例如都有提手旁的"打、抓、抬、提、搬"等字，"扌"表示和手的动作有关。声旁的系联可以帮助学生掌握类推读音的方法，尽管可能不准确，但培养声旁示音的意识非常重要。如从学过的"访、房、放、芳"等字提取声旁"方"，再进一步猜测生字"妨、坊"的读音。

分解组合 把合体字分解出偏旁或部件来进行讲解，或把不同偏旁部件组合成字进行讲解。例如"酒"分解为"氵"（表示像水一样的液体）+"酉"（酒坛子的象形字，同时也是声旁），所以这是一个会意兼形声的汉字。

形近字 利用形近字来讲解辨析生字。如"盲"与"育"，"蓝"与"篮"等。

错别字 利用错字、别字来剖析错误原因，讲解汉字构造原理。如"交欠"（"效"字的误写）、"鬼鬼祟祟"、"既使"、"按装"等错别字。

溯　源 讲解汉字的源流演变，帮助理解。如"册—典—删"（参见"45 汉字溯源"条），"取—娶"（参见"95 汉字中的文化例释"条）。

趣解别解 用俗文字学的有趣解释帮助学生记忆汉字。如把宿舍的"宿"字分解为"百""人"住在一个"家"里。

联系旧字 联系学过的形近字、音近字、意近字、同旁字来认知新字。如联系"卯、铆"，"贝、贵、货"来讲解、认知"贸"；联系"肚、脸、腿"，"杨、汤、场"来讲解"肠"的音义（参见"74 联系旧知找规律"条）。

（3）操练汉字

先认后写 汉字的部件结构关系与形态特征比较明显，易于认读，但书写对于留学生来说，困难较大。可以首先让学生感知字形、理解字义、记住字音，降低书写的要求。先认后写，多认少写。

描　红 使用描红本或描红纸练习书写是小学生初学汉字常用的办法，也适用于留学生。除了描红外，汉字书写练习本最好选用有定位格的，目前常用的有米字格、井字格、九宫格、回形格等，其中井字格练习书写的效果较佳。

笔画分解　把汉字正确分解出笔画来，尤其是合成笔画，如"横撇弯钩"、"横折折折钩"之类的复杂笔画，有助于写汉字，也有助于检索汉字。

数笔画　有些汉字中的笔画看起来是两笔实际上却是连笔，有的笔画看起来是一笔，实际上却是分写，通过数"那、孩、专、及、美、凸、撇"等字的笔画可以检验学生是否正确掌握了汉字的书写规则。

笔　顺　选择容易写错笔顺的汉字进行操练，可以让学生到黑板上写，大家评论。例如"与、车、火、出、脊、登、考、皮、讯、惯、幽、凹、凸"等字都是容易写错笔顺的。

书　空　不用纸笔，学生跟着教师用右手食指在空中写字，同时说出笔画名称来，如"术"字："横、竖、撇、捺、点。"这个方法可以规范笔画名称和笔顺，缺点是比较费时间，遇到复杂合成笔画时不易统一。

识字卡片　市场上有各种识字卡片，也可以自己动手做。最好使用正面为汉字，背面有拼音、释义的（也可以加组词、图画）。识字卡片有多种使用方法，如看汉字猜读音、字义，练习组词等，也可以看背面写汉字。既可以自己一人复习用，也可以二人互考对方。

部件组字　教师提供一组部件如"口、十、又、土、女、一"等，要求学生组成十个以上的汉字。

增减笔画　教师给学生若干汉字，要求学生加一笔（或加两笔、减一笔）分别构成新字。例如把下列汉字加一笔构成新字："十、人、王、几、休、古、火、牛。"

偏旁构字　教师给学生一个偏旁，如形旁"衤"，或声旁"令"，要求学生写出尽可能多的汉字来。

听写默写　这是最常用的检验学生掌握汉字的方法之一，但不宜作为唯一的或最主要的方法，因为以拼音文字为母语文字的学习者，短期内难以通过声音来系联汉字字形。

发现规律　通过选择若干典型的形声字，引导学生自己发现其表义表音的规律。

形近辨析 汉字中形近字很多，可以引导学生通过辨析形近字的笔画、部件差异来发现规律，记忆汉字。如"幕、慕、墓、暮、摹"，让学生来指出差异，讲解字义。

同音辨析 教师给学生一组同音字，如"红、洪、宏、虹、弘"，让学生分别组词、造句。也可以给两个同音字，让学生造一个句子，要用上这两个字。如"历、厉"，学生造句："王达明的历史考了一百分，真厉害。"

多音组词 汉字中有不少多音字，可以让学生分别组词或造句来辨析。如"乐"："快乐，音乐。我一听见这段音乐就感到十分快乐。"

填字成词 教师给学生若干词语，其中都隐去了一个字，让学生填出正确的字。如"希＿＿，再接再＿＿，不能一＿＿而就"。也可以给一个字，要求学生前后填字分别构词，如"＿＿国＿＿"，可以在前面填"中、美、法、德、泰、韩、大、强、外、祖、建、爱、邻、贵、盟、王"等字，后面填"家、际、土、境、情、庆、民、人、度、语、画、书、防、会、策"等字。

形声归类 在学习了形声字的结构规律（左形右声、右形左声、上形下声、下形上声、内形外声、外形内声）之后，给学生若干形声字，让他们分别归类。如"城、攻、花、梨、闷、围"等等。

改错别字 选择比较典型的，学生在使用汉字中经常出现的错字、别字，写在黑板上，先让学生自己发现自己纠正，然后教师可以通过介绍汉字结构规律，告诉学生如何避免错别字的办法。

猜字谜 通过猜字谜来学习、巩固学过的汉字，发现汉字的规律。但字谜的选择要适应学生的汉字程度，不能太难太复杂，要注意引发学生的兴趣。

汉字比赛 汉字比赛有多种形式，比如抄写汉字比赛、硬笔书法比赛、汉字组词比赛、部件构字比赛、听写汉字比赛、查字典比赛、电脑（或手机）汉字输入比赛、猜字谜比赛，等等。

（周健）

42. 解释汉字的技巧

所谓解释汉字，是指根据汉字的特点，对所要教授的汉字的形、音、义三方面进行分析和讲解。

汉字是具有表意特征的意音文字，汉字字形与字义之间有着一定的联系。另一方面汉语中存在着大量的形声字，形声字的音符和义符分别与该字的声音和意义相关。汉字的三要素以及他们之间的联系，是解释汉字的基本依据。

解释汉字的目的是为了使学生理解和记忆所学的汉字。解释要利用汉字的特点和规律，力求抓住要点，简洁易懂。

【做法】

（1）析形

即根据字形对汉字做出解释。汉字是由象形文字发展而来的，汉字字形现在还保留着某些象形特征，所以汉字往往能见形而知义。从字形入手，向学生解释汉字与其所表示的意义之间的关系，能够帮助学生记忆与掌握汉字。可以从以下几方面对汉字字形进行分析：

依形释字　根据汉字字形，对独体汉字进行解释。

例如在教授"山、日、大、人"等字时，可以描绘一下这些字的字形，在汉字旁画出字形来源，达到对意义解释的目的。

　　山——像高高低低的山峰形，表示"山"的意思。

　　日——像太阳形，因为汉字是方块字，所以写成了方形。

　　大——是一个人正面站立伸开双臂形，人们认为双手平伸尽力张开
　　　　是很大的，所以用这个形状代表"大"的意义。

　　人——这是一个人的侧立形，用一个概括的人形表示一切的人。

依形解字　根据汉字字形特点，对合体汉字进行解释。

例如在讲授"休、酒、林"等字时，教师可做如下描述：

　　休——字形表示一个人靠在树木旁。人在树下歇息，表示"休息"
　　　　的意思。

酒——左边表示这是一种像水的液体，而右边像古代盛酒的坛子。

林——两棵树木并排在一起，表示很多树，所以用"林"表示树林。

（2）析音

即依据汉字形声字的声符具有部分表音的特点，对汉字进行解释。汉字虽然是表意系统的文字，但是汉字中存在着相当数量的形声字，我们可以根据形声字的声符找出它与该字在语音上的联系。例如，学生学过"方向"的"方"，"青年"的"青"，在教新字"芳、房、访、清、晴、请"等字时，就应该引导学生注意这些字之间声音上的联系。教师可做如下描述：

"芳、房、访"都是形声字，"方"代表声音（可板书三字的拼音），其他的部分表示意思。

"清、晴、请"也是形声字，它们的声音都是qing，只是声调不同，"清"念qīng,有水，意思是水很干净；"晴"念qíng，是有太阳的意思；而"请"（qǐng）字有一个言字旁，表示用话请别人做事。

依声旁析音可以使学生举一反三，加深对汉字语音的印象。但是现在的形声字的表音部分与字音本身并不完全对应。有的字音与声旁相同，有的部分相同，即声、韵、调中有一部分或两部分相同，有的则相去甚远。在给学生解释时，应区分以上各种情况，酌情予以介绍。

（3）析义

即根据汉字的表意特点，对汉字进行解释。常见的有下面几种方法：

依图释义 利用图画揭示字义，达到解释汉字的目的。

例如，在讲解"美"字时，教师可准备一幅图画，上画一人头戴羽毛起舞，说明古人认为这样是漂亮的，以后发展成"美"字了。

依图释义直观清晰，而且如果图画得精确的话，还能增加学生的兴趣。

依源释字 根据汉字发展源流来解释汉字。

例如"册"字，教师可讲明，古代人们将字写在竹简上，然后用绳索穿在一起成册。（参见"45 汉字溯源"）后来用它来做书籍的量词。

依结构释义 根据组成汉字的各部分意义来解释汉字。

汉字中一些会意或指事字，可以从几个部分之间的联系来解释这个汉字的意思。例如"信","信"就是"人的话（言）",所以有"书信"的意思；人说了话要算数,所以还有"相信、信用"等意思。又如"采"字,上面一个手,下面一棵结有果实的树。显而易见,这是"采摘"的意思。

依形旁释义　根据汉字形旁具有表意功能的特点对汉字进行解释。

汉字的形旁具有表意功能,它大多是一类事物的代表。具有相同形旁的汉字,往往有着共同的义类属性。根据这种性质,通过对偏旁义符的分析,一方面可以使学生对字义有进一步了解,同时对认识字形、增强结构观念,也能起一定作用。例如,教授"海"字时,可以讲明,这字左边是"氵",是从汉字"水"字演变而来的,它是一个形旁,凡有"氵"者大多与水有关。这时,可以让学生回忆以前学过的有三点水的汉字,同时也可以稍加补充。这样,学生可以联系到"江、河、湖、浪"等很多字,而且"氵"的意思他们也不会忘了。

（4）类推释字

指根据已掌握的汉字知识进行类推,解释汉字。利用旧知识学习新知识,这是引导学生将新旧知识联系贯通起来的一个方法。这种方法可以使学生对汉字的记忆不仅局限在单个的字上,而且在字与字之间建起一座桥梁。

下面是类推汉字的一些方法：

类推字音　根据已学的汉字类推出新字的字音。

例如,在教"晴"字时,教师可先让学生猜这个字怎么念。学生因为学过"青、清"等字,所以很容易推出"晴"字的声韵母大概为qing。这时教师只要将准确的声调告诉学生就可以了。

类推字形　根据已学的汉字类推出新字的字形。

与类推字音相同,利用汉字规律,让学生从已知汉字推想新汉字,也是一个了解汉字的途径。

例如,学了"上",教师可以板书"上"字并指指上方,然后可以指指下方,让学生猜"xià"（下）的字形是怎样的。

当然,类推字形并不是让学生凭空造字,教师事先要给予充分的介绍与恰到好处的引导。

类推字义 根据已学汉字类推出新字的字义。

类推字义是类推法中最常用的一种。因为汉字是表意文字，所以从字形推知意义是可以做到的，比起类推字音、字形也稳妥得多。类推字义可以从偏旁义符入手，也可以从汉字部件构成考虑。例如，知道了"木"是"树木"的意思，两个"木"构成的"林"表示什么也就不难猜出，由此再推断出三个"木"的"森"字的意义就水到渠成了。

类推法是解释汉字的一种方法，在某种程度上也可以看成是一种练习。但是类推法一般是用于对新字的理解上，所以此处仍把它归在解释汉字之中。

俗字源释义 利用组成汉字的各个部件所表示的意思或其字形特点，对汉字进行有意义的解释。

所谓俗字源，当然不是字的本源。但它通俗易懂，讲得好会妙趣横生，而且可以用来纠正学生容易发生的错误。比如，学生常常把"宿"字下边的"百"写成"白"。如果我们解释说"宿舍是很多人住的地方，所以宝盖是房子，里面住着一'百'个'人'"，学生就会很容易记住"宿"字下面是"百"，而不是"白"了。所以用俗字源解释汉字，是汉字教学中可以使用的一种方法，特别是在帮助学生记忆方面，有着特殊的效力。下面再举几个例子：

安——女人回到家里，自然是安全、平安的。

众——人挤人，人挨人，人上还有人，有很多人，就是"众"。

灭——着火了，上边用毯子一压，火就灭了。

买、卖——没有东西就要去"买"，有了东西（十）才可以"卖"。

利用俗字源讲解，一般要在学生掌握了一定的汉语知识之后，这样才可避免学生理解上的障碍，收到满意的效果。更多的例子可参考下文的"46 趣解汉字"条。如果可能，也可以启发学生根据他们自己的想象来对汉字进行这种通俗的解释。假如引导得当的话，不仅能使学生增加对汉字的了解，培养学习兴趣，对于他们提高口语能力也有帮助，荒诞的解释对活跃课堂气氛也不无益处。但是这毕竟只是一种辅助记忆的方法，不可滥用。

（宗和）

43. 字形教学技巧

【做法】

从关注汉字字形的角度来开展汉字教学，有许多做法可以采用。

（1）衍生字群

即把有一定字形关联的字群放在一起教学，例如：

"人"字系列：人 入 个 大 太 天 夫 从 众 介

"木"字系列：木 本 末 未 林 森 休 体

"日"字系列：日 旦 早 旧 旬 时 是 昌 晶

（2）形近字对比策略

笔画增减：日—目　大—天　竞—竟　史—吏　万—方　持—特
　　　　　代—伐

笔画变化：贝—见　千—千　仓—仑　天—夭　土—士　已—己
　　　　　乞—气

位置变化：玉—主　太—犬　庄—压　办—为

部件改变：拔—拨　蓝—篮　辛—幸　即—既　没—设　园—圆

（3）同形规律字

如"辶"与"廴"学生常常弄混，有没有规律可循？查一下字典，不难发现，使用"廴"旁的只有"延、建、廷"及其同类字"涎、诞、蜓、筵"、"健、腱、键、键"，"庭、挺、蜓、艇、霆、铤"，也就是说只要记住"延、建、廷"三个字，所有"廴"旁的字都能记住了。同样规律的还有"武、式、代"（都不加撇）等等。

（4）部件组合策略

这里的部件多指成字部件。教学策略是先教一些笔画比较简单的成字部件作为基本字，再由基本字组合成合体字。这种拆分组合的识字方法能深化学生对汉字结构特点的认识。例如：

人—从→众　　木—对→树　　广—木→床
人—言→信　　禾—火→秋　　门—人→闪
十—口→古　　口—十→叶　　口—口→回
月—月→朋　　日—寸→时　　日—月→明
走—己→起　　月—庄→脏　　门—口→问
小—大→尖　　弓—长→张　　王—见→现

还可以扩展到比较复杂的结构，如：

车—斤→斩—日→暂　　　　立—日→音—心→意
女—口→如—心→恕　　　　亡—口—月—贝—凡→赢
言—身—寸→谢

（5）偏旁部首提示音义策略

这也是传统汉字教学最常用、最有效的办法。比如把学生学过的同偏旁字放在一起，揭示其中的规律。如：

口：吃—喝—叫—吸—告—吵—吹—哭—啊—喂—商—叹，等等，都与口的动作有关；

交：较—胶—娇—绞—狡—郊—饺—佼—姣—皎—跤—蛟—校—效—咬，等等，绝大多数都念 jiāo，极少数念 xiào 或 yǎo，彼此也有一定的关联。

【说明】

对中外学生的语言文字习得的心理研究表明：表意文字和表音文字的判别影响心理的加工方式。外国学生感到最难的是汉字字形的掌握，而汉字的识别以字形编码为主，说明字形在汉语语汇信息的储存和提取中起着重要的作用。研究还证明，汉字识别具有整体识别先于局部识别的倾向，具体地说，就是先整体后部件，先轮廓后内含，先上部后下部，先左部后右部，先熟悉后生疏。在汉字学习的初级阶段，重点应放在部件上。学生如能正确书写汉字部件，就可以基本避免出现笔画、笔顺的错误。在这一阶段之后，应把识字的重点放在偏旁即音符和意符方面（音符意符也可以视为汉字的大部件），因为细小的部件在整字中位置不定，变化繁多，难以把握，且不能起到提示音、义的作用，有时反而会干扰整字的识别。而偏旁分析能体现汉字的结构规律，是我们开展汉字教学的重要工具。

【目的】

通过字形相关字群的辨析，提高汉字识别分析能力。

（恒声）

44．笔顺比赛

【做法】

教师先讲解汉字的一般笔顺规则：

（1）先上后下　二、旦、星、章、军、叁

（2）先左后右　汉、阳、明、打、谢、啪

（3）先横后竖　十、干、击、王、拜

（4）先撇后捺　入、八、人、分、参

（5）开口朝下三面包围的和左上半包围的，先写包围　同、周、风、问、用、庆

（6）开口朝上三面包围的和左下半包围的，后写包围　凶、山、幽、过、远

（7）全包围的，先进入，后封口　国、园、田、目、团、围

（8）先中间，后两边　办、小、水、木、永、兼

（9）点在上、左上，先写点　门、头、斗、义

（10）点在右，后写点　犬、代、或、玉

（11）点在中间后写点　瓦

（12）横在中间，且比较突出时后写横　女、丹、册

上述的笔顺只是一般原则，由于汉字的结构复杂、形体变化多样，不同字的笔顺是上述原则的综合运用，而不一定完全如此。

然后教师把一批笔顺容易出错的汉字印发给学生，要求学生根据要求写出或用红色笔描出每个汉字的指定笔画（如"②"表示该字第二画），限时完成，

看谁正确率最高。

例如，可选用如下汉字：

（1）水②（　　）　　（2）化③（　　）　　（3）为③（　　）
（4）与②（　　）　　（5）考⑤（　　）　　（6）北②（　　）
（7）车③（　　）　　（8）皮②（　　）　　（9）长②（　　）
（10）方③（　　）　　（11）及②（　　）　　（12）奶④（　　）
（13）火②（　　）　　（14）讯④（　　）　　（15）凸③（　　）
（16）出③（　　）　　（17）贯③（　　）　　（18）重⑧（　　）
（19）脊④（　　）　　（20）敝⑤（　　）　　（21）爽②（　　）
（22）登④（　　）　　（23）非④（　　）　　（24）晨⑥（　　）
（25）典⑤（　　）　　（26）辆④（　　）　　（27）再④（　　）
（28）瓜③（　　）　　（29）幽③（　　）　　（30）插⑥（　　）

参考答案：（1）横折撇；（2）撇；（3）横折钩；（4）竖折折钩；（5）横；（6）横；（7）横；（8）撇；（9）横；（10）横折钩；（11）横折折撇；（12）横折折钩；（13）撇（右上方的短撇）；（14）横；（15）竖（左边下方）；（16）竖（中间长竖）；（17）竖（上方中间的短竖）；（18）横；（19）点（上边的笔顺是先写左边的点和提，再写右边的撇和点，最后写中间的人）；（20）竖（左边中间的长竖）；（21）撇（"爽"先写横，再从左到右写四个"×"，最后写"人"）；（22）撇（"登"的右上角先写两撇，再写捺）；（23）横；（24）横；（25）竖（上方右边的竖）；（26）提（注意与单独的"车"字笔顺不同）；（27）竖（中间的竖）；（28）竖提（中间的）；（29）撇折（先写中间一竖，再写左边的幺）；（30）竖。

【说明】

这些字的笔顺连中国人都不容易写正确，教师平时教汉字时要特别注意提醒学生关注笔画、重视笔画。

【目的】

通过具体的汉字书写体会汉字的笔顺规则。

（恒声）

45. 汉字溯源

【做法】

有些汉字如象形字、会意字中一部分比较典型的，可以用溯源的办法介绍给学生，加深他们对汉字字理和演变过程的理解，提高他们学习汉字的兴趣。

例如"册"和"典"：

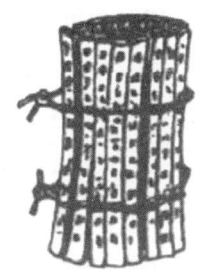
古人把写了文字的竹简编串起来，称为"简册"。甲骨文和金文"册"字的几条竖线表示竹简，横向的曲线是把竹简编串成册的皮绳。

| 甲骨文 | 金文 | 小篆 | 隶文 | 楷文 |

"典"字，甲骨文的字形是两只手捧着"册"（见右图），表示这是重要的文献或书籍。引申为"准则"、"制度"、"法则"等义。

| 甲骨文 | 金文 | 小篆 | 隶文 | 楷文 |

【说明】

有了生动直观的古代汉字的演变图,教师就无须费太多口舌,而学生却能留下深刻印象。可选讲的汉字很多,这里仅举"册、典"两个例子。

【目的】

通过展示汉字的古今字形演变,帮助学生理解汉字的性质特点。

(李乐毅)

46. 趣解汉字

【做法】

教师先用手指比划出"八、十、口"等字让学生猜,猜对后再伸开两腿伸展两臂,问学生这是个什么字?学生可能会说出"大"字。

教师在黑板上写出一个"雨"字,告诉学生把它想象成两扇窗户,一边两点,正是打在窗玻璃上的雨滴。

教师又写"早"字,问学生为什么它表示早?可以这样解释:上边是日,即太阳;下边是十,可以想象成教堂顶上的十字架,太阳在十字架上表示早上,还来得及去做礼拜。

教师再介绍如何记忆"画"字:想象中间的田是一幅图画,现正装在画框里。

再如"看"字:上边是手(手),下边是眼(目),手遮住阳光以便看清楚(并做动作显示)。

然后教师写出"今、左、右、杯、说、买、宿"等字，逐一问学生如何解释，如何记忆？

今——拼音是 jīn，"今"字下边像个 j。

左——拼音是 zuǒ，"左"字下边"工"写快了很像 z。

右——下边是口，人们多用右手拿筷子（刀叉）吃东西。

杯——"杯"是木字旁，难道杯子是木头做的？不是！右边有个"不"，告诉我们不是木做的。

说——左边是"讠"旁，表示说话；右边的"兑"可以想象成一台电视，上边是天线，下边是支架。

买——下边是头，上边是"一"，戴在头上像个帽子——记住"买帽子"！

卖——上边有个十，表示很多，有很多东西的人是卖东西的人。

宿——上边"宀"表示房屋（联系"家"），下边有一"百"个"人"（亻），这么多人住在一起，一定是宿舍。

笔——上边是竹字头，下边是毛，中国的毛笔正是由竹子和动物的毛组成的。

尘——灰尘正是"小土"。

灭——这个字很形象，火上用大东西（"一"）一压，就是灭火的方法。

伞——像一把打开的雨伞。

从——本义就是一个人跟从另一个人，"随从、服从、听从、顺从、侍从、依从、屈从、盲从、信从"等词都是由此义生发出来的。

宝——家里（宀）有"玉"，当然是宝。

泪——眼睛（目）里流出的水（氵）当然是眼泪。

灾——火在家里（宀）烧起来，不得了，成了灾难了。

哭——下边的"大"像一个人的样子，上边是哭肿了的两个大眼睛，还有一点眼泪呢。

咱——说话（口）人把"自"己包括在内。

鲜——不妨把鱼和羊放在一起烧，看看味道鲜不鲜。

要——你要什么？"西"方"女"人？

【说明】

　　西方学生最怕的是记汉字，汉字毕竟与西方的字母拼音文字相距太远。他们从小没有受过字形的训练，更难以将汉字的形音义结合起来记。因此教师有时需要采用一些非常规的办法，用他们能接受、易联想，哪怕是荒诞的、幽默的解释来帮助他们记牢一些最基本的汉字，提高他们学习汉字的兴趣，不再把汉字视为畏途。对有些结构特别、易于联想的汉字，教师可以启发学生自己联想、趣解、记忆。

【目的】

　　提高汉字学习的兴趣，使学生更容易记忆汉字。

（周健）

47. 闪现记字

【做法】

　　用汉字卡片将一个生字在学生面前闪现一秒钟（时间还可渐短）以后，让学生马上默写下来。要求学生在看到汉字时，迅速分解并小声读出部件，如出示"念"字时，要说出"今、心"；出示"谢"字时，说出"言（讠）、身、寸（没学过'寸'，但能记住它是'对'字的右边）"。学生熟练以后还可以扩大到词汇，如"同志、词典、桌子"等的短时记忆。

【说明】

　　在初教汉字时，要特别注意部件（包括偏旁部首）教学，培养学生正确分解、合成汉字的能力。使用这种方法，学生在短短的一秒钟内，眼睛与大脑的活动十分紧张，效果比较显著。教初级汉语时，每课的汉字都可以超前进行，大部分学生都能做到过目不忘。

【目的】

　　引导学生关注汉字的偏旁部首。

（岳维善）

48. 添一笔变新字

【做法】

在黑板上写出以下各字，先让学生认读，再让学生给每个字添上一笔，使它成为另一个字。

> （1）王　　（2）头　　（3）亚　　（4）从　　（5）尤
> （6）几　　（7）牛　　（8）古　　（9）火　　（10）叶
> （11）休　（12）天　（13）白　（14）名　（15）日
>
> **参考答案**：（1）玉/主；（2）买；（3）严；（4）丛；（5）龙；（6）凡；（7）生；（8）舌；（9）灭；（10）吐；（11）体；（12）夫/矢；（13）百；（14）各；（15）白/甲/由/申/电/田/旧/旦。

【说明】

这类练习教师可以根据学生识字的进度自行设计，目的是为了让学生注意汉字的结构和笔画，加深对形近汉字的辨析。

【目的】

引导学生关注汉字的结构和笔画特点。

（周健）

49. 加两点变个字

【做法】

在黑板上写出以下各字，先让学生认读，再让学生为每个字加两点使之成为新字：

（1）人 （2）未 （3）令 （4）天 （5）干
（6）力 （7）中 （8）兄 （9）口 （10）开

参考答案：（1）火；（2）来；（3）冷；（4）关；（5）平；
（6）办/为；（7）冲；（8）况/兑；（9）只；（10）并。

【说明】
　　教师可以根据学生水平和教学进度自行设计增减笔画变新字的练习。

【目的】
　　加深学生对汉字结构笔画的认识。

（周健）

50. 看谁组字多

【做法】

教师在黑板上写出一个"口"字,问学生:"口"字加两笔能组成多少个字?写在练习本上或临时发的纸上。时间约十分钟。时间一到就停笔,自报数字,教师叫前三名到黑板上写出自己所组的字,多对者为胜,教师表扬,学生鼓掌,以示鼓励。

参考答案:兄、只、叶、右、叮、可、号、占、田、由、甲、申、电、旦、旧、目、叭、史、句、叹、司、加、古、叫、叨、叼、叩、召、叻……

注意这里的"口"只是一个大致的方块形状,并不限于严格的"口"字。也可做其他字加减笔画的练习,如"工"字加两笔(正、主、玉、左、巧、功……)

【说明】

教师根据学生掌握字的多少规定时间,可定为五分钟、八分钟等。为便于讲评,可让两个学生在黑板上写,其他学生自己在本子上写。时间一到,教师讲评黑板上的字,让全班学生一起来改错、补充。

【目的】

提高学生对汉字的记忆能力、识别能力,加深学生对汉字是由笔画、部件构成的原理的认识,提高汉字的书写速度。

(赵明德　周健)

51. 三笔组字

【做法】

教师在黑板上提示出几种笔画,如"横、竖、撇、捺、点、提、横折、竖钩……"(注意不写名称而写实际笔画形状),告诉学生可用任意三个笔画组成一个字,看谁组得多,组得快。可以用不同的笔画,也可以重复使用相同的笔画。笔画数要正确,不能多于三笔,也不能少于三笔。可写在练习本上或临时发的纸上。时间约十分钟。学生写时，教师巡视；时间到，停笔，学生报数，前三名在黑板上写出自己组的字，师生共评。多对者为胜，教师表扬，学生鼓掌，以示鼓励。正式比赛可发小奖品。

参考答案：三、川、土、士、千、干、于、上、下、大、小、工、口、山、才、寸、广、门、个、子、女、飞、丈、马、万、亿、习、久、巾、及、之、己、已、义、乡、勺、凡、亡、卫、么、幺、叉、夕、尸、弓、亏……

【说明】

本练习可提高学生用笔画组字的能力，特别是准确辨别笔画的能力，加深学生对汉字结构的理解、认识。

非正式比赛可让两个学生在黑板上做，其他学生在本子上或纸上做。规定时间的长短，由教师依学生掌握字的多少而定。

【目的】

通过笔画组字，增强对汉字笔画特点的认识。

（赵明德）

52. 挑错改正

【做法】

教师把一则小故事抄写在黑板上，其中有许多字是错别字，要求学生发现并改正。小故事如下：

在一次白助餐晚会上，年轻的妻子对丈夫说："你已经拿了四次冰淇淋了，难道你不觉得不好意思吗？"丈夫笑了："当然不，母次我都告诉他们是帮你拿的。"

学生应能发现"自、餐、年、轻、妻、已、经、拿、冰、觉、意、笑、然、每、告、诉、帮"等字中的笔画错误。最后让学生朗读一遍这个故事。

【说明】

对于汉字初学者来说,错别字是不可避免的。教师选择学生常见的错别字,面向全体学生做改错示范,效果较好。改正错别字的练习应当经常做,可选择学生的作业、作文中的典型错别字加以纠正。

【目的】

培养学生对错别字的敏感。

（周健）

53. 拼字比赛

【做法】

把全班学生分成甲乙两组,每组发给三十张写有偏旁的卡片(也可以到市场上购买拼字卡片)，大家一起来拼字。拼成的汉字由一个学生写在纸上。偏旁部首可以重复使用。规定的时间一到，每组派一个代表把记在纸上的字抄到黑板上，看哪个组拼出来的正确的字多。

【说明】

教师要精心选择每组的三十个偏旁，选择的依据是这些偏旁能够拼出最近或本学期学过的一些生字。两组的偏旁可以相同或部分相同。这一技巧能使学生熟悉汉字的常用形旁和声旁的拆分，加深对汉字结构的认识。

【目的】

通过拼字游戏加深对汉字结构的认知，活跃课堂气氛。

（林柏松）

54. 偏旁部首搭配

【做法】

准备一些卡片，分成两类，一类写上汉字部首，一类写上不做部首的偏旁，每一张卡片上只写一个偏旁。把两叠卡片分开放在桌子上，要学生依次上台来在每一叠卡片中各选取一张组合成一个汉字，如：部首选到"木"，偏旁中选到"对"，就可组成"树"字。如果选取的两个部分可以搭配的话就得一分，如果两个部分不能搭配，学生必须用所选取的偏旁部首各写一个字才能得分。例如学生抽到"木"和"令"，不能搭配成学生认识的字，学生就要分别写出以"木"作为偏旁的字（如"杨、样"等）和以"令"为偏旁的字（如"冷、零"等）。两字都对也可以得到一分。如果有一个组合错误或者不知道就不得分。可以把班上学生分为两组比赛。

【说明】

这个课堂游戏可以使学生熟悉偏旁和部首的搭配。

【目的】

通过拼字游戏加深对汉字结构的认知。

（饶勤　孙新爱　杨德峰）

55. 添部首组新字

【做法】

要求学生根据下边的例子，在每行的括号中添加一个部首，组成五个拥有相同部首的一组新字。例：

九、牙、古、卢、昔＋（鸟）＝鸠 鸦 鸪 鸬 鹊

（1）土、下、少、斤、屯＋（ 　 ）＝__ __ __ __ __
（2）对、又、区、交、木＋（ 　 ）＝__ __ __ __ __
（3）上、青、寺、十、井＋（ 　 ）＝__ __ __ __ __
（4）马、子、乃、也、口＋（ 　 ）＝__ __ __ __ __
（5）反、包、几、欠、交＋（ 　 ）＝__ __ __ __ __
（6）寸、力、井、云、车＋（ 　 ）＝__ __ __ __ __
（7）工、己、勺、屯、合＋（ 　 ）＝__ __ __ __ __
（8）可、每、胡、十、少＋（ 　 ）＝__ __ __ __ __
（9）白、丁、察、卜、巴＋（ 　 ）＝__ __ __ __ __
（10）犬、九、牙、巾、力＋（ 　 ）＝__ __ __ __ __

参考答案：（1）口；（2）木；（3）氵；（4）女；（5）亻；
（6）辶；（7）纟；（8）忄；（9）扌；（10）穴。

【说明】

这个练习适合学过较多形声字的学生。

【目的】

培养学习者对形声字组合特点的敏感。

（恒声）

56. 添加部首

【做法】

将学生分成两组,如果学生多,可以分成三组。教师在黑板上写下"青、工、马、羊、方、令、艮、且、古、良、交、包"等构字能力强的字根,给每组学生相等的数目,并让他们到黑板前给这些偏旁添加部首。三分钟之后计算每组学生写出的字,每个字算两分;然后两组交换,要求为对方所写的进行补充,每个字算四分。最后,计算每组的总分决定胜负。

【说明】

合体字在汉字中占90%以上,通过这样的练习能提高学生对合体字尤其是形声字的组合方法的认识,扩大识字量。

【目的】

提高对汉字形声字的认识，熟悉常用字。

（孙新爱）

57. 拆字组字

【做法】

把全班学生分成几个小组进行比赛，每组 4—6 人为宜。教师根据学生已学汉字在黑板上写出 15 个或更多的不同形旁、声旁的形声字，比如"杨、说、胜、海、他、郎、动、放、情、妈、祖、推、红、安、被、苹、过"等。然后让各小组学生把这些形声字拆开再组成新字，不认识的字可以用字典查出此字的意思及词语。规则是必须标注新字的读音、一个意思并组一个词，才能记一分，在规定的时间内，得分最高的一组获胜。

【说明】

此游戏采取分组比赛的形式能激发学生兴趣，活跃气氛。学生能在紧张活泼的气氛中学到新汉字，领悟形声字的造字方法，加深对汉字字理的认识，提高查字典的速度。比赛结束后，教师还可通过点评巩固新学的汉字。

【目的】

体会形声字的构字方法。

（郑秋坤）

58. 五字成行

【做法】

在两张纸上各画 5×5 共 25 个方格，方格中写上需要学生掌握的 25 个汉字，两张纸上的汉字相同，但有 A、B 两种不同的排列顺序，然后按学生人数复印。学生围坐成一圈，把 A、B 两种方格纸交替发给学生，即相邻的两个学生的方格纸都不同。游戏开始，由学生依次任意报出自己纸上的一个汉字，其他学生听到后，在这个字上做标记，最先有5个汉字排成一行（横、竖、斜行均可）的一组获胜。

五字成行图

汉	就	每	文	历
成	语	你	今	年
光	明	水	好	有
大	身	梦	平	新
学	图	体	价	高

A

今	语	就	成	明
学	年	每	大	高
汉	你	身	文	梦
新	有	历	体	价
光	水	图	平	好

B

【说明】

如果设计成更多种不同排列的字图发给学生，可以增加偶然性，更有趣味。学生也可以不围坐成圈，仍旧坐自己的座位，由教师规定报字的顺序即可。

【目的】

把字词句结合起来，提高汉字构句的能力，活跃课堂气氛。

（李文丹）

59. 部件构字

【做法】

教师选一个构字能力强的部件，如"口"，写在黑板上，让学生自由构字，只要汉字的某一部位有"口"即可。学生如果说出"吃、唱、哈、啊、苦、可、哭、岩、言、虽、吴、吉、语、回、合、和、胡、舍、舌、吕、品、器、高、告、古、故、固、加、尚、叶、占、站、词、沿……"都是正确的，但"国、因、园……"等大口框的字不算，教师可事先提示学生。

部件"口"可以出现在汉字上下、左右、中间以及左上、右上、左下、右下等各个位置，如下图所示。也可以让学生来想出其他合适的字。

二 汉字教学 75

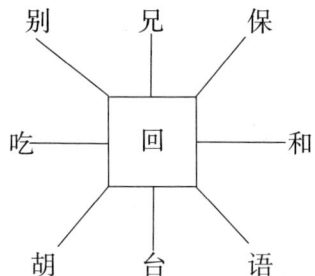

其他可以用来做构字演示的部件很多，如"木、日、人、女、寸、土、王、十、子、大、文、山、工、又……"。

【说明】

本练习可以采用分组竞赛的方式，把学生分为若干小组，在限定时间内看哪个组构的字多。

【目的】

通过部件组字练习，熟悉汉字结构特点。

（周健）

60. 形声字猜音义

【做法】

教师选取学生尚未学过的、十个比较典型的形声字竖排为一列，在字列的左侧排列汉字的读音，但要打乱对应的顺序；在右侧排列字义的英译（或学生母语翻译），同样打乱对应的顺序。如下：

mà	癌	antelope
qū	骂	armpit
yè	羚	cancer
ái	驱	verbally abuse
shā	腋	rice; peddy

líng	鲨	drive a horse
cí	搅	locust
jiǎo	稻	shark
huáng	蝗	stir
dào	慈	kind; loving

然后让学生把汉字对应的音、形、义用斜线连起来。

【说明】

这些字看起来难度较大，但学生一般都能顺利完成。教师要选取比较典型的形声字，最好是汉语教材中的生字。

【目的】

强化学生对形声字形旁表义、声旁表音的认知。

（周健）

61. 形音义勾连

【做法】

假定学生不久前学了"①土、②干、③千、④王、⑤玉、⑥主、⑦国、⑧坐、⑨树、⑩妇"十个汉字，要求学生按顺序填下面的表，即根据形音义中的一项提示，写出其余两项来。

义	①	dry	③	④	jade	host	⑦	⑧	tree	⑩
音	①	②	qiān	④	⑤	⑥	guó	⑧	⑨	fù
形	土	②	③	王	⑤	⑥	⑦	坐	⑨	⑩

【说明】

这个练习能有效培养学生的汉字形音义相结合的意识，而且比较容易根据所学内容来设计。

【目的】

强化学生同时记忆汉字的形、音、义,培养他们从汉字的一个要素联想到其余两个要素的能力。

(周健)

62. 部件组装记字串

【做法】

有一些成组的字串具有共同的部件,但跟另外一组具有相似部件的字串容易混淆,我们可以通过提取部件的方法来集中辨析。例如:

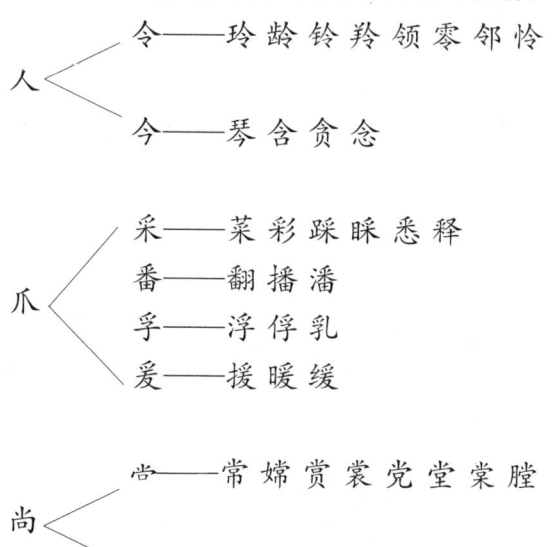

人 ─┬─ 令──玲 龄 铃 羚 领 零 邻 怜
　　└─ 今──琴 含 贪 念

爪 ─┬─ 采──菜 彩 踩 睬 悉 释
　　├─ 番──翻 播 潘
　　├─ 孚──浮 俘 乳
　　└─ 爰──援 暖 缓

尚 ─┬─ 尚──常 嫦 赏 裳 党 堂 棠 膛
　　└─ 尚──倘 趟 躺 淌 敞

【说明】

这种组合对比有利于学生发现规律,掌握汉字。

【目的】

通过提取共同的部件或偏旁,解释汉字的构字规律。

(万京湘)

63. 形声字的认知

【做法】

教师先在黑板上写一个学生都认识的"们"字("亻"和"门"分别用不同颜色),问学生这个字的意思和读音各是什么?(意思是"你们、我们、他们"的"们",表示很多人;读音是 men)再指出这个字的意思和左边的"亻"有联系;这个字的发音和右边的"门"一样,但和"门"的意思没有关系。

这样的汉字,其中一部分和意思(I)有关,一部分和读音(S)有关,这样的汉字就叫做形声字(Idea—Sound character)。其中表示意思的部分叫"形旁",用"I"来表示;表示读音的部分叫"声旁",用"S"来表示。可多举如"妈、姐、梅、场"等学生熟悉的左形右声(IS)的字。然后再举"歌"(右形左声,SI)、"苹"(上形下声,I/S)、"梨"(下形上声,S/I)的例子,并让学生自己举各类的字例。

汉字中形声字占最大比例,超过了80%。为了说明这一点,教师可以列举学生名字中的汉字。如"陈小玲"的"玲"字,"王伟"的"伟"字,"李彩虹"的"彩"、"虹"二字,"钟莉华"全部三字,等等。几乎每个学生的名字中都有形声字。最后教师布置作业,要求每个学生每类形声字各找五个,一共二十个。

【说明】

形声字是汉字的主体，通过通俗易懂的解释，学生很快就能掌握。根据我们的教学经验，使用"IS，SI，I/S，S/I"等符号学生更易理解声旁形旁的位置关系。进一步的学习，可以增加"内形外声（I）S"和"外形内声（S）I"的汉字，如"问、闻"，"园、围"等字。

再进一步，可以讨论声旁的表音功能，如下表：

序号	例　字	声旁表音情况
1	油、汽、湖、政、界、婚、苹	声、韵、调全同
2	样、饱、饭、认、记、放、远	声、韵同，调不同
3	价、绿、结、讲、桔	声、调同，韵不同
4	忙、苦、精、娘、姐、现	韵、调同，声不同
5	红、坡、打、海、吃、猪	声韵调只有一项同
6	仍、被、扮、凉、怕	声韵调都不同

再给学生若干学过的汉字，让他们讨论每个字的表音情况。

【目的】

理解和掌握形声字的特点。

（周健）

64. 形声字结构归类

【做法】

先讲解形声字的形旁（I）和声旁（S）的位置规律，形声字的结构情况主要有以下六种：

	结构类型	例子	更多例子
1	左形右声 IS	城	
2	右形左声 SI	功	

续表

	结构类型	例子	更多例子
3	上形下声 I/S	花	
4	下形上声 S/I	梨	
5	内形外声（I）S	闷	
6	外形内声 I（S）	围	

教师可要求学生把学过的若干形声字，如"情、战、雾、闻、怒、衷、战、想、描、字、松、效、裹、圆、景、切、珠、问、歌、红、词、茵、鲤、寄、客、姐、梅、案、氛、致、谊"等字分别填入以上空格内。

【说明】

学生掌握了形声字构造知识以后，每次遇到生字，教师都可以提问关于形声字的构造。还要告诉学生由于汉字的长期演变，有些形声字的声旁已经不能准确表音了。形声字中声旁和形旁的结构组合关系比较复杂，它们的位置也不固定。一般来说声旁用字（或部件）和形旁用字（或部件）有分工的不同。充当形旁的字一般不充当声旁，但也有相当数量的字符既能做声旁又能做形旁。如：

土 —— 地 —— 吐

马 —— 驾 —— 妈

父 —— 爸 —— 斧

斤 —— 斧 —— 近 —— 听

如"爸"和"斧"字，结构似乎相同，但"爸"是上形（"父"为形旁）下声（"巴"为声旁），"斧"是上声（"父"为声旁）下形（"斤"为形旁）。这些都需要训练学生仔细辨析。

【目的】

通过分析形声字的表音表义偏旁，加深对形声字的认识。

（周健）

65. 拼字扑克

【做法】

在一些扑克牌大小的硬纸卡片上用黑色打印或手写常用部首,如"亻、氵、忄、宀、讠、扌、木、女、犭、饣、衤、纟、艹、日、阝"等。每张卡片写一个部首,每种部首可重复写三至四张,作为分发给每个人的牌。再用红色打印或手写一些单字或部件的卡片,要选取比较容易与上述部首拼成合体字的单字或部件。如:"工、可、方、青、白、少、寸、子、又、交、令"等,也可以根据教学中出现过的汉字来设计。红字牌作为公牌放在桌子中央。

玩牌时,四至六人一桌,每人摸三张黑字牌,再翻开第一张公牌。谁能先用手中的某张牌与公牌拼成一个字并正确读出,就得一分。拼成字的两张牌,放在自己面前。然后由他再补充一张黑字牌并再翻开下一张公牌。如此继续进行,打完全副牌后,得分最高者获胜。

【说明】

制作拼字扑克时,左偏旁要打印或写在卡片的左侧,单字或部件要写在卡片的右侧,以便拼出"顺眼的"汉字。根据学生识字水平来选取部首和单字,常用的偏旁可以多写几张。若有两人以上拼出正确的字,最先说出的人得分。每组以四至六人为宜,牌的数量不可太少。

【目的】

加深对汉字结构的理解,复习已学过的汉字。

(周健)

66. 部件拼字

【做法】

教师在黑板上写出一些含有部件的字块,每个字块下边分别标注 A、B、C、D 等字母,每行可以拼成一个字,让学生选字块来拼字。对于初学者,也可以提供拼音,如:

(1) 丸 氵 木 九　rǎn
　　 A　 B　C　D

(2) 讠 扌 般　bān
　　 A　B　C

(3) 丸 扌 灬 九　rè
　　 A　 B　C　D

(4) 冖 穴 力　qióng
　　 A　B　C

【说明】

本练习主要是考查学生能否从易混的部件中选择正确的进行组合。教师可根据学生经常写错的多部件字来设计。

【目的】

选择正确的部件,写对汉字。

(贺晨吟)

67. 猜字组字

【做法】

教师提供一组汉字,要求学生猜一个汉字,这个汉字能分别跟每个汉字组成一个新字,组字时位置不限。如:

（1） 贝,女,乞,禾,虫;
（2） 又,口,亡,家,子;
（3） 云,一,二,丨,人;
（4） 大,土,木,予,占;
（5） 一,亏,寸,可,田;
（6） 斤,巴,多,卩,耶;
（7） 子,口,不,木,公;
（8） 才,化,加,口,易;
（9） 父,口,欠,其,亲;
（10） 中,干,日,几,口。

参考答案:(1)口;(2)女;(3)人;(4)广;(5)大;
(6)父;(7)木;(8)贝;(9)斤;(10)禾。

【说明】

这些题目有相当的趣味性,但也有一定的难度,需要学生掌握较多的常用字。可以让全班学生集思广益,也可以留作课后的作业,允许他们借助字典。

【目的】

熟悉汉字的拆分组合。

（周健）

68. 字义关联技巧

【做法】

从字义关联的角度出发，开展汉字教学，有一些常用的办法：

（1）同部首字

把同一部首的常用字放在一起教，可以加深学生对部首义类提示作用的理解，还要注意字与词的结合。如：

讠—读（～书）　说（～话）　讲（～故事）　诉（告～）

冫—冷（～水）　凉（～快）　冻（冷～）　冰（～凉）

足—跑（～步）　跳（～舞）　踢（～足球）　路（马～）

疒—病（生～）　疼（头～）　痛（～苦）

（2）字义系联

字义系联策略指的是把意义上有关联的字放在一起教学，这种做法非常符合认知心理学中的联想策略。常用的如：

①同义系联

　　宽—阔　低—矮　房—屋　父—爸　母—妈　肥—胖　江—河

②反义系联

　　多—少　男—女　进—出　好—坏　宽—窄　胖—瘦　正—反
　　难—易

③同类联想系联

　　碗—杯—盘—刀—叉—筷　江—河—湖—海—洋　黑—白—红—
　　黄—绿—蓝—灰—紫　金—银—铜—铁　十—百—千—万—亿
　　个—张—条—件—本—支—只　我—你—他—她—它
　　门—窗—墙—桌—椅—柜　　走—跑—跳—爬—跨—滚

（3）会意字分析

会意字是合体字，一般由两个意符组成，或以形会意，或以义会意。现代汉字中有一定数量的会意字，可以利用分解组合的办法讲解、记忆，能加深学生对会意字的理据性的认识。例如：

人—木—休　小—大—尖　少—力—劣　竹—毛—笔　小—土—尘
水—目—泪　一—火—灭　火—火—炎　口—鸟—鸣　日—月—明
人—言—信　文—武—斌

【说明】

汉字是形音义三位一体的文字，表意性强是汉字的突出特点。我们在教学中可以采用多种方式强化学生对汉字表意特点的认识，还可以通过字义关联的办法来复习学过的汉字，从而更好地掌握汉语。

【目的】

强化对汉字表意性的认知。

（恒声）

69. 找字中字

【做法】

英文中有一些能不断被肢解的单词，如：brandy→brand, bran, bra, ran, randy, andy, an, a。汉字也有这种现象，如："赢"可以拆分出"亡、口、月、贝、凡、员"等字；又如"黄"，可以拆分出"一、二、三、十、廿、工、土、干、王、口、曰、田、由、八、只、山"等。

教师可在黑板上写一个大大的"**重**"字，让学生找出藏在其中的汉字来。答案可能会令人吃惊：一共有大约四十个！

【说明】

"重"字是蕴藏汉字最多的字，适合用来进行"找字中字"的练习。藏在"重"字中的字至少有四十个："一、二、三、口、日、曰、田、十、干、工、上、土、士、千、里、中、王、丰、古、占、舌、吉、壬、旧、甲、由、申、亘、旦、车、卓、巨、早、圭、山、由、円、廿、叶、卝"等。

【目的】

启发思维，活跃课堂，加深对汉字结构的认识。

（周健）

70. 记写汉字比赛

【做法】

教师准备 16 开大小的纸二三十张，每张写上一个形声字，字的大小应足以让全班学生看清，写好后分为 A、B 两本，在上方装订。用图钉把它们分别固定在讲桌正面左右两侧，翻页到桌面上，用物品压住。教师把学生平均分为 A、B 两组，学生人数如为单数则指定一人为裁判，如为双数则由教师担任裁判。

比赛开始后，每组的第一人走到讲桌前，把本组前面的汉字本翻到第二页并固定好（第一页上的字不写，只作为教师讲解规则用），用最快的速度默记这个汉字，然后把它写在黑板的规定位置上，迅速返回，把粉笔交给本组下一位同学，如此依次进行。写的过程中如果忘记了，也不准返回再看。其他同学必须保持安静，不能有任何提示。

等到两组的每个人都写完一个汉字，教师就宣布时间到。每错一字扣一分，用时多的组也扣一分。在限定时间内书写最多正确汉字的那一组为优胜。教师要提醒学生，最先写完所有汉字的那组并不一定获胜，因此一定要注意又快又对。

最后教师示范改正黑板上的错字，并带领大家猜测黑板上汉字的读音和大概的意思。

【说明】

（1）显示的汉字都是学生尚未学过的比较典型的形声字。将形近汉字前后排列能强化游戏效果。

（2）教师应预先在黑板上写好序号，以固定位置。否则学生图快，位置和大小都会很乱。

二 汉字教学 87

【目的】

加强学生对形声字结构的观察能力、记忆书写能力和对生字的音义猜测能力。

（陈佩瑜）

71. 生字开花

【做法】

教师将学过的、构词能力较强的字写在黑板上，画出许多带箭头的射线，让学生在射线的顶端填写能与中心字构词的汉字。箭头有向外和向内两种，组成的词可以是双音节的，也可以是多音节的。如图所示：

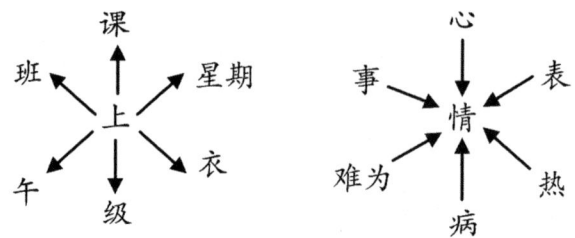

【说明】

可叫学生依次到黑板上写，每人写一个字。也可以把学生分为两组，进行比赛。随着学生词汇量的增加，射线的条数可以增加。教师也可以先不画射线，不限条数，也不限方向，让学生自己任意增加，最后看哪个组组的词多。这个游戏能有效地扩大学生的词汇量。

【目的】

字不离词，通过组词扩大词汇量。

（赵明德）

72. 联网记汉字

【做法】

教师先在黑板上画下图：

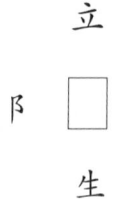

然后问学生，中间的空格里应当填一个什么字，使之与上下左右各组成一个新字？

学生想出"日"字以后,教师说,我们来把这个图放大一下,看看上下左右还可以联想到什么字?

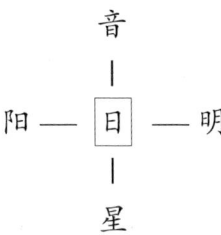

根据学生的回答,教师一一把汉字写入适当的位置:

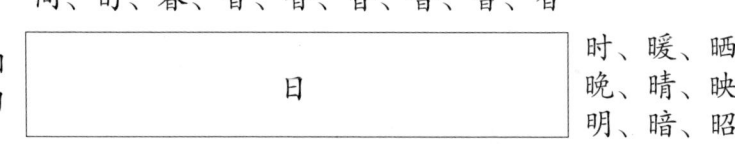

学生如想得太少,教师可以适当补充。

教师告诉学生,这是一个以"日"为核心的汉字形体联网,我们可以用这种办法找同一"字根"的汉字群,还可进一步分析它们在字义上的关联(教师可举例说明)。然后把学生分为三组,要求他们分别建立以"口"、"力"、"方"为核心的联网。

【说明】

汉字中有许多偏旁部首都可以联网,但有的字(部件)只能两面或三面联网,不一定都能上下左右逢源。注意引导学生通过字形相关,发现字义之间的关联。

【目的】

通过偏旁部首连接汉字网络,深化对汉字结构方式的认识。

(张永亮)

73. 方格填空

【做法】

教师在黑板或纸上画出以下图形:

1	2	3	4
但	旦	①	俄
左	工	受	②
③	知	立	音
男	④	大	奋

然后告诉学生每行汉字都是按照一定规律排列的,要求学生找出规律并分别在①、②、③、④处填上适当的字。

答案:"我爱智力"。规律是每一行第一个字"减去"第二个字,"加上"第三个字,成为第四个字。每行的规律可以概括为:$1-2+3=4$。

【说明】

教师可以根据学生的识字情况灵活地设计出合适的填空游戏,以提高学生学习汉字的兴趣,领悟汉字的结构特点。还可以作为课后作业,要求每个学生设计一个类似的方格。

【目的】

通过趣味游戏,启发思维,强化汉字的拆分组合特点。

(周健)

74. 联系旧知找规律

【做法】

以生字"肠"的教学为例。

教师先把"肠"写在黑板上,然后让学生回忆学过的带有"月"旁的汉字，教师分上下两行写出大家想出来的汉字，并适当补充如下：

脸 肚 腿 脚 肥 胖 肤 肌 肝 肢 胃 肩

明 朝 朗 期 望

再引导学生理解第一行"月"在左（下）边的是"肉月"，表示身体的一部分；在右边的是"月亮"，表示月或时间。然后再问"什么字含有'肠'的右边部件"？学生可能说出"场、汤、杨、扬、畅、烫、荡"中的若干字。教师再引导学生猜"肠"的读音：一定含有韵母ang。最后介绍"肠"系联的词语：肠子、肠炎；大肠、小肠、香肠、火腿肠。

再如生字"贸"，教师先问学生此字的结构，引导学生发现这个字是上下结构，即：贝＋卯（mǎo)，它是一个形声字。再问学过哪些字含有"贝"？学生会说出一些，加上教师补充的，都写在黑板上：

贵 费 责 资 赞 货 贺 贤（—肾）

购 财 账（—帐） 贱 贼 贿 赂

其中穿插两组形近字"贤—肾"、"账—帐"的辨析。最后教师通过介绍"贝"的古字形（贝壳的象形字），点明部首"贝"的含义：钱币，后来又引申指"宝贝"。

【说明】

形声字的形旁和声旁分别存在表义和表音的系统，教比较典型的形声字时，教师通过对已有知识的梳理，适当系联同形旁字和同声旁字，是一种高效的汉字教学方法。

【目的】

温故知新，帮助学生加深对形声字表音表义结构的理解和感知，逐步建立大脑中的形声字的网络系统。

（周健）

75. 确定多音字读音

【做法】

要求学生仿照例子写下多音字在不同词语中的拼音，如果全班同时做，也可以让学生分别朗读出词语的读音。

例：漂亮（piàoliang）—漂流（piāoliú）

(1) 节省（　　）—省悟（　　）　　(2) 朝气（　　）—朝代（　　）
(3) 行动（　　）—行列（　　）　　(4) 没有（　　）—淹没（　　）
(5) 中心（　　）—击中（　　）　　(6) 劳累（　　）—积累（　　）
(7) 倒退（　　）—打倒（　　）　　(8) 给钱（　　）—供给（　　）
(9) 降落（　　）—投降（　　）　　(10) 还书（　　）—还有（　　）
(11) 为了（　　）—作为（　　）　　(12) 占卜（　　）—占有（　　）
(13) 盛情（　　）—盛饭（　　）　　(14) 似的（　　）—似乎（　　）
(15) 厦门（　　）—大厦（　　）　　(16) 挑食（　　）—挑战（　　）
(17) 吓唬（　　）—恐吓（　　）　　(18) 应该（　　）—答应（　　）
(19) 内行（　　）—行李（　　）　　(20) 涨价（　　）—脑胀（　　）

【说明】

汉字中的多音字很多，这也是困扰学习者的一个难点。多做多音词语的对比练习有助于他们掌握多音字。

【目的】

复习和巩固多音字。

（李香平）

76. 写同音字

【做法】

教师在黑板上写一个拼音，如"lì"，要求学生写出一定数量的（比如六个）同音字："立、力、丽、历、利、厉"。可让学生自由报名到黑板上写，如果写错了或声调不对（如写出"李、里、梨"等字），可引导学生自己发现自己改正。

写完后要问学生:"这是什么lì?"让学生说该字的组词,以做到字不离词。为节省时间,也可以让学生说词,教师写。比如:"起立的立"、"努力的力"、"美丽的丽"、"历史的历"等等,这样做同样能练习词汇。

【说明】

汉语中同音字特别多,学生平时不注意辨析就容易写别字,因此同音字的练习一定要结合组词。对于程度较高的学生,还可以进一步做写同音词的练习。比如:

fùnǚ:妇女,父女; gāngcái:刚才,钢材;

qīzhōng:期中,期终,七中; lìhài:厉害,利害;

quánlì:权利,权力,全力; gāngyào:纲要,刚要;

zhōngjí:中级,终极; juébù:决不,绝不;

qǐshì:启示,启事; wēijī:微机,危机;……

【目的】

复习同音字和同音词。

(周健)

77. 同音字组词

【做法】

可以让学生在课堂上口头练习，每人说出一组同音词来，如"扬—表扬，杨—杨树"；也可以让学生独立完成，在每个括号里写上自己组的词。

(1) 扬（　）	(2) 意（　）	(3) 以（　）	(4) 映（　）
杨（　）	义（　）	已（　）	应（　）
(5) 尤（　）	(6) 娱（　）	(7) 与（　）	(8) 圆（　）
由（　）	愉（　）	予（　）	园（　）
(9) 源（　）	(10) 越（　）	(11) 在（　）	(12) 燥（　）
缘（　）	跃（　）	再（　）	躁（　）
(13) 沾（　）	(14) 震（　）	(15) 至（　）	(16) 志（　）
粘（　）	振（　）	致（　）	智（　）
(17) 传（　）	(18) 装（　）	(19) 洲（　）	(20) 历（　）
转（　）	妆（　）	州（　）	厉（　）

【说明】

汉语中有大量同音字，例如"yi"这个音节，在《现代汉语词典》中的同音字多达 82 个。区别同音字的方法就是分别组词。

【目的】

分辨同音字，扩大词汇。

（李香平）

78. 字词接龙

【做法】

接龙游戏最能体现汉字构词的特点，可以有多种做法。

（1）原字接龙

教师先给出一个词，如"今天"，让学生依次口述接龙或写字接龙：今天—天空—空气—气体—体会—会议—议论……。

（2）同音字接龙

又分为不限原字和只限非原字两种，如后者：今天—添饭—范例—立时—石头—投机—基础—楚国……，接龙者必须回避原字，另选同音字。显然这种做法难度比较大，需要学生掌握更多的词汇才能完成。

（3）成语接龙

如：自以为是—是非曲直—直言不讳—讳莫如深—深入浅出—出人意表—表里如一—一见倾心—心猿意马—马到成功—功不可没—没齿不忘—忘恩负义—义正词严—严父慈母。成语接龙难度大，允许换用同音字可以降低难度。

（4）数字词语接龙

要求所说的成语中必须含有指定的数字，例如教师指定"一"，让第一个学生说一个成语，学生说"一马当先"或"独一无二、多此一举、始终如一"等都可以。第一个学生说了以后可由他任意选一个数字，如"三"，让下一个学生说。

【说明】

接龙游戏可以口头做，也可以书写，但书写难度大、费时间。可以定任务，比如限接龙五个词，分小组做，这样就有了竞赛的气氛，小组成员还可以互相启发，互相帮助，协作来完成任务。遇到学生接不下去的时候，教师可以帮助学生完成。

【目的】

深入体会汉字构词的特点，复习和扩大词汇量。

（周健）

79. 填字成词

【做法】

教师根据学生的程度和汉语课教学的内容，设计以下的填字成词练习。

(1) 在空格中填上合适的字，使这个汉字能跟它左边和右边的汉字分别构词：
①提＿题；②大＿生；③亲＿人；④中＿化；
⑤钟＿扬；⑥国＿庭；⑦学＿活；⑧衣＿装。

(2) 在所给汉字的左右空格上分别填字组词：
①＿国＿；②＿成＿；③＿语＿；④＿现＿；
⑤＿东＿；⑥＿市＿；⑦＿婚＿；⑧＿机＿。

参考答案：(1) ①问；②学；③爱；④文；⑤表；⑥家；⑦生；⑧服。
　　　　　(2) ①中，家；②完，立；③汉，言；④出，在；⑤广，方；⑥城，场；⑦结，姻；⑧飞，会。

【说明】

练习（1）对汉字的限定性比较强。练习（2）则完全是开放的，答案可能完全不一样。例如"⑧＿机＿"可能会有多种答案，如"手机，机场；司机，机构；客机，机关；危机，机遇；投机，机能；动机，机车；专机，机动；乘机，机智；生机，机灵；……"

【目的】

体会汉字构词的特点，复习并扩大词汇量。

（周健）

80. 选字填空

【做法】

教师给学生一组句子填空，要求学生从2—3个备选答案中迅速选出一个答案，比谁做得快做得正确。

（1）王小明特别喜欢打（　）球。　　　　　　　　　［蓝—篮—兰］
（2）她是一个喜欢（　）想的女孩。　　　　　　　　［幼—幻］
（3）她的家里到处都贴着电影（　）星的照片。　　　［明—名］
（4）今年美国经济出现了明显的（　）退。　　　　　［衰—衷—哀］
（5）结婚是一个人的终（　）大事。　　　　　　　　［生—身］
（6）我的房间还没有（　）装空调呢。　　　　　　　［安—按］
（7）这条街很热闹，每天人群（　）流不息。　　　　［川—穿］
（8）我们打算去郊区的（　）假村住几天。　　　　　［度—渡］
（9）（　）使妈妈不同意，我也打算报名参加。　　　［既—即］
（10）他们老（　）口已经搬家了。　　　　　　　　　［两—俩］
（11）打排球的时候，他的大（　）指受伤了。　　　　［拇—姆］
（12）我们班已经赢了三场，还要再接再（　）。　　　［历—厉—励］
（13）开幕式的入场（　）多少钱一张？　　　　　　　［卷—券］
（14）这盘棋，你已经走（　）无路了。　　　　　　　［头—投］
（15）刘老先生今天兴致很高，谈笑风（　）。　　　　［生—声］
（16）明天就是中国传统的元（　）节了。　　　　　　［霄—宵］
（17）我还有事，今天不跟你（　）论了。　　　　　　［辨—辩—辫］
（18）小时候我们常常玩（　）萝卜的游戏。　　　　　［拔—拨］
（19）班长把他们打架的事情反（　）给教师了。　　　［应—映］
（20）你看了报纸上的"招聘（　）"了吗？　　　　　　［启示—启事］

参考答案：（1）篮；（2）幻；（3）明；（4）衷；（5）身；（6）安；（7）川；（8）度；（9）即；（10）两；（11）拇；（12）厉；（13）券；（14）投；（15）生；（16）宵；（17）辩；（18）拔；（19）映；（20）启事。

【说明】

教师可以选择一些学生在作业和作文中经常写错、用错的汉字、词语来编写这样的练习，以纠正学生常见的错别字。

【目的】

辨析容易混淆和用错的字词。

（周健）

81. 填字游戏

【做法】

教师预先在一张大纸上画好如下的图表：

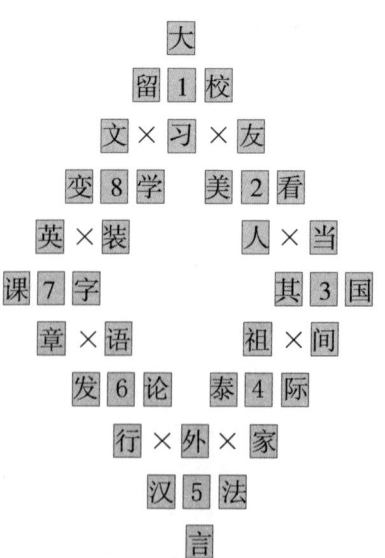

要求学生在八个号码处各填入一个汉字，使上下左右都能组成词。填好

以后按顺时针顺序读一遍，看看这八个字是一句什么话？

答案：学好中国语言文化。

【说明】

教师可以根据学生的水平和学过的汉字、词汇改组别的句子。

【目的】

复习汉字、词汇，提高组词的能力。

（周健）

82. 韵语识字

【做法】

根据学生的年龄特点和接受能力，选择或自编一些韵语儿歌，以便开展"字族文教学法"。例如：

拼音会意三字文

门市闹　耳中闻　门口问　马闯门

犬张口　汪汪吠　鸟开口　鸣声脆

辨形辨义三字文

不封口　读作己　半封口　读作已

未与末　别写错　瓜与爪　要记好

"人"字歌

一撇一捺人，人下竖一个。

人上横一大，有点太大了。

再大不过天，丈夫冲破天。

"干"字歌

工人叔叔真能干，中午戴上帽子干。

干到两点很平常,干到三点流大汗。

靠着木杆来休息,天黑走路往家赶。

小青蛙

河水清清天气晴,小小青蛙大眼睛。

保护禾苗吃害虫,做了不少好事情。

【说明】

韵语识字法是字族文识字法的一个体现,根据学习者认知汉字的心理规律和汉字的构字规律巧妙地把有关联的汉字相对集中地进行教学,并与认识事物的规律结合起来。适用于有一定汉语听说基础的青少年。

【目的】

通过韵语来体会汉字的结构特点,加强记忆,扩大识字量。

(黄茜)

83. 顺口溜巧记形近字

【做法】

根据汉字的构字规律,对形近字编顺口溜进行字形教学,既有趣味性,又有思考性,符合认知特点,学生喜闻乐学。略举几例:

(1) 两字组

渴—喝 渴了要喝水(氵),喝水要用嘴(口)。

晴—睛 有日天就晴,有目是眼睛。

(2) 三字组

钩—钓—钧 钩一点鱼,钧两点重,钩中弯心。

己—已—巳 开口jǐ,自己的己;半口yǐ,已经的已;封口sì,巳时的巳。

（3）四字组

　　银—跟—根—很

　　　　有金存银行，有足跟着跑，树木根连根，双人就是很。

（4）五字组

　　戌—戍—戊—戒—戎

　　　　横戌（xū）点戍（shù）戊（wù）中空，

　　　　戒（jiè）字去竖就念戎（róng）。

（5）六字组

　　墓—幕—摹—慕—暮—暮

　　　　有土可做坟墓，有布可做布幕。

　　　　有手可以临摹，有心令人羡慕。

　　　　马跳蓦地一惊，日落天色已暮。

（6）七字组

　　泡—袍—跑—炮—饱—刨—抱

　　　　有水吹泡泡，有衣做旗袍，有足飞快跑，有火能点炮，

　　　　有食能吃饱，用刀刨一刨，伸手来拥抱。

【说明】

　　此法建立在学生对汉语字词有一定积累的基础之上，可以按层次选择形近字的数量进行比较。教学前，可先把需要辨别的形近字并排写在黑板上，让学生观察其异同，说出它们的差异所在，并把各字的不同部分用彩笔标出。待学生对其差别有所了解之后，教师就可带领学生进行"顺口溜"教学。教学时，要让学生切实明白顺口溜是如何对每个字进行解释的，需要注意的部分要重读，且用彩笔标出。

　　此法也可以用于汉字部首识别练习。如：

　　　有日天就____，有目是眼睛。　　　　　　　　　　　（青：晴—睛）

　　　有金存____行，有足____着跑，树木根连根，双人就是____。

　　　　　　　　　　　　　　　　　　　　　　（艮：银—跟—根—很）

　　　有水吹泡泡，有衣做旗____，有足飞快____，有火能点____，有食能吃____，

用刀____一____,伸手来拥____。(包:泡—袍—跑—炮—饱—刨—抱)

教师注意引导,学生通过观察启迪思维,进行练习,达到区别效果。

【目的】

区分形近的容易写错的汉字。

（杨岩勇）

84. 巧记多音字

【做法】

多音字的辨析可以通过"编句子"的方法帮助记忆,也就是把一个字的几种读音编入一句话,让学生根据不同的词语来确定汉字的读音。

（1）教师可以预先准备好以下几个句子让学生来朗读,并让学生为拼音加上正确的声调符号:

① 他背（bei）上背（bei）着一个大书包。

② 你们俩别（bie）闹别（bie）扭了。

③ 你调（tiao）一下音,这个调（diao）子太高了。

④ 你干（gan）吗吃我的饼干（gan）?

⑤ 血（xue）管里流着很多血（xie）。

⑥ 刘强（qiang）性格倔强（jiang）,喜欢强（qiang）迫别人。

⑦ 那件经过漂（piao）白的衬衣,漂（piao）在水上,很漂（piao）亮。

⑧ 飞机一降（jiang）落,劫机犯就投降（xiang）了。

（2）教师还可以让学生朗读以下的句子和顺口溜,注意加点字的读音:

① 好读书,读好书,读书好。

② 他发现妈妈最近有了白发。

③ 小妹妹会数数,会卷卷子,会钉钉子。

④ 姐姐在看孩子,哥哥在看电视。

⑤ 哥哥去了边塞,那里消息闭塞,不知道公路大塞车的事。

⑥ 参差不齐差别大,

小丽学习比较差,
哥哥出差去上海,
明天回来帮助她。

（3）教师在黑板上写若干常用的多音字,比如"行、乐、少、觉、打、吐、传、当、长、便、重、参、得、都、假、没、中、种、折、奇、省、秘、校、要、累、率、着、朝、给、喝、几、散、会、应、落、弹、藏、载、说、论、模、畜",然后让学生依次用不同的读音分别组词,如"不行—银行"、"快乐—音乐"、"少年—多少"……学生一边说,教师一边把词语写在黑板上,最后让学生抢答,看谁能把多音字的两组词编成一句话。

【说明】

多音字的读音要靠词语来确定,最好利用词、句来做多音字定读音的练习。第一部分也可以不提供拼音,要求学生注音,以增加难度。

【目的】

通过词、句的巧妙结合来区别多音字。

(周健)

85. 形旁的提示作用

【做法】

教师在黑板上写"刂",问学生这个部首表示什么意思?学生正确回答"刀"之后,教师说"刂"叫"立刀",带立刀的字大都跟刀子和用刀子有关。来看这一组字:

刨 bào　刮平木料或金属的工具。如"刨子、刨床、刨光、刨平"。还有一个读音 páo,表示挖掘或除去,如"刨红薯、刨花生";"70块刨去20块车费,还剩50块"。

剑 jiàn　古代的兵器,是一种长而直的刀。

划 huá　用刀子或尖锐的东西割开。如"别用刀子划桌子"、"我的手指被划破了"。比喻的用法有"划水、划船"等。还有 huà、huai 的读音。

刻 kè　用刀子在竹、木、石等物体上雕刻。如"刻字、刻图章、刻印、刻石、刻写、刻刀、刻画、刻度、刻痕、精雕细刻"等等。

删 shān　这是一个会意字,左边是"册",像是串起来的竹简,右边是刀,表示用刀削去错字。比喻去掉文章中多余的字句。如"删除、删改、删节、删繁就简"等。

剥 bō　除去物体的外皮、外壳,常常需要借助刀子完成。如"剥牛皮"。口语中这个字念 bāo。

削 xiāo　用刀去掉物体的表层或使尖锐。如"削苹果、削皮再吃、削铅笔"等,这个字口语念 xiāo,书面语念 xuē,如"剥削、削弱、削减、削价"等。

剁 duò　用刀向下砍叫剁。如"剁肉馅、剁成肉泥、剁碎"。

刮 guā　用刀子除去物体表面的东西。如"刮胡子、刮脸、刮毛、刮地皮",后来借用作"刮风"。

刺 cì　用刀子或尖锐的东西插入或穿过。如"刺刀、刺杀、刺客、刺眼、刺耳、行刺、被刺、讽刺、手上扎了一根刺、肉中刺"等。

割 gē　用刀切断。如"割肉、割断、割开、割除、割爱、割地、割裂、割让、割舍、割不断的亲情"等。

剃 tì　用刀子刮去毛发。如"剃刀、剃发、剃毛、剃光头、剃度（指出家当和尚或尼姑）"等。

然后教师再展示一组不同形旁的汉字：浇、烧、绕、挠、晓、饶。这一组字具有共同的声旁，读音都含有ao。它们的形旁不同，我们可以根据常用词和形旁的差异来认识和理解这一组汉字：

浇：浇水、浇花、浇灭；都需要用水，所以形旁是氵。

烧：烧饭、烧烤、燃烧；都需要火，所以形旁是火。

绕：绕线、围绕、绕道；本义是线缠绕在一起，所以形旁是纟。

挠：挠痒、挠头、阻挠；和手的动作有关，所以形旁是扌。

晓：拂晓、破晓、晓市；本义是天亮，所以形旁是日。

饶：富饶、丰饶、饶有趣味；本义是食物多，所以形旁是饣。

【说明】

利用汉字的形旁讲解一组同形旁不同声旁和一组同声旁但不同形旁的形声字，能帮助学生理解汉字形旁或部首的作用，对于提高他们认识汉字、分析汉字、理解汉字的形旁表示义类的功能很有好处。教师宜在学生已经学过若干个同部首字以后选取比较典型的一组形声字进行串讲，也可以适当增加几个生字。

【目的】

强化学生对形声字形旁表意的认识。

（周健）

86. 形近偏旁辨析

【做法】

教师在黑板上有意写下两个错字，比如把"效"字里的"攵"写成"欠"，把"纸"的"氏"写成"氐"，即"欤"和"纸"，然后问学生写得对不对。学生可能觉得没有把握，这时教师可从右偏旁入手，带领学生分析：

"欠"与"攵"、"氏"与"氐"，大家常常弄混。我们先来看含有"欠"旁的这几个字："饮、欢、歌、漱、欣、欺、歉"，它们是饮酒的饮、欢笑的欢、歌唱的歌、漱口的漱、欣喜的欣、欺骗的欺、道歉的歉，这些字都含有"欠"旁，因为这些动作都和嘴有关，"欠"的甲骨文字形是一个人张开嘴打哈欠的样子。而"效"和嘴没有关系，应当是反文旁。"攵"（或"攴"）是表示行为动作的，所以在"收、政、故、效、教、敏、敢、敬、散、数"这些字中都是"攵"旁，不能写成"欠"旁。

我们再来看"纸"（zhǐ），读音跟它的声旁"氏"（shì）比较接近；而"氐"念dī，凡是含有"氐"的字大都念di，比如"低头、底下、抵抗、诋毁、中流砥柱、官邸"等等。明白了字理，大家以后写"氏"和"氐"就不会乱加"点"或忘加"点"了。

【说明】

形近偏旁的误写，中国人也常常发生，关键是弄清楚形旁的含义和声旁的读音。讲解时虽可能有一些字学生没有学过，但放在一起讲，学生容易理解，有助于他们把握形声字的组合规律，扩大识字量和词汇量。

【目的】

通过偏旁辨析，理解字理，更好地掌握形声字的构字特点。

（周健）

87. 读半边，准没错

【做法】

教师告诉学生，人们看见不认识的形声字往往会根据声旁来猜测汉字的读音，形声字中有一些字，可以放心地按声旁来读，没有例外的情况。这些声旁字常见的有：式、农、代、段、奂、皇、阑、历、厉、廉、卢、容、朱、具、览、斯、唐、希、析、休、建、胡，等等。教师先利用黑板或投影出示这些声旁字，再系联这些声旁字所拥有的常用字。比如：

  奂 huan —— 换、涣、痪、唤、焕；

  皇 huang —— 惶、蝗、湟、徨、隍、凰、煌、篁、遑、鳇；

  式 shi —— 试、拭、轼、弒；

  农 nong —— 浓、侬、哝、脓、秾；

  代 dai —— 袋、贷、岱、玳、黛；

  段 duan —— 锻、缎、煅、椴；

  容 rong —— 溶、蓉、熔、榕、镕；

  建 jian —— 键、健、犍、腱、毽；

  胡 hu —— 湖、糊、蝴、瑚、葫、醐、猢；

  斯 si —— 撕、厮、嘶。

【说明】

俗话说，"读字读半边，不会错上天"。实际上形声字有的完全可以大胆地按声旁来读，但有的读半边就会"错上天"。教师如果能根据学生的汉字水平选择一些常见的、典型的、规则的形声字集中提供给学生，使他们有了一定的印象，对于他们辨识形声字、自学形声字都有益处。

【目的】

了解可以放心按声旁读音的典型汉字。

（周健）

88. 认字不能读半边

【做法】

教师告诉学生，人们看见不认识的形声字往往会根据声旁来猜测汉字的读音，形声字中的确有一些字，可以放心地按声旁来读。但声旁能准确表音的只占形声字的三分之一左右，遇到不认识的形声字时，必须要小心，念错了就可能闹笑话，因此没有把握的时候要多查字典。然后举例说明：

傣族——不念"泰"（tài）族——念dǎi族；
淀粉——不念"定"（dìng）粉——念diàn粉；
破绽——不念破"定"（dìng）——念破zhàn；
沏茶——不念"切"（qiē）茶——念qī茶；
忏悔——不念"千"（qiān）悔——念chàn悔；
歼灭——不念"千"（qiān）灭——念jiān灭；
拯救——不念"丞"（chéng）救——念zhěng救；
干涸——不念干"固"（gù）——念干hé；
粗糙——不念粗"造"（zào）——念粗cāo；
臀部——不念"殿"（diàn）部——念tún部；
酗酒——不念"凶"（xiōng）酒——念xù酒；
别墅——不念别"野"（yě）——念别shù；
玷污——不念"占"（zhān）污——念diàn污；
咆哮——不念"包"（bāo）哮——念páo哮；
纸屑——不念纸"肖"（xiāo）——念纸xiè；
涮羊肉——不念"刷"（shuā）羊肉——念shuàn羊肉；
瞠目结舌——不念"堂"（táng）目结舌——念chēng目结舌；
唾手可得——不念"垂"（chuí）手可得——念tuò手可得；
草菅人命——不念草"管"（guǎn）人命——念草jiān人命；
病入膏肓——不念病入膏"盲"（máng）——念病入膏huāng。

【说明】

很多字都不能读半边,这里选取一部分比较典型的,提醒学生注意。要根据学生的水平和需求,平时注意积累合适的例子,不必一次介绍全部。可以用字词卡片来举行认字比赛,也可以采用黑板报或学习园地的形式进行辅导。

【目的】

了解不能按声旁读音的比较典型的汉字。

(周健)

89. 声旁"交"

【做法】

教师展示以下图表:

$$\text{交 jiāo} \begin{cases} \text{郊 jiāo} & \text{郊区} \\ \text{姣 jiāo} & \text{姣好} \\ \text{胶 jiāo} & \text{胶卷} \\ \text{蛟 jiāo} & \text{蛟龙} \\ \text{跤 jiāo} & \text{摔跤} \end{cases}$$

$$\text{交 jiǎo} \begin{cases} \text{饺 jiǎo} & \text{饺子} \\ \text{狡 jiǎo} & \text{狡猾} \\ \text{绞 jiǎo} & \text{绞索} \\ \text{佼 jiǎo} & \text{佼佼者} \\ \text{皎 jiǎo} & \text{皎洁} \end{cases}$$

$$\text{交 jiào} \begin{cases} \text{较 jiào} & \text{比较} \\ \text{校 jiào} & \text{校对} \end{cases}$$

$$\text{交 jiào} \begin{cases} \text{校 xiào} & \text{学校} \\ \text{效 xiào} & \text{效果} \end{cases}$$

一个声旁"交"字系联了十四个常用字，它们的读音接近，韵母都是iao，仔细分析共有四种读音：前三种都念 jiao，只不过声调不同；第四种声母为 x，但 j、q、x 是发音相近的一组舌尖前音，有时可以借用。

总结了"交"的表音规律之后，让学生选择合适的字填空：

刘方明学习成绩很好，是我们班的（　　）者，他的女朋友王华身材不高，面容（　）好，家住（　）区，常常来学（　）找刘方明。有一天，王华包了（　）子带给刘方明，上楼时不小心摔了一（　），脚很疼。刘方明带她去医院，医生给她开了一种新药，医生说这种药止疼的（　）果比（　）好。他们走出医院，月光（　）洁，刘方明说："多浪漫的夜晚啊，可惜今天不能散步了。"

【说明】

通过一个声旁字"交"，可以展示声旁的构字规律（声旁绝大多数位于右边）和表音规律。对于培养学生对形声字声旁的把握与敏感，有积极的提示作用。

【目的】

认识形声字的声旁表音特点。

（周健）

90. 声旁示音规律（一）

【做法】

教师在教了形声字以后展示下列图表：

1. 胡	胡 hú 胡同	湖 hú 西湖	蝴 hú 蝴蝶	糊 hú 糨糊	葫 hú 葫芦
2. 昌	昌 chāng 昌盛	唱 chàng 唱歌	倡 chàng 倡议	猖 chāng 猖狂	娼 chāng 娼妓
3. 辟	辟 bì 复辟	避 bì 躲避	壁 bì 墙壁	臂 bì 臂膀	璧 bì 璧玉
4. 辟	辟 pì 开辟	僻 pì 僻静	劈 pī 劈开	譬 pì 譬如	癖 pǐ 癖好
5. 卖	卖 mài 买卖	读 dú 读书	犊 dú 牛犊	牍 dú 文牍	渎 dú 亵渎
6. 册	册 cè 上册	删 shān 删除	珊 shān 珊瑚	姗 shān 姗姗	跚 shān 蹒跚

教师先带学生朗读每行的字词，然后带领学生总结其中的一些规律：

第一行声符字"胡"，后边所有的形声字发音（声、韵、调）都跟声符一样；

第二行声符字"昌"，后边所有的形声字的声母、韵母都跟声符一样；

第三行声符字"辟"念 bì，后边的形声字都念 bì；

第四行声符字"辟"念 pì,后边的形声字都念 pi,"辟"有两个读音,分别跟第三行、第四行对应;

第五行声符字"卖"跟形声字的读音差别较大,这是因为古音到今天发生了变化,但仍有一定的规律性;

第六行的"册"跟形声字的读音不一样,这是因为这些形声字中的声符严格来说并不是"册",而是"删",也就是说形声字中的声旁是完整声旁字的省略,这样的字在文字学中叫做"省声字"。

【说明】

学生汉字学到中高级阶段,可以讲一些文字学的知识,使他们能更深刻地理解汉字内在的规律。

【目的】

比较深入地学习形声字的声旁示音规律。

（周健）

91. 声旁示音规律（二）

【做法】

教师先展示以下表格,让学生观察声旁系联字的表音情况:

【古】	姑 故	苦 枯	胡 怙	
【可】	哥 舸	柯 苛	何 河	
【各】	格 胳	客 恪	貉 辂	
【亥】	该 赅	刻 咳	孩 骇	菲 匪
【非】	悲 辈	裴 排	靡 线	
【戋】	贱 笺	浅 钱	线	
【喿】	燥 澡	操	臊	
【丁】	钉 顶	厅 汀	宁	
【召】	招 昭	超 诏	绍 劭	

然后教师再加上拼音,总结规律:

声符	声符系联字			声母范围
【古】gu	姑 故 gu	苦 枯 ku	胡 怙 hu	g, k, h
【可】ke	哥 舸 ge	柯 苛 ke	何 河 he	g, k, h
【各】ge	格 胳 ge	客 恪 ke	貉 辂 he	g, k, h
【亥】hai	该 赅 gai	刻 咳 ke	孩 骇 hai	g, k, h
【非】fei	悲 辈 bei	裴 排 pei	靡 mi	菲 匪 fei	b, p, m, f
【戋】jian	贱 笺 jian	浅 钱 qian	线 xian	j, q, x
【枭】zao	燥 澡 zao	操 cao	臊 sao	z, c, s
【丁】ding	钉 顶 ding	厅 汀 ting	宁 ning	d, t, n, (l)
【召】zhao	招 昭 zhao	超 召 chao	绍 劭 shao	zh, ch, sh

从上表我们可以总结出声符表音的基本规律：声符系联的汉字绝大部分的韵母是相同的，声母不一定相同，但声母变化的范围是明确的，那就是都在同一发音部位。比如，"古、可、各、亥"的声符系联字的声母都是舌根音；"非"的系联字的声母都是双唇音（或唇齿音）；"戋"的系联字的声母都是舌面音；"枭"的系联字的声母都是舌尖前音；"丁"的系联字的声母都是舌尖中音；"召"的系联字的声母都是舌尖后音。这里说的是基本规律，当然也存在一些例外。

【说明】

深入挖掘形声字的声旁表音特点，帮助学生比较深刻地理解汉字形声字的规律。此外，部分形声字的声符具有标示语源的功能，利用声符的示源功能，可以帮助学生了解汉字的理据性，从而更好地理解汉语汉字。例如"至"的本义是织布机上的经线，经线的特点是纤长而直，所以从"至"的字多有"长且直"的意义："经"是"至"的后起字，"径"是长而直的小路，"茎"是长且直的草木茎，"颈"是细长挺直的脖颈，"胫"是长直的小腿。

再如，从"仑"的字都含有条理的意思，从"奂"的字都含有大的意思，从"包"的字都含有包裹的意思，从"戈"的字都有小的意思，等等。

通过这类字的声符系联，不仅可以帮助学生有效地识读记忆汉字，还可以帮助他们认识汉字的造字理据，从而对汉字有更加深入的理解。

【目的】

比较深入地学习形声字的声旁示音规律，特别是声旁的声母变化范围。

（周健）

92. 改错别字

【做法】

下列成语或词语中都有一个错别字，要求学生找出错别字并把正确的汉字写在括号中。

（1）哀声叹气（   ）　　（2）横度长江（   ）
（3）明知固犯（   ）　　（4）撒消处分（   ）
（5）坠落腐化（   ）　　（6）流览一遍（   ）
（7）计日成功（   ）　　（8）翻复无常（   ）
（9）意义深粤（   ）　　（10）搬门弄斧（   ）
（11）义不容词（   ）　　（12）防碍交通（   ）
（13）按装机器（   ）　　（14）语无仑次（   ）
（15）风靡一时（   ）　　（16）浪废金钱（   ）
（17）认识夫浅（   ）　　（18）甜言密语（   ）
（19）自寻烦脑（   ）　　（20）英雄气慨（   ）
（21）赤搏上阵（   ）　　（22）令人恐布（   ）
（23）打架斗欧（   ）　　（24）嗜酒成僻（   ）
（25）沤心沥血（   ）　　（26）残无人道（   ）
（27）沾污清白（   ）　　（28）必恭必近（   ）
（29）调以轻心（   ）　　（30）情不自尽（   ）
（31）感情融恰（   ）　　（32）随声付和（   ）
（33）巧装打扮（   ）　　（34）性格崛强（   ）
（35）一巧不通（   ）　　（36）倾刻之间（   ）
（37）声音宏亮（   ）　　（38）痴心忘想（   ）
（39）记忆尤新（   ）　　（40）通霄不眠（   ）

【说明】

　　改正这些错别字需要具有较高的汉字水平,因此本练习适合高年级或汉字水平高的学生。教师也可布置此练习为开放作业,学生可以通过查字典来确定答案。对于其中的典型错误,教师可适当讲解。

　　常见错误类型有多音字(如"差")、形似字(撼—憾)、形声字(尤其是声旁读音有变化的字,如"酗")、同音字(世故—事故)、生活中常用错的字(必竟——毕竟)等。注意音随义转的规律,如"自怨自艾"和"方兴未艾"。区别形似字的形旁,应多考虑形似字的形符所表达的含义(碧—壁—璧—譬—擘—臂)。注意表面上似乎讲得通的词,如"百尺杆(竿)头"。

【目的】

　　更准确地掌握词语中的汉字字义,提高汉字的应用水平。

(李香平)

93. 选字组词

【做法】

要求学生选填正确的汉字，可以全班学生一起做，教师在学生选错的时候适当讲解。

（1）＿＿装　　（按，安）　　（2）甘＿＿下风　（拜，败）
（3）自＿＿自弃（抱，暴）　　（4）松＿＿　　　（驰，弛）
（5）一＿＿莫展（愁，筹）　　（6）＿＿流不息　（川，穿）
（7）＿＿假村　（度，渡）　　（8）＿＿碍　　　（妨，防）
（9）一＿＿对联（幅，副）　　（10）气＿＿　　　（概，慨）
（11）凑＿＿　　（和，合）　　（12）迫不＿＿待　（及，急）
（13）＿＿使　　（即，既）　　（14）挖墙＿＿　　（角，脚）
（15）＿＿炙人口（脍，烩）　　（16）＿＿天白云　（蓝，兰）
（17）再接再＿＿（厉，励）　　（18）老＿＿口　　（两，俩）
（19）水＿＿头　（龙，笼）　　（20）美＿＿美奂　（仑，轮）
（21）＿＿嗦　　（罗，啰）　　（22）＿＿信片　　（名，明）
（23）＿＿守成规（默，墨）　　（24）＿＿睐　　　（亲，青）
（25）入场＿＿　（券，卷）　　（26）欣＿＿　　　（尝，赏）
（27）人情＿＿故（事，世）　　（28）金榜＿＿名　（题，提）
（29）走＿＿无路（头，投）　　（30）九＿＿　　　（宵，霄）

(31) 寒＿＿　　（暄，喧）　　（32) ＿＿泄　　（喧，宣）
(33) ＿＿律　　（旋，弦）　　（34) 不能自＿＿　　（己，已）
(35) 世外桃＿＿　　（园，源）　　（36) ＿＿款　　（脏，赃）
(37) 旁＿＿博引　　（征，证）　　（38) ＿＿月子　　（做，坐）
(39) 仗义＿＿言　　（直，执）　　（40) 相形见＿＿　　（绌，拙）
(41) 如法＿＿制　　（泡，炮）　　（42) ＿＿而走险　　（铤，挺）
(43) 弄巧成＿＿　　（绌，拙）　　（44) ＿＿部就班　　（安，按）
(45) 不＿＿思索　　（加，假）　　（46) 陈词＿＿调　　（烂，滥）
(47) ＿＿堂大笑　　（哄，轰）　　（48) ＿＿然一新　　（涣，焕）
(49) 口干舌＿＿　　（躁，燥）　　（50) ＿＿芳百世　　（流，留）
(51) 明＿＿是非　　（辩，辨）　　（52) 貌＿＿神离　　（合，和）
(53) 兵＿＿马乱　　（慌，荒）　　（54) 背＿＿离乡　　（井，景）
(55) 淋漓尽＿＿　　（至，致）　　（56) 融＿＿贯通　　（会，汇）
(57) 直言不＿＿　　（诲，讳）　　（58) ＿＿得其反　　（事，适）
(59) 无可＿＿疑　　（质，置）　　（60) 人才＿＿出　　（辈，倍）
(61) ＿＿＿＿来迟　　（珊，姗）　　（62) 立＿＿见影　　（杆，竿）
(63) 委＿＿求全　　（曲，屈）　　（64) 大名＿＿＿＿　　（鼎，顶）

【说明】

本练习实际练的是学生的词汇能力。当学生出现错误时，教师可从字理和词理方面进行讲解。

【目的】

更准确地掌握词语中的汉字字义，提高汉字的应用水平。

（李香平）

94. 联想法学汉字

【做法】

我们提倡通过汉字的形音义要素，通过多方面多渠道的联想，在字词句的网络系统中理解汉字、记忆汉字。这里以"马"为例：

（1）字义联想

"马"属于牲畜，动物，又是十二生肖之一，可以联想"牛、羊、兔、鸡、狗、猪"甚至"狮子、老虎、大象、老鼠、龙、蛇、猴子"等等。

（2）构字联想

含有"马"旁的字有"驰、驯、驱、驴、驾、驶、驻、驮、骆、驼、吗、妈、码、骂、骄、骑、骗、闯、冯"等等。

（3）构词联想

含有"马"字的词有"马车、马肉、马虎、马力、马拉松、马克思、马路、马匹、马上、马背、马术、马蹄、马桶、马戏"以及"斑马、河马、公马、母马、木马、野马、战马、人马、拍马、赛马"等等；成语有"马到成功、马不停蹄、单枪匹马、招兵买马、骑马找马、青梅竹马、悬崖勒马"等等。

（4）同音字联想

ma字有"妈、抹、马、码、骂、嘛、麻、蚂"等。

（5）形近字联想

马—乌

（6）句子联想

我喜欢骑马；我妹妹属马；那里有一匹黑马；过马路要特别小心；他写汉字太马虎，写错了很多字。……

【说明】

汉字的联想方式有偏旁的、语素构词的、读音的、字形的、字义的、造句的等多种，教师可根据学生已有的知识和教学的需要，灵活运用。

【目的】

通过多种联想方式学习汉字和词汇，扩大字词量。

（周健）

95. 汉字中的文化例释

【做法】

汉字中蕴藏着丰富的文化内容，这里举"心、鲜、娶、医"等字为例来说明。

先来看"心"字，甲骨文的写法是心脏的简图。带有"心"和"心"的变体的汉字很多，如"思、想、念、恋、悲、感、忘、态、忠、志、急、忙、忆、怜、悟、惊、惜、悦、恨、情、怀、惭、愧、懊、恼、愉、快、恭、慕"等等。这一组汉字说明，中国古人认为人的思维器官是心，因此在造字时就把很多与人的思维、心理活动有关的字用心字旁来表示。有些字，如"快、慢"是表现速度的，也用心字旁，是因为古人把快慢给人的心理感受表达出来了，所以说"大快人心"。

再如"鲜"字，由"鱼、羊"构成，反映了古人认为这是两种最鲜美的食物。尤其是羊，在古代，羊是美味和吉祥美好的象征，像"美、羡、善、祥、羹、羞"等汉字中都有"羊"。

又如娶妻的"娶"字,古代就写作"取"。《诗经》:"伐柯如何？匪斧不克。取妻如何？匪媒不得。""取"在"娶"中既表声、又表意。"取"由"耳"＋"手（又）"组成,左耳＋右手,表示"割取耳朵"。"获者取左耳"(《周礼》),古代打仗,割取战俘左耳作为凭证。为什么找一个女人结合叫"取（娶）妻"？"取妻"反映了远古抢婚的遗俗,也反映了当时妇女地位的低下。

再看医生的"医"字,甲骨文的"医"字像一幅图画:外框是房子,房内左边是躺卧的人形（肚子膨胀的病人),右边是"殳"字。"殳"下边是"又",即"手"字,手上是一根针,说明针刺疗法历史久远。后来"医"字发生了一些变化:房子演化作"匸",人形演化作"矢",合成"医"字,"殳"字保留,还另加了一个组成部分。

大篆中"医"有两个字形:"殹"下加"巫"和"殹"下加"酉"。古代巫医不分,巫者常替人驱鬼治病。"醫"字反映了医术的发展,由巫术、针刺到药物治疗,下边的"酉"已是一个药酒瓶子了。到了周朝,巫师和医师的职业已经分开了。

【说明】
到了中高级学习阶段,适当通过汉字字形、读音的讲解介绍汉字中蕴藏的汉语文化,能提高学生深入学习汉字的兴趣,从而把汉字学习和文化学习结合在一起,互相促进。汉字中蕴涵的文化非常丰富,这里举了几个汉字的古今形体、含义及演化情况,还可以从其他方面来介绍汉字的文化内涵。

【目的】
介绍汉字的文化内涵,引发学习兴趣。

（周健）

96. 查字典比赛

【做法】
查字典比赛主要比速度,可以有多种形式。这里介绍三种:
（1）教师在黑板上写出若干学生尚未学过的生字,如"弱、旬、膝、嗨"

等，告诉学生各字的读音，但不写出拼音，让学生一一查出各字的英文释义。

（2）告诉学生garlic中文叫suàn（不写出拼音，只读出）；ghost中文叫guǐ； discus中文叫tiěbǐng;等等，让学生分别找出并抄下对应的汉字来，看谁写得又快又正确。

（3）教师在黑板上写出二十个生字，如"皈、蹣、诩、帖"等，让学生根据偏旁部首一一找出该字来。要求学生记下该生字的读音和第一个义项，正确完成一个得一分，看谁最快完成。

【说明】

要求学生每人准备一本《精选英汉／汉英词典》(商务印书馆、牛津大学出版社出版)。查字典比赛要在学完拼音之后进行。

【目的】

提高学生运用拼音、部首、笔画等知识解决问题的能力。

（恒声）

97. 汉字笑话

【做法】

教师平时注意搜集关于汉字的笑话，并通过讲笑话、读笑话提高学生对汉字的认识。以下是有关汉字的几个笑话。

（1）很行

有一天，史密斯对老师说："都说中国人很谦虚，我看才不是呢！"老师问为什么，他说："你看！大街上到处写着'中国很行、中国人民很行、中国建设很行、中国农业很行、中国交通很行、中国工商很行……'，这不是太骄傲了吗？"

（2）早点

大卫刚到中国来学习汉语，有一天他对王老师说："我觉得中国人很努力！"王老师问他为什么那么想，他说："每天早上我去上学，都看见很多人在马路旁边吃早饭。那里都写着'早点'，提醒大家早点上班，早点上学。"

（3）冰变水的最快方法

甲：给你出一个谜语：冰变成水最快的方法是什么？

乙：加开水。

甲：不对。

乙：那你是什么办法？

甲：去掉冰字左边两点就行了。

（4）父头和爷头

木工老王买了一把斧头，回厂报销时，会计一看，发票上写的是"父头"，笑了起来："快拿回去改改，营业员把名称写错了。"

老王不识字，他把改后的发票拿回来，会计一看，大笑起来："上一回把'斧头'写成'父头'，这一回升了格，又写成'爷头'了！"

（5）三日不见，胖了许多

从前有个人只认识"川、日"二字，也敢冒充老师去教小孩子。一天，小学生递上一本书来请教，他接过书来，一心要找那个"川"字，翻了几页也没找到,急得像热锅上的蚂蚁,忽然发现了一个"三"字,他指着"三"字大骂道:"懒鬼,我到处找不到你,原来你躺在这里睡大觉啊!"后来又看见"子曰"的"曰"字,他奇怪地说:"怎么三日不见,胖了许多?"

(6)别字

一家商店的售货员在黑板上写了"现在另售"四个字。旁边一位顾客说:"同志,零售的'零',你写的是别字。"售货员瞪了顾客一眼说:"得了吧,'别'字还有个立刀旁儿呢!"

(7)打赌

看台上,两个素不相识的球迷争了起来。

"甲队准赢。说错了,就把我姓倒写!"

"甲队准输。否则,把我的姓横写!"

"你贵姓?"

"姓田,你呢?"

"姓王。"

(8)黄肚皮

有一位新来的代课老师上课发作业本,她拿着一本作业本叫道:"黄肚皮!"叫了两遍都没人答应。发到最后,她问:"有谁没有拿到本子?"后边有一个女生举起了手。"你叫什么名字?""黄月坡。"

(9)讲究卫生

一家三口搬进了新居,妻子见丈夫和儿子不太讲究卫生,把屋子里搞得乱七八糟的,就在家里写了一条标语:"讲究卫生,人人有责。"儿子放学回家,见了标语,拿起笔来,加了一笔,变成了"讲究卫生,大人有责"。晚上丈夫回家看见了,也拿出笔来,又加了一笔,变成了"讲究卫生,夫人有责"。

(10)解词

吕教授对汉字很有研究,一天上课,他兴致勃勃地给学生讲:"汉字有很多象形字,比如我这个'吕'字,在古代是接吻的意思,你们看,口对口,多形象!"一个学生站起来问:"老师,那么'品'字是三个人在一起接吻吗?"

吕教授正想发火,又有一个学生站起来说:"我看'品'字还好解释,'器字呢?四个人和一只狗在干什么呢?"全班同学顿时哈哈大笑起来。吕教授气得半天说不出话来。

(11) 汉字间的对话

"亏"对"夸"说：兄弟,记住喽,要是有人夸你呀,你就准备吃大亏吧。

"外"对"处"说：要想不受处分,手就别伸那么长。

"尺"对"尽"说：姐姐,结果出来了。你怀的是双胞胎。

"日"对"曰"说：哟,我说朋友,几天不见,胖这么多?该减肥了。

"丑"对"妞"说：好好和她过吧,咱这模样的,找个女人结合可不容易呀。

"熊"对"能"说：哥们,穷成这样啦,四个熊掌全卖啦?

"女"对"始"说：哟,妹妹,真有眼光,几天不见就找个台商?

"闫"对"闩"说：兄弟,还是防盗门好哇,你瞧,三道锁!

"力"对"咖"说：兄弟,拎两口箱子去哪里啊?

"飞"对"乙"说：野鸭兄弟,翅膀没了怎么飞?你慢慢游吧。

"炎"对"毯"说：哥们,这么热的天还显摆翻毛大衣!

"四"对"兄"说：学长,我刚怀上,你的儿子就长这么大了?

(12) 亲妻

清朝有一位大官的亲戚,参加科举考试,他写不出文章,却在考卷上写道："我是某某大人的亲妻。"他居然连亲戚的"戚"也不会写。他希望考官看在他亲戚是大官的面子上照顾他。考官是一个正直的人,他在考卷上也批了一行字："所以我不敢娶。"

(13) 买猪千口

古时候,有个县官要设宴请客,便随手写了一个纸条,让手下的总管去买猪舌。没想到从上午一直等到傍晚,才看见总管带着仆人们赶了一大群猪回来。他们一见到县官,忙说："老爷,我们跑了一天,只买到五百多口猪,实在凑不齐一千口。"县官大吃一惊,忙问："谁让你们买猪的?"总管说："是您亲自写的手令啊!您看——"县官接过自己写的那张纸条一看,顿时傻了眼,原来自己不仅写得潦草,还把"舌"字上边的"千"拖得太长,下边的口又离得太远,买猪舌就成了"买猪千口"了(过去直行书写)。旁边的客人看到这个情况，开玩笑地说了一句："您下次写买肉，如果把'肉'字也写得这么长，人家会以为你要买'内人'（妻子）呢！"

【说明】

教师平时可搜集一些有关汉字和汉字应用方面的笑话，同时也鼓励学生搜集有关的笑话。这些笑话能加深学生对汉字特点的认识，调节课堂气氛。对学生不能理解的笑话，教师要做讲解。

【目的】

加深对汉字的理解，活跃课堂气氛。

（周健）

98. 猜字谜

【做法】

字谜是中国传统的益智游戏，各地元宵节和中秋节都有灯谜竞猜的活动。字谜用于汉语教学也很有效，可以增加学生对汉字学习的兴趣、提高对汉字形音义结构的认识。但由于外国学生识字量和中国文化知识方面的局限，我们要选择难度小、内容有趣的字谜。教师也可以根据所教内容自己编制字谜。教师在猜谜比赛前可先给学生讲常见字谜的结构和猜谜的方法。如谜面"你有，他们也有，我没有"。从谜面"你、他们"中共有的部件中可提出"人（亻）"，所以答案为"人"。再如"天下无人"，"天"字去掉下边的"人"，就剩下"二"字，正是答案。又如，谜面"省一半，扔一半"，我们先找出"省"字的一半（少、目），再找出"扔"字的一半（扌、乃），能够组合成字的只有"抄"，这样就找到了谜底。再如，"合"字可以拆成"人、一、口"三个字，当我们看到谜面是"一人一口"时，我们立刻就能想到，谜底是"合"字。下面116条字谜可供汉语或汉字课教学中选用。

（1） 山上有座山　　　　　　　　　　（出）
（2） 一人站在大门边　　　　　　　　（们）
（3） 你是我心上人　　　　　　　　　（您）
（4） 早上　　　　　　　　　　　　　（日）
（5） 岸上　　　　　　　　　　　　　（山）
（6） 拿下　　　　　　　　　　　　　（手）
（7） 台下　　　　　　　　　　　　　（口）
（8） 没心思　　　　　　　　　　　　（田）
（9） 一月一日　　　　　　　　　　　（明）
（10） 月亮跟着太阳走　　　　　　　（明）
（11） 一人跟着另一个人走　　　　　（从）
（12） 一加一　　　　　　　　　　　（王）
（13） 一人在内　　　　　　　　　　（肉）
（14） 镜中人　　　　　　　　　　　（入）
（15） 在田里出力干活的人　　　　　（男）
（16） 头上有十顶帽子　　　　　　　（卖）
（17） 一箭穿心　　　　　　　　　　（必）
（18） 十个哥哥　　　　　　　　　　（克）
（19） 开大门，进太阳　　　　　　　（间）
（20） 一口咬掉牛尾巴　　　　　　　（告）
（21） 国内　　　　　　　　　　　　（玉）
（22） 真心　　　　　　　　　　　　（三）
（23） 团中央　　　　　　　　　　　（才）
（24） 写在下面　　　　　　　　　　（与）
（25） 朝前走　　　　　　　　　　　（月）
（26） 剪刀丢了　　　　　　　　　　（前）
（27） 百里挑一　　　　　　　　　　（白）
（28） 大小齐全　　　　　　　　　　（尖）

（29）抹去泪水　　　　　　　　　　（目）
（30）把手放下　　　　　　　　　　（巴）
（31）出去一半　　　　　　　　　　（山）
（32）尘土飞扬　　　　　　　　　　（小）
（33）没有学头　　　　　　　　　　（子）
（34）birthday（生日）　　　　　　（星）
（35）自言自语　　　　　　　　　　（记）
（36）家里起火了　　　　　　　　　（灾）
（37）女生集合　　　　　　　　　　（姓）
（38）鼓掌　　　　　　　　　　　　（拿）
（39）人在草木中　　　　　　　　　（茶）
（40）粗细各一半　　　　　　　　　（组）
（41）哥一半，你一半　　　　　　　（何）
（42）一边打，一边跳　　　　　　　（挑）
（43）取一半，送一半　　　　　　　（联）
（44）说对一半　　　　　　　　　　（讨）
（45）要一半，扔一半　　　　　　　（奶）
（46）找到一半　　　　　　　　　　（划）
（47）一半满，一半空　　　　　　　（江）
（48）半耕半读　　　　　　　　　　（讲）
（49）降价一半　　　　　　　　　　（阶）
（50）上边留一半，下边加一半　　　（男）
（51）只有一半　　　　　　　　　　（右）
（52）省下一半加一半　　　　　　　（劣）
（53）两口子一条心　　　　　　　　（串）
（54）炒一半，吃一半　　　　　　　（吵）
（55）没人信　　　　　　　　　　　（言）
（56）女儿去了别人家　　　　　　　（嫁）

（57）一家十一口 （吉）
（58）一人一口一只手 （拿，拾）
（59）银行两边 （很）
（60）一只狗，四张口 （器）
（61）又进村中 （树）
（62）半月就发福 （胖）
（63）十月十日 （朝）
（64）少两点还是字 （学）
（65）一上一下，不上不下 （卡）
（66）又在左边，又在右边 （双）
（67）一大二小 （奈）
（68）上面三画小，下面三画大 （尖）
（69）左边一千少一，右边一千多一 （任）
（70）有土成地，有女是她 （也）
（71）一口吃了多一半 （名）
（72）下一个还不是男的 （她）
（73）球王跑了 （求）
（74）还不走，车来了 （连）
（75）才进去就关门 （闭）
（76）在草上，在湖中 （苦）
（77）人有它大，天没有它大 （一）
（78）日月一齐来，不作明字猜 （胆）
（79）有心记不住，有眼看不见 （亡）
（80）运动会上都有它 （云）
（81）有头没尾 （友）
（82）加一等于四 （匹）
（83）怕是不用心 （白）
（84）窝窝头 （穴）

（85）一手推倒山 （扫）
（86）本来就不聪明 （竹）
（87）十字花下 （华）
（88）一人旁边立 （位）
（89）晚去一天 （免）
（90）火烧横山 （灵）
（91）遇水则清，遇日则晴 （青）
（92）零头 （雨）
（93）千口一言 （话）
（94）鞋未沾土 （革）
（95）半软半硬 （砍）
（96）左边一千少些，右边一万多点 （仿）
（97）相差一半 （着）
（98）猜错一半 （猎）
（99）女子组 （好）
（100）手高眼低 （看）
（101）此字谁也写不正 （歪）
（102）自大一点，人人讨厌 （臭）
（103）正在病中 （症）
（104）身高只有一寸长 （射）
（105）从上至下 （坐）
（106）走在刀口下 （超）
（107）牛角边上挂把刀 （解）
（108）差点儿变黑 （鸟）
（109）部位相反 （陪）
（110）心上只有我，生怕别人强 （忌）
（111）一天走一里 （量）
（112）三面墙，一面空，小孩子，坐当中 （匹）

（113）一点一横长，口字在中央，大口不封口，小口里面藏（高）
（114）一点一横长，一撇到南洋，南洋有个人，只有一寸长（府）
（115）一字有千口，人人都得有，如果你不信，请你张开口（舌）
（116）一个游水，一个吃草，合在一起，味道真好　　　　（鲜）

【说明】
　　学生猜对了，教师要给予鼓励，增加学生猜谜的信心和乐趣。有些字谜学生可能当堂猜不出来，教师可以提示，也可以留作作业，让学生回去猜，下次再公布谜底。

【目的】
　　增强对汉字的理解，提高学习兴趣。

（周健　廖暑业　刘小花　谈颖瑜）

三　词汇教学

正确认识词汇教学

　　传统语言教学理论认为语法是骨架，词汇是血肉，因此语法是习得语言的基础和根本，扩大词汇量只是锦上添花。我们认为对外汉语教学应以词汇教学为中心，而不是以语法教学为中心，为什么？

　　首先，汉语这种语言跟印欧语系各语言有很大的差异，汉语的语法不像西方语言那样用形态标志来表示语法意义，其语法手段主要是语序和虚词。词与词的组合不仅要受语法的限制，而且要受词汇本身的限制，词汇限制主要来自于语义限制，也来自词与词之间的搭配限制。搭配限制是指用语法和语义限制不能充分说明的，一种似乎超越理据的，受语言规约所支配的限制。词汇限制只能经过词、语、句的组合训练来掌握，不能像形态变化那样大面积地类推。汉语缺乏严格意义的形态变化，仿效西方语言语法体系建立的汉语形式语法体系存在着解释力不强、例外众多等弊病。建立在汉语自身特点基础上的语法体系，尤其是教学语法目前还很不完善。

　　其次，词汇是汉语语法的载体。汉语语法有五级单位：语素、词、词组、句子、段落，它们的结构组合形式基本上是一致的。从语素与语素组合成词，词与词组合成短语或句子，词组与词组组合成句子都有主谓、并列、偏正、动宾、动补等组合关系。掌握这些语法特点，只要抓住了语素构成词的方式，就可以类推出其他词、短语、句子的结构关系。可见，学好词汇也就掌握了语法规则的基础。其中虚词又是汉语语法教学的重点和难点。

　　第三，词汇是文化和语用的载体，词汇负载信息，是交际的核心内容。语言是文化的载体。各种语言都充分地体现了不同的民族文化，而最能体现民族文化特征的则是词汇。中华文化源远流长，特点鲜明，许多文化内涵都浓缩在词汇中。

从反面来说，一个外国学习者如果词汇掌握得太少，他就很难使用汉语来表达和交际，所以说词汇贫乏是制约汉语水平和交际能力的瓶颈。

正如李如龙先生所指出的，汉语是缺乏严格意义上的形态变化的语言，其语法关系主要是靠语序和虚词来表现。"以词汇（包括虚词在内）教学为中心"的教学理论应该说是符合汉语的语法特点的。对外汉语教学的目的是要使外国留学生通过学习汉语，能用汉语进行交际。培养学生的听、说、读、写能力，而不是教给学生全面、系统的语言知识。作为构成语言的三大要素：语音、词汇、语法，它们都是对外汉语教学应该教授的内容。词汇是语言的建筑材料，不同语言之间差异极大，词汇量不够，学了语音、语法也无济于事。语音、词汇、语法是一个系统的整体，"以词汇教学为中心"，并不是要取消或排斥语音、语法的教学，而是要把语音、语法融入词汇进行教学；扭转长期以来人们过分强调句法教学，忽视词汇教学的倾向。

汉语词汇教学内容十分丰富，首先是词语的形音义，词语的用法；其次是构成词语的语素意义以及语素构词的方法；第三是词语的常用搭配和固定结构；第四是词语的语境知识和文化意义；第五是汉外词汇对应情况。

词汇教学要从汉语的构词特征出发，汉语词汇是以单音节语素为基础构建起来的，每一个语素都有独立的意义，同别的语素结合后便可以产生多样的意义。绝大多数的词是由语素合成的，每一个构词能力强的语素在它的周围往往能集合起一个与原来意义相关的词语部落，这就是网络式语素衍生方法。汉语词汇教学要强调语素构词的特点，利用语素类推法教学合成词，把孤立的词语尽可能放在词义的网络中来系联，努力扩大学生的"心理词库"。同时，还要关注词语的搭配和语块。

99. 基本方法与技巧

【做法】

（1）展示生词

展示生词的常用方法有以下几种。

领读　教师带读生词。

认读　让学生认读生词，大声读出来。

板书　板书展示（包括预先把生词写在大纸上）的长处是可以把相关的词汇归类展示，还可以用彩笔标示特殊的笔画和部件等等。词语可以按照词性、语义场、话题、偏旁部首、时空顺序等进行归类展示。

实物　先展示实物（如"膏药"），再展示生词，多用于具体名词。

图示　先展示照片、图画或草图，再展示生词。

卡片　利用卡片展示生词的字形、拼音、图画、外语翻译等。

动作　先做身体动作（如"蹲、作揖"），再展示生词，多用于某些动词。

听写　在要求预习的基础上进行，可以全班听写，也可以指定学生在黑板上听写。

提问　在预习的基础上提问学生，展示生词。可利用描述、解释、谜语、同义词、反义词、外语翻译等等来进行提问。

以旧带新　从学过的旧词出发，通过字形、读音、意义等关联引入新词。

（2）讲解生词

生词的讲解包括词义的讲解和用法的说明。常用的方法有：

直接讲解　用学生能理解的话语讲解词义和用法。

对比讲解　通过分析、对比相关词的语义、语用以及结构、搭配差异来加深对所学词语的理解。

直观释义　用实物、照片、图画、动作等形象、直观的手段说明词义。

语素释义　通过分析合成词中语素的意义来讲解词义。

翻译释义　利用学生的母语或媒介语来解释词义。

例句释义　例句最好能结合实际，情景为学生所熟悉。

语境释义　结合上下文或背景语境来解释词义。

提问释义　通过巧妙的问答，引导学生说出词义或正确使用生词。

近义词释义　用学生学过的语义相近的词来说明。

反义词释义　用学生学过的语义相反的词来说明。

（3）操练生词

通过各种练习帮助学生掌握生词的词义和基本用法，能正确使用该词语。常用的方法有：

限词造句　分为指定生词造句、模仿造句和语境引导完成句子。

限词答问　先给问句，再要求学生用指定的词语回答问题。

限词改说　先给出句子，再要求学生用指定的词语改说（或改写）句子。

说同义词　教师说出一个词，要求学生迅速说出同义词。

说反义词　教师说出一个词，要求学生迅速说出反义词。

提问释词　要求学生用自己的话解释某个词语的意思。

释义猜词　教师说出某词的意思，要求学生猜出该词。

翻译猜词　教师说出某个词的外文释义，要求学生猜出该词。

词语搭配　教师给出某词语，要求学生搭配宾语、定语或中心语。

话语联结　教师给出前半句或后半句，要求学生运用关联词等联结话语。

选词填空　给出一组近义词、含有相同语素的词或外文译词为同义词或近义词等，要求学生根据句子具体的语言环境做出正确的选择。

词语辨析　包括词义的辨析、用法的辨析等。

词语类聚　要求学生根据形、音、义中某一方面的要求说出同类词语。

改错练习　要求学生就某词语在语义、语用、感情色彩、语体风格等方面的偏误进行修改。

联想练习　通过限定语义场联想相关词汇，不仅能全面复习已知的词汇，还能集思广益，互相启发。

交际练习　通过真实交际和模拟交际，在使用中巩固所学词语。

【说明】

　　词语教学是汉语教学的重点,制约学生汉语表达能力提高的关键因素之一就是词汇量的不足,我们应当花大力气去研究词语教学、词汇积累的好方法。

　　教师应当根据所教词语的特点和学生的具体情况采用合适的方法来进行词语的展示和讲练。我们提倡多用直观的办法展示和讲解生词,少用外语翻译的办法,因为翻译法不利于培养学生汉语的语感,何况在两种语言中词义和用法完全相等的词也是极少的。

　　生词的复现率值得关注,学生要熟练掌握一个生词,这个生词至少需要复现六七次,如何复现?如何操练?如何让学生牢牢掌握?……都需要我们认真研究。下边这些教学技巧可以帮助教师更生动、更有成效地开展词汇教学。

（周健）

100. 唱歌谣学词语

【做法】

　　利用中外儿童耳熟能详的歌谣《两只老虎》来做词语替换练习。

　　　　两只老虎,两只老虎,
　　　　跑得快,跑得快,
　　　　一只没有眼睛,一只没有耳朵,
　　　　真奇怪,真奇怪。

　　教师先在黑板上写下歌词,带学生读几遍,然后示范性地边打拍子边唱,还可以做出相应的动作。接着请学生表演。等学生熟悉了歌词,可以做以下替换:

　　　　老虎——老鼠——兔子——猴子
　　　　跑——跳——走
　　　　快——慢
　　　　眼睛——鼻子——嘴巴——耳朵——尾巴——眉毛
　　　　奇怪——可爱

【说明】

这首童谣充满了趣味性,不仅能活跃课堂气氛,还能帮助学生扩大词汇量。适合初级班的学生,尤其是少年儿童学生。通过朗读背诵歌谣来学习词汇和语法是儿童习得母语的常用方法,第二语言教学也可以借鉴。

【目的】

扩大词汇量,掌握汉语句子,提高学习兴趣。

(叶花)

101. 对比释词

【做法】

教师在讲解词语时,利用学生已有的词语信息进行对比分析是一种很有效的办法,常用的对比范畴有:

(1)使用范围

比如"热情"与"热烈","热情"只用于待人接物的态度,而"热烈"除了"热烈欢迎"外，一般只用于充满强烈感情的场面。

（2）造句功能

比如"难"和"困难"，都是形容词，"困难"还兼做名词。"困难"可做宾语，如"有困难、碰到困难、克服困难"。"难"不做宾语，能直接放在动词前做状语，如"难学、难写、难找、难走、很难修理"，而"困难"不能接动词。

（3）搭配关系

比如"参观"和"访问"都是动词，英文都是 visit，常与"参观"搭配的如"学校、展览、博物馆、工厂、广交会"等；而"访问"重在交谈（从二字的偏旁可知），常与"市长、演员、法国、广州、某某大学"等搭配。

（4）感情色彩

比如"骄傲"和"傲慢"，"骄傲"既可以是贬义词（"骄傲自满"），也可以是褒义词（"为祖国而骄傲"）；而"傲慢"只是贬义词。

（5）语体

有文言("而立之年")、书面("美丽")、口语("好看")等语体的分别。

（6）反义词

有些词义的差别可以从各自的反义词的差异来辨析。例如"轻松"和"愉快"，"轻松"的反义词是"紧张"，而"愉快"的反义词是"痛苦"。

（7）是否离合词

"见面、结婚、请假、散步、睡觉、照相"等动词属于离合词，中间可以插入其他成分，如"见了面、见过面、见他一面"，但不能接宾语，不能说"见面他"，只能说"跟他见面"。

（8）汉外对比

把汉语词跟学生母语对译词进行对比，也能给学生一些启发。例如"漂亮"和 pretty，"漂亮"除了用于外貌的好看，还可以用于"出色、优异"，如"漂亮的扣篮、打了一个漂亮仗、普通话说得漂亮"；而 pretty 除了形容漂亮，还有"可爱、愉快"的意思，以及做副词，表示"颇、相当、非常的意思，如 pretty good, pretty old。

(9) 汉语内部的词汇对比

如"老师"和"教师"，两词都能表示职业，但"老师"除了表示职业，还多用于称呼，我们只能说"张老师"，不能说"张教师"。"老师"多用于称谓和口语中，"教师"比较正式，多用于书面语，如"教师这一职业、教师节"等。

【说明】

对比释词是词语讲解中常用的方法，对比要注意有的放矢，主要针对学生容易出错的地方。既重视语义的对比，也不能忽视语用的对比。

【目的】

更好地理解和掌握汉语词汇。

（彭小川）

102. 语义结构图示

【做法】

对于有些动词可以通过语义结构图示来进行讲解和复习。例如，教材中有"购进"一词，教师在黑板上画出包括同义词、反义词、前后搭配关系的语义结构图示：

```
                    买入  （同义词）
                     ‖
（搭配）  大量（少量）＋ 购进 ＋ 服装（文具、食品……）
                     ↓↑
                    卖出  （反义词）
```

然后让学生模仿画出"惩罚、修建、降落、扩张"等词的语义结构图示。

【说明】

这样的练习从不同方向分析词语，加深词语加工的过程，有助于学生全面掌握一个词，建立新旧知识之间的联系，扩展词汇。但能画这种图示的动词有限,教师要预先考虑周全。

【目的】

培养学生注重词汇搭配、替换的意识。

（周健　廖暑业）

103. 图示义项关联

【做法】

汉语中一些典型的常用词具有很多义项,学生难以理解和掌握其中的关联,我们设计了树形图示来梳理义项群,教学效果明显。例如,"开"字在《现代汉语词典》中罗列了26个义项,我们把其中比较重要的图示如下:

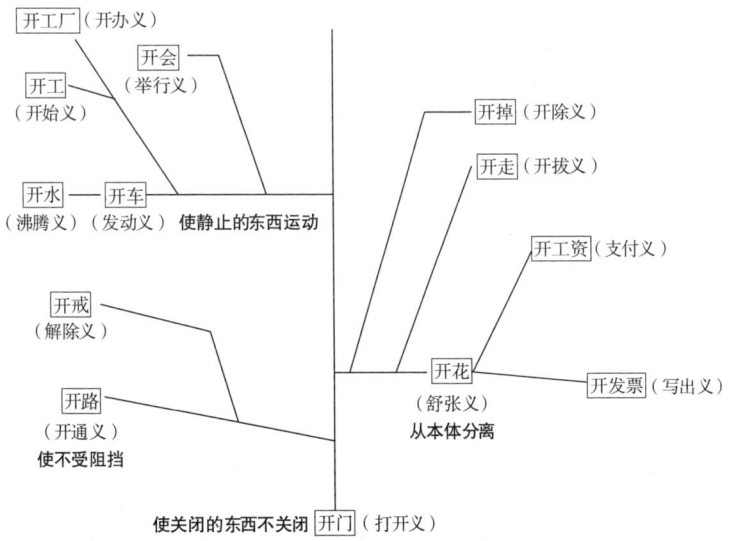

【说明】

用直观的树形图来展示"开"的主要义项之间的关联,便于学生理解词义的发展演变脉络。教师可以提问一些含有"开"字的词语中的"开"的含义,如"异想天开"(打开义)、"开发"(开通义)、"开张"(开始义)、"召开"(举行义)、"开介绍信"(写出义)、"开支"(支付义)……这种练习要有选择地进行,重点剖析一两个词,使学生对汉语词义的系统性有一定的认识。

【目的】

体会汉语词义的扩展轨迹。

(易源)

104. 竞填水果名

【做法】

教师准备一张画有 20 个方格(5×4)的大纸,每个方格内的上方有一种水果的图片,图片下方画一个括号,供学生填写水果的名称。在每个方格的外面再粘上一张容易撕掉的小纸片,分别写上 1—20 的号码,遮住水果图片。

教师把学生分为 A、B 两组进行比赛。先由 A 组第一人任选一个号码,然后要求 B 组的第一人走到黑板前撕去该号码,露出水果后正确读出水果的名称,并把水果名称写在对应的括号内。不会写的汉字可以用拼音代替。每写对一个名称得一分。然后该学生可以任意指定一个号码让 A 组的第一人去写水果名。如此依次进行。最后以得分高的一组获胜。

【说明】

水果的图片很容易获得，比如儿童看图识字课本、挂图，以及网上都能找到。对初级程度的学生来说，可以只写拼音；对于中高级水平的学生来说，则要求写汉字。写错一个汉字或拼音扣 0.5 分。这个游戏方式还可以用于练习颜色、运动、日常物品、文具、动物、家具、交通工具等等。

【目的】

复习同类词汇，活跃课堂气氛。

（周健）

105. 梳理词义发展

【做法】

从历时的角度适当讲解一些具有典型性的词义演变轨迹，对学生理解汉语语义系统也很有帮助。这里以解析"长"字演变为例，教师可根据自己的教学内容选择合适的字。

"长"为什么会有 cháng、zhǎng 两种读音？字典上共列了十余个义项，这些义项是如何发展、演变、关联的？中高程度的学生对此都有疑惑。教师可从图示"长（長）"最原始的形态说起。（教师备课时要找到甲骨文"长"的写法，最好再配上一幅长发老人拄杖的图画。）甲骨文中"长"是象形字，突出的是长发，词义的发展线索为：

头发长→东西长（"长矛、长城、长袍"）→空间之长（"长途、长跑、长空"）→时间之长（"长夜、长期、长久、长生不老"）→抽象的长（"长处、擅长、一技之长、取长补短"）→长（zhǎng）是"生长（zhǎng）"的结果→生长（"成长、长高、增长、拔苗助长"）→生长在先的（"年长、长辈、长者、家长、长老、师长"）→排在首位的（"长子、长女、长兄"）→权威、负责人（"长官、县长、部长、校长、首长、队长、班长、船长、厂长"）。

卖豆芽者在门口贴了一副对联，上、下联都是同样的七个字：

长长长长长长长

长长长长长长长

应当这样读:

上联:chángzhǎng chángzhǎng chángchángzhǎng

下联:zhǎngcháng zhǎngcháng zhǎngzhǎngcháng

再如"侃大山"和"砍价",这两个词古代都没有,在现代方言中把说话滔滔不绝的人形容为"能kǎn""kǎn大山",但用字没有确定,有人写作"侃大山",有人写作"砍大山"。同样,方言中"kǎn价"(讨价还价)也有"砍价"和"侃价"两种写法。大概是因为受到成语"侃侃而谈"的影响,"侃大山"就占了上风,而用刀斧砍削价格的比喻比较形象,人们就倾向于使用"砍价"了。

可以让学生自己去探讨"炒鱿鱼"一词的词义发展线索。

【说明】

经过这样的梳理,学生会深刻认识到汉语词义的丰富性是由于长期历史发展演变的结果。有选择性地梳理典型词语,能帮助他们扩大视野,从孤立地学习记忆词汇转变为系统地、关联地学习和掌握汉语词汇语义。

【目的】

理解汉语词义的历时发展情况。

(周健)

106. 建立词汇网络系统

【做法】

我们在讲解生词时,如果能把生词放在词义的系统之中,常常可以收到举一反三、融会贯通的效果。汉语在构成新词时,往往不需要增加新的字,而是将已有的语素按一定规则进行组合,"旧字新词、见旧知新"正是汉语词汇构成与认知的特点。下面的例子就能在某种程度上揭示汉语构词的系统性特点。

	公male	母female	小young	肉meat
牛 ox, cattle	公牛 bull	母牛cow	小牛calf	牛肉beef
猪 pig, swine	公猪 boar	母猪sow	小猪piglet	猪肉pork
羊 sheep	公羊 rarm	母羊ewe	小羊lamb	羊肉mutton
鸡 chicken	公鸡 cock, rooster	母鸡hen	小鸡chick	鸡肉chicken（as food）

"牛、猪、羊、鸡，公、母、小、肉"仅仅 8 个汉字，通过单独使用或双字组合就表示了 24 个常用的概念。这些概念又可以依据其语义特点分类记忆。而这些概念用英文来表达，至少需要 24 个不同的单词，且彼此之间没有什么关联性。

再如，以"树"为核心的词义网络：

树～	树根	树干	树枝	树叶	树冠	树梢
	root	trunk	branch	leaf	crown	treetop
～树	松树	柏树	杨树	柳树	枫树	槐树
	pine	cypress	poplar	willow	maple	scholartree

第一行的结构是"树～"，表示的是整体和部分的关系；第三行的结构是"～树"，表示的是限定语和统称的关系，而对应的英文词汇之间没有任何语义方面的关联。

此外，汉语词汇还具有范畴化、类属化的特点，如下面有关语素"车"的例子：

车～	车站	车票	车库	车道	车费	车速
车～	车门	车窗	车灯	车胎	车轴	车轮
～车	汽车	火车	货车	马车	轿车	跑车
～车	开车	试车	驾车	撞车	修车	坐车

第一行"车"在前，表达的是类别概念，起限制修饰后边核心语素的作用；第二行"车"在前，除了第一行所说的作用外，还与后一个语素表示整体和部分的关系；第三行"车"在后，表达的是事物的实质，即词的核心语义（有轮子的交通工具），前三行两个语素之间都是偏正关系；第四行"车"

在后，和前边的动词语素构成动宾关系。汉语中大量的同素词体现了汉民族善于归类的思维方式和理据归类的认知特点。

【说明】

　　汉语词义的网络性的显性体现主要有单音节的同部首词和合成词中的各类同素词，包括同素在前的和同素在后的词族；隐性体现主要有联想关系词群，在类义关系中就包括同义关系、对义关系、并列关系、上下位关系、整体部分关系、等级关系、亲属关系、类属关系、源流关系、引申关系、联用关系等。如果教学中学生已经学习了一些词形和词义相关联的词语，我们就可以进行补充、归纳，让学生通过联结活动的刺激来习得生词，逐步建立自己的汉语词汇网络系统。

【目的】

　　帮助学生认知和习得汉语词汇网络系统，提高词汇学习的效率。

（周健）

107. 词语串讲

【做法】

　　比如某课生词表中有以下词汇：

　　　　退　地址　邮政编码　通知单　贴　超重　欠　邮资　补　投　邮筒

　　这些词都与写信、寄信有关，可以将它们串联起来讲，板书可这样安排：

　　写信 → 写信封 { 邮政编码 / 地　址 / 收信人 / 寄信人 } → 封好信 → 贴邮票 → 投进邮筒 →

　　超重 → 欠邮资 → 退信（有通知单）→ 补贴邮票 → 再寄信

【说明】

　　很多同课的生词都可能处于同一个语义场，有些词语的出现还有时间上的先后关系，这些词便于集中串讲。教师要在设计板书方面动动脑筋，词语集中串讲可以减少词语讲解时间、创造词语联想条件、便于记忆。如本课的生词，最好辅以道具说明。

【目的】

通过语义场系联，扩大词汇量。

（刘丽宁）

108. 借助语境揭示词义

【做法】

有些词语的词义较为抽象，或不好说明、解释，最好借助语境。例如"凭"，词典的解释是"根据、依据、依靠、借着"，释义抽象，学生很难理解，教师可以给学生一个具体的语境：

教师：假如你去看电影，看见电影院售票处写着"学生半价"，你想买半价的优惠票，你需要什么证件？

学生：学生证。

教师：对。要凭学生证才能买学生票。

然后再给出"凭票入场、凭证购买、凭证明转学、凭本事吃饭"等，学生就不难理解了。

再如教"根据"，词典的释义是"指把某种事物作为结论或行为的基础"，显然，这样的语言学生不大可能理解。教师可以设计一个情境：

教师：现在听写，你们准备好了吗？

学生：没准备好。明天再听写好不好？

教师：好，根据你们的要求，我们明天再听写。

教师接着解释"根据"：为什么明天听写，因为你们没有准备好，你们要求明天听写。这样，可以在说明原因之前用"根据"。

然后生成例句：

"根据"做动词：

（1）～他说汉语的情况，我觉得他不是中国人。

（2）～自己的情况决定学习什么专业。

（3）你～什么说我拿你的钱。

"根据"做名词：

（1）你有什么根据说我拿你的钱。

（2）你这样说话毫无～。

【说明】

利用具体的学生容易感知的语境，利用学生可以理解的句子来体会词义、掌握用法，是汉语词汇教学中常用的有效办法，在初级阶段尤其要多用。借助语境教词汇的方法很多，有时可以利用上下文的语境。例如某课文中的句子：

小丽的家庭很和睦，一家人互相关心，互相照顾，从来没吵过架。

"和睦"是个较难的词汇，但可以通过后面句子的意思来理解。

【目的】

用设置具体语境的办法教意义比较抽象的词语。

（李海鸥）

109. 完整句释词义

【做法】

教师先展示包含某生词的课文原句，这个句子称为信息句，因为它包含了被释词的语境信息。教师不解释生词的词义，而通过提供第二个句子来解释第一句的句义，第二个句子我们称为释义句。例如：

生词1：刚才（名）

信息句：刚才有人找你，你没在。

释义句：几分钟前有人找过你。

生词2：化（动）

信息句：天气暖和了，河里的冰开始化了。

释义句：河里的冰开始变成水了。

生词3：重（形）

信息句：我比他重。

释义句：我七十五公斤，他只有七十公斤。

【说明】

对外汉语词汇教学的研究结果表明，学习者对情景结构的认知是他们掌握词汇的关键。教师对词语直接解释，学生往往不易理解和体会，如果用第二句话来解释第一句话的意思，学生就有可能更好地理解第一句的语义，并在此基础上更好地理解被释词的词义。因此第二句的设计很重要，不仅要通俗易懂，更要注意准确性，要能突显被释词的词义。

【目的】

不直接释词，而通过完整句的语境设置帮助学生更好地理解词义。

（徐玉敏）

110. 提示猜词

【做法】

教师让坐在第一、三、五等单数排的学生转身面向后坐，相对的两人为一小组。教师在黑板上写三个词语，如"大夫、大学、热闹"，要求面向黑板看到的人，不能直接说出看到的词，也不能说出其中任何一个字，而用间接提示的办法使背朝黑板的人猜出来，猜完一个马上做后一个。三个词都猜出来以后，举手向教师示意。当大部分学生都猜出来之后，教师可表扬猜得最快的小组，并提问几组学生的提示语，最后讲评一下哪些同学的提示语最简单、明确。猜、评三个词语之后，让同组的两人交换座位，再猜三个词。

【说明】

　　这个游戏能有效提高学生用自己的语言定义词语、解释词语的能力，加深对词语的理解，活跃课堂气氛，很受学生的欢迎。每组三个词的选择要由易到难，由具体到抽象，不仅限于名词。如"大夫、聪明、辅导"为一组，"司机、着急、教育"为另一组等。

　　"提示猜词"还有一种做法：同座两人为一组，依次进行。教师指定第一组两人站到讲台前面，描述者与其他同学同方向面向黑板，猜词者站在描述者对面，背向黑板，两人中间相距两米左右。比赛开始时，教师站在猜词者身后，把卡片展示给描述者和其他学生看两秒后，放下卡片，然后描述者要通过肢体动作、面部表情及言语说明等各种手段来帮助自己的同伴猜中卡片上的词。但要说明只能用汉语，而且不能说出卡片上的任何一个字。其他学生不得提示他们。

【目的】

　　提高学生定义词语、解释词语的能力，同时也检验学生对词义的理解，活跃课堂。

（周健　贾笑梅　彭柳　范文嫣）

111. 分辨义项

【做法】

教师先展示下列句子，带领学生理解、分析"过"的不同义项和用法：

A. 从此以后，他们过上了幸福的日子。（度过）

B. 已经过了好几站了，你怎么还没下车呢？（超过）

C. 今天咱们好好给你爸过个生日。（庆祝）

D. 过马路，左右看。（穿过）

E. 你看过这本书吗？（助词，表示以前曾经有的经历）

F. 她已经穿过马路，向那边走了。（补语，表示从这边到那边）

G. 你知道吗，他是"过劳死"。（副词，过多，过分）

然后让学生分析下面句子中的"过"分别属于哪个义项：

（1）她早就给家里打过电话了。

（2）过重的学习负担使现在的孩子们失去了童年的欢乐。

（3）幼儿园的小朋友正手拉手过马路。

（4）怎么还没到啊？咱们会不会已经过了却没发现啊？

（5）墨水透过了第一张纸，在第二张纸上也留下了痕迹。

（6）你们准备怎么过五一啊？

（7）结了婚，就好好跟他过吧。

参考答案：（1）E （2）G （3）D （4）B （5）F （6）C （7）A

【说明】

汉语中大量的词是多义词，它们在不同的句子里会有不同的意义和句法功能，而且越是简单常用的词，义项越多。如"打、看、吃、老、花、出、干"等。教师在学过这些词后，应当适时地进行归纳总结和辨析训练，帮助学生总结和记忆。

【目的】

理解和体会汉语常用词的多义性。

（彭增安　陈光磊）

112. 义项辨析

【做法】

汉语中有一些常用词汇，学的时候觉得它们很简单，实际上含义非常丰富，需要仔细地体会、辨析，才能掌握。以"打"为例，教师把下表发给学生，要求学生把词语中"打"的义项与相对应的解释画线连起来。

（1）打铁	A．揭开
（2）打架	B．发生与人交涉的行为
（3）打官司	C．画、涂写
（4）打刀	D．编织
（5）打行李	E．捆扎
（6）打毛衣	F．举
（7）打个问号	G．用手或器具撞击物体
（8）打旗子	H．发出
（9）打开盖子	I．制造、制作
（10）打电报	J．殴打
（11）打酒	K．做、从事、进行
（12）打鱼	L．乘、坐
（13）打篮球	M．买
（14）打主意	N．表示身体上的某些动作
（15）打游击	O．做游戏、玩
（16）打哈欠	P．捕捉
（17）打的（dí）	Q．定出、决定

【说明】

教师要向学生强调：汉语中有些简单、常用的词难以全面掌握，是因为它们的义项繁多,在学习生词的时候要学会细致地辨析词义,正确使用多义的常用词。像"吃、发、地、面、老、花、关、干、对、出、本、文"等词都可作为例子。

如可以带学生解释下列词语中"吃"的含义:

(1)吃西餐　　(2)吃食堂　　(3)靠山吃山,靠水吃水
(4)吃力　　　(5)吃掉敌人　(6)吃亏
(7)吃得开　　(8)口吃　　　(9)吃水线
(10)吃不消　 (11)吃请　　　(12)吃香
(13)吃黄牌　 (14)吃公款

【目的】

通过揭示一两个典型的多义词,帮助学生理解汉语常用词义项繁多的特点,避免在使用中望文生义。

(周健)

113. 短语教学:打交道

【做法】

先展示教材原文:

老伴姓李,今年68岁了,22岁那年嫁到曹家,就一直和旗袍打交道,干了一辈子针线活儿,她拿针的手指头都伸不直了。

(选自《旗袍师傅》,《汉语系列阅读》第一册)

教师重点讲解的词语是"打交道",可以采用语境法,对学生说:"我们刚才讲到,曹师傅做了60年旗袍了,他的妻子和他结婚以后,也干了一辈子针线活儿,所以你们猜,'一直和旗袍打交道'是什么意思?"学生回答:"她做旗袍。"

然后教师再多举例子让学生体会:

老师天天和黑板打交道。(用黑板写字)
司机天天和汽车打交道。(开汽车)

老师天天和学生打交道。(交往)

做菜师傅每天跟油盐酱醋打交道。(使用)

这个人很难打交道。(交际、沟通)

这时学生已基本理解"打交道"的意思了,再让他们做以下练习:

> (1)学生天天和_____打交道。("打交道"可替换词语:接触)
> (2)_____要和各种人打交道。(可替换词语:交往)
> (3)我跟____已经打了很长时间的交道。(可替换词语:?)
> (4)我觉得跟____打交道很难。(可替换词语:?)

【说明】

短语的教学除了考虑词与词的语义组合关系,还要结合上下文、结合语境讲解,举例要浅显易懂。要注意替换、扩展,与近义词语的比较等等,并在交际练习中巩固。

【目的】

培养学生在上下文语境中理解短语语义的能力。

(朱晓文)

114. 找数字连成线

【做法】

教师发给每个学生一张写满数字的工作纸,让学生注意聆听教师报的数字,并依次把找到的数字点连起来,最后问大家连成的图案是什么。

教师设计工作纸时,要先选择好目标图(如下图的和平鸽与橄榄枝),把目标图的关键部位,如转折处、结尾处等依次标上一组不连续的号码,如1、4、9、14、17、18、23、31、39……,使人能根据这些点的顺序勾勒出目标图来。然后再在工作纸的空白处任意填上其他的号码作为干扰项。

【说明】

  这个游戏主要训练学生的注意力和对数字的迅速反应能力,具有一定的趣味性,适用于初学汉语数字的阶段。

【目的】

  熟悉数词的听读反应,增加课堂趣味。

(周健)

115. 六六大顺

【做法】

  每个学生在纸上画出 6×6=36 个方格,然后在方格中填上 1—36 的数字,顺序必须任意打乱(如下图)。填好后,按顺序每人说一个纸上的号码,所有的人都把听到的号码涂上颜色或做上标记,看谁先排好 6 个数字(横、竖、斜行都行)。

1	11	16	23	8	9
32	36	28	34	21	20
2	12	33	14	4	26
24	29	3	31	17	10
6	22	18	35	27	30
13	7	25	15	5	19

【说明】

在最初阶段，可发给学生同样排列顺序的数字，由教师报数字，速度可快可慢。

【目的】

熟悉汉语数词。

（李文丹）

116. 说前后数字

【做法】

教师说一个数字，学生说出这一数字前边和后边的数字，教师重复一遍。学生如有错，教师重复时纠正过来，全班学生再一起重复一遍。例如：

教师	学生
15	14、16
256	255、257
1983	1982、1984
20530	20529、20531

【说明】

这一练习训练学生的辨别分析能力、联想猜测能力和记忆储存能力。对于较大的数字，教师既可直接读数，也可以读出位数。两种都要练习。

【目的】

训练对汉语数词的掌握。

（杨惠元）

117. 数数避"七"

【做法】

（1）学生从1开始按一定的座位顺序轮流数数，数到含7的数字时用拍手代替7。例如，数到7的学生就拍一下手跳过去，下一个学生继续数8；如遇到17，就说10，同时拍一下手；遇到77，就先拍手，再说10，接着再拍一下手。

（2）学生从1开始轮流数数，遇到7的倍数（如14、21、28等）时，就不报数而用拍手代替，并在拍手同时说一个最近新学的生词（这个生词由教师指定）。

【说明】

在数数练习中增加一些限制规则，能提高学生的注意力和兴趣。第二次做时也可以改为避"5"、避"9"等。

【目的】

巩固学生对数词的掌握，训练他们的反应速度。

（黄立　张文莉）

118. 加减计数

【做法】

教师先根据座位确定学生报数的顺序，然后在黑板上写上"＋3"，报出数字"1"，让学生依次报4、7、10……至100为止。教师带领大家为报出100的学生鼓掌。

教师再在黑板上写"－4"并先报100，学生则依次报96、92、88……至0为止，大家为报0的学生鼓掌。

【说明】

如果班上人多,可依次加 3 数到 202 或 301,再分别从 200 或 300 依次减 4 数到 0。本游戏能集中全班的注意力,巩固学生对数字的掌握,提高数数的速度和准确性。

【目的】

复习数词,提高数数的速度和准确性,活跃课堂气氛。

(周健)

119. 寻找规律

【做法】

教师预先把下列数字打印在大纸上,其中的"?"号用红色标示,让学生先自己填答案,再全班核对。

```
（1）8，12，16，？，24              （20）
（2）5，7，？，11，13               （9）
（3）36，30，？，18，12             （24）
（4）5，8，6，9，？，10，8，？，9    （7，11）
（5）7，10，9，12，11，？，？       （14，13）
（6）3，4，6，9，？，18，？         （13，24）
```

【说明】

要求学生在"？"处填上合适的数字，主要是训练学生对数字排列规律的机敏反应，能活跃课堂气氛。教师要让说出正确答案的学生解释推理过程，提高汉语表达能力。比如：第一题为什么填20？——因为第一个数是8，第二个数是12，12比8大4，后面16又比12大4，要填的数也应该比16大4，就是20，再看最后一个数24，也比20大4，所以20一定是对的。

【目的】

训练学生对数词排列规律的推理能力，提高汉语表达能力，活跃课堂。

（周健）

120. 数字速读

【做法】

（1）教师直接读数，学生听到这个数字后，说出位数，教师重复一遍（有错则纠），全班再一齐重复一遍。例如：

教师	学生	
三三幺	三百三十一	（331）
幺零五幺	一千零五十一	（1051）
四六零零七	四万六千零七	（46007）
二零零四五零	二十万零四百五十	（200450）

（2）与上述做法相反，即教师读多位数，学生直接读数，教师重复一遍，

全班重复一遍。

（3）大数速读，教师在黑板上写两组大数，例如：

① 7，589，602　　② 1，234，567，890

然后告诉学生汉语大数的核心单位是"万"而不是"千"，如果依照汉语计数的规律，从右向左，每四位加一竖线，那么第一条线就是万，第二条线就是亿（万万），第三条线就是万亿。板书如下：

① 7，58|9，602　　② 1，|265，8|34，06|7，809
　　　万　　　　　　　万亿　亿　　万

加竖线后可以很快地读出：

① 七百五十八万九千六百零二

② 一万二千六百五十八亿三千四百零六万七千八百零九

然后教师再写几组十位以上的大数，让学生利用加竖线的办法迅速读出来。

（4）教师读英文数字，学生译成中文。英汉数字对译也有两种读法。例如：

教师	学生
one o nine	一零九，或幺零九
double o seven	零零七
two four o six eight	二四零六八
five hundred and nine	五百零九
fifty-seven thousand four hundred and fifty-three；	五万七千四百五十三
seven hundred sixty-eight thousand nine hundred and twenty-one	七十六万八千九百二十一

【说明】

外语初学者普遍感到数字的认读和翻译比较困难、反应慢，这主要是由于核心单位的不同造成的。例如汉语的"万"在英文是"十千"，"十万"在英文是"百千"。必须有充分的练习才可能达到对数字认读和数字转换的熟练掌握。

【目的】

掌握汉语大数表达规律,训练数字转换表达能力。

（杨惠元　周健）

121. 数字秘书

【做法】

教师课前先准备好一组涉及数字的句子。做练习时把学生分为两组,每组发一支粉笔（或粗水笔）,并按照他们自己决定的顺序在黑（白）板前排成两排,准备记录。

比赛开始后,教师按正常语速念出这些句子（只念一遍）,要求学生只记录句子中的数字。第一个学生听到某个数字后就迅速在黑板上记录下来,并将笔交给第二个学生,依此类推,最后写下较多正确数字的一组获胜。

注意句子的数量要保证每个学生至少有一次听记的机会。学生听记时,其他学生不准说话或提醒,前面记错的数字后面的学生也不许修改。要求两组学生互相监督,最后由教师进行评判。

【说明】

这是一个课堂教学游戏,培养学生对数字的听辨、记忆能力。分组比赛的形式能活跃课堂气氛。教师选择句子时要注意所包含数字的多样化,如电话号码、商品价格、门牌号、学号、俗语（如不管三七二十一）等,以便学生熟悉汉语中可能出现数字的各种语境。

【目的】

训练学生对语言表达中数字的敏感。

（范文媽）

122. 量词搭配

【做法】

小卡片分成两沓,一沓写名词,一沓写量词,每张只写一个词,两沓卡片都背面向上放在讲桌上。学生依次上台抽取一张量词一张名词,并随意说一个数词,若刚好搭配,如"一、匹、马",则得一分,另换一人。若不搭配,如"三、匹、词典",学生必须分别说出"三匹马"及"三本词典"方可得一分。说错一个或不知道则无分。可将学生分为两组进行比赛。

一头猪　　一条蛇　　一匹马　　一只羊

【说明】

本练习训练量词与名词的正确搭配,需要在学了较多的量词之后进行。两沓中的词语均可重复出现,也可安排若干不需量词的名词,如:"年、天"等。

【目的】

训练学生熟练掌握量词与名词的正确搭配,活跃课堂。

（周健）

123. 量词比赛

【做法】

将学生分成A、B两组,进行量词与名词的搭配比赛。比赛方式有以下两种：

（1）教师用卡片出示一个名词（也可用图片或实物）。规定A组学生说出能搭配的单数量词,B组学生说出复数量词。两组交替进行。组内学生可按座位顺序依次回答，如有学生不能回答时，接着问下一位学生。

例如"花"： A 一朵（枝）花　　B 一束（把）花

又如"筷子"：A 一只（支）筷子　B 一双（副）筷子

（2）教师出示一量词，要求A、B两组轮流搭配名词。

例如出示"张"： A 一张纸　　　B 一张火车票

　　　　　　　A 一张邮票　　B 一张床

　　　　　　　A 一张桌子　　B 一张地图

　　　　　　　A 一张脸　　　B 一张嘴

以说出较多正确搭配的那组获胜。

【说明】

量词是汉语最明显的特点之一，此法可复习、丰富学生的量词库。由于不是所有的名词都有单复数量词的区别，也不是所有的量词都能搭配众多的名词，教师备课时要精心选择合适的名词和量词。

【目的】

复习、巩固、扩大对量词的掌握。

（唐玲　周健）

124. 教方位词

【做法】

常用的方位词有"东、西、南、北、中间、上、下、左、右、前、后、里、外"等。教师带读后可用提问导入，先问学生："谁知道哪边是东？"待学生回答正确之后，再依次问西、南、北方位。然后问："学校东边有什么？"学生回答："学校东边有一个超市和两个饭馆。"接着引导学生说出"学校西边有大酒店和书店"，"南边有邮局和银行"，"北边有菜市场"等。教师板书：

A的＋方位词＋有＋B（C，D…）

教师再利用学生座位间的相互关系提问:"大卫,你的前边是谁?你的后边是谁?你的左边是谁?右边是谁?"大卫回答:"我的前边是金东明,后边是山本,左边是玛丽,右边是慧慧。"教师板书:

A的＋方位词＋是＋B

教师再提问:"慧慧在哪儿?"朴成吉回答:"慧慧在大卫的右边。"教师接着引导学生说出"玛丽在大卫的左边,山本在大卫的前边,金明东在大卫的前边,大卫在玛丽和慧慧的中间"。教师板书:

A在＋B的＋方位词

教师又拿出一张本市地图(或中国地图、世界地图),问谁知道哪边是东。待学生答对后,教师说:"在一般情况下,当我们面对地图时,地图上边的方向就是北。请大家记住这句话:上北,下南,左西,右东。"

最后,教师总结"有、是、在"都可以表示方位,并引导学生利用学过的三种句型做造句练习。

【说明】

方位词出现在初级阶段,学生掌握起来并不十分困难。直观简便、贴近生活的教学导入可以使学生感到轻松、亲切,掌握起来更容易。

【目的】

训练学生熟悉方位词的用法。

（周健　范文嫣）

125. 图解方位歧义

【做法】

汉语中有的方位词是有歧义的,比如"前边"和"后边":

　　工厂前边

　　学校后边

"工厂前边"既可以指工厂里边的前边,又可以指工厂外边的前边;"学校后边"既可以指学校里边的后边,又可以指学校外边的后边。我们可以通过图示显示这种区别:

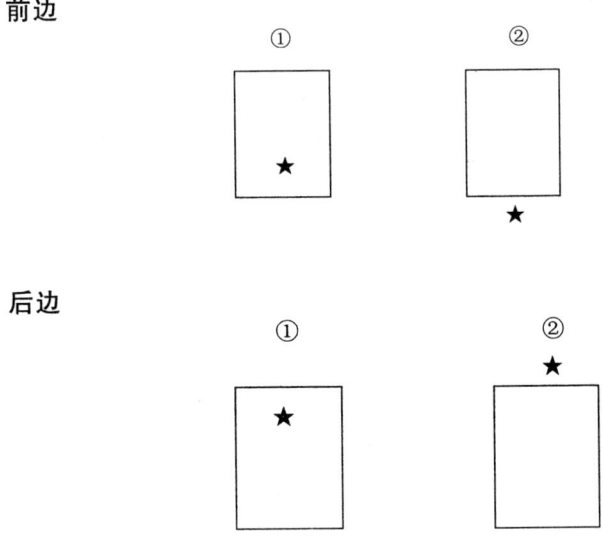

又如"你坐地铁到和平门前边一站下车。""和平门前边一站"如下图所示,既可以指和平门前方的一站——前门站,也可以是和平门之前的一站——宣

武门站。这是由于汉语中空间的"前后"与时间的"前后"有矛盾的缘故。"前天、前年、以前"都是说过去，而行进空间的"向前进、前景、前途、前头"是说"未来"。

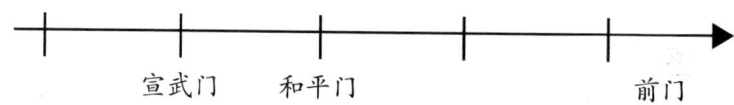

所以"和平门前边一站"的说法有歧义，听话人容易产生误解。我们如果是听话人，就应当追问，或结合语境提供的其他相关信息来理解说话人的意思。当我们自己表达的时候，要注意提供不产生歧义的精确信息。比如，尽量不用"你在和平门前边一站下车"这样的方式告诉朋友，如果是指"前门"站，而你又忘了站名，你可以说"往东方向，到了和平门别下车，你再多坐一站"；如果是指"宣武门"，你可以说"你在还没到和平门的那一站，也就是和平门之前的那一站下车"。

【说明】

用图示来解释辨别方位词语可能出现的歧义，比较直观，也容易理解。更重要的是提醒学生注意表达的严谨、准确，避免歧义的产生。

【目的】

训练学生正确表达方位，避免模糊和歧义。

（朱其智　周健）

126. TPR练方位词

【做法】

全班分组，两个人一组。一人念方位词"上、下、左、右、前、后"（不必按顺序念），另一人在相应的位置拍手。例如"上"，在头顶上方拍手；"下"，手垂下拍手；"前"，在身体前方拍手；"后"，在身体背后拍手；等等。教师应先做演示。两人交替进行一遍，然后两人一组，一起上台表演，两人念如下的句子并做动作：

两只乌鸦飞过来，（两个人各做飞的动作）

上上下下，左左右右，
前前后后到处飞，（一边说一边各自拍手做动作）
飞来飞去不见了。（各做飞的动作，到"不见了"时飞到自己座位上）

【说明】

　　TPR 是 Total Physical Response 的缩写，TPR 语言学习法也称"纯体验式语言学习法"，语言与身体动作相结合能提高学习效率、活跃课堂气氛。本游戏能锻炼学生对方位词的反应能力，适合初学方位词时做。

【目的】

　　结合全身反应来操练方位词。

（谢海燕）

127. 教颜色词

【做法】

　　教师在教颜色词之前先准备三套卡片，一套是无字的颜色卡片，一套是用相应的颜色笔所写的汉字卡片,一套是普通的白底黑字卡片。

例如,教"黑、白、红、黄、蓝、绿、灰、棕、橙、紫"等颜色词时,教师首先向学生展示颜色卡片,示范颜色词的读法并带学生读,利用直观的视觉刺激和听觉刺激促使学生将颜色和读音进行匹配。

然后,教师向学生展示用相应的颜色笔所写的汉字卡片,例如用红色笔写的"红"字,用蓝色笔写的"蓝"字,等等,同时带领学生朗读并教学生书写。教师在展示和书写指导过程中可以结合相关的汉字知识讲授一些关于这些字的来源及特点。

之后,教师向学生展示普通的白底黑字卡片,让学生尝试读出卡片上的颜色词,教师换卡片的速度可以越来越快,促使学生不断加深印象。

最后,教师将白底黑字卡片分发给几个学生,让他们站在黑板前,其他的学生随意念出一个颜色词,手持该颜色词卡片的学生就将卡片举起来。手持卡片的学生再依次展示卡片,坐在下面的学生大声读出来。教师在此过程中检验教学效果。

【说明】

这种教颜色词的方法可以全方位地调动学生的感觉,将颜色刺激、读音刺激和汉字字形刺激结合起来,会给学生留下较深刻的印象,使他们掌握得更快更牢。另外,利用不同的卡片由易到难,不断增加认知难度,不但符合学习规律,而且可以活跃课堂气氛。

【目的】

复习、掌握颜色词。

(张舸)

128. 人体词语

【做法】

教师先展示一幅人体图画,让学生上来用教鞭指着身体的某一部位,先说后写。比如:头、脸、脚、手、大腿、口、眼睛、耳朵、鼻子、脖子、肚子、眉毛、手指、手臂、小腿、膝盖、脚跟、皮肤、脚趾、大拇指、中指、前额、头发、腰、胸、屁股、后背、牙齿……还可以扩大到身体的内部器官名称，如：心脏、胃、肾、胆、肺、脊柱、神经、血管、气管、食道、大脑……

【说明】

　　人体词汇是比较常用的，通过这样的方式可以集中练习。遇到学生写错的字或不会写的字，教师可以纠正、代写或让其他同学提供帮助。利用这个办法可以集中复习某一类的词汇，如：运动、食品、水果、交通工具、校园、颜色、文具、电器、动物、服装……

【目的】

　　掌握表示人体部位和人体器官的词语。

（周健）

129. 我说你指

【做法】

　　学生分为两组，第一组每个学生依次说一个人体的部位名或器官名，如：眼睛、头发、耳朵、嘴、鼻子、眉毛、脖子、上臂、左手、胸、脚、腰，等等。第二组的学生则迅速用手指自己身上这一部位。两组交换做。

【说明】

锻炼学生听、说、做的反应能力,熟悉人体的各部位的名称,活跃课堂气氛,特别适合初学者和儿童。为增加趣味性,也可改为"我说你不指",即听到什么不指什么,如听到"鼻子",就必须指鼻子以外的部位。

【目的】

熟悉和掌握人体部位和器官的名称。

（姚宁）

130. 配对学生词

【做法】

教一些跟人体动作有关的动词时可以和人体部位名词配对进行,如下所示:

手——打、拍、洗、拿、摸　　眼睛——看、见、闭、睁

耳朵——听　　　　　　　　　嘴（口）——吃、喝、吐、说

头——点、摇

教师先把词写在黑板上,然后领读单词和搭配词语,如"手拿、手洗、拍手、点头、摇头、睁眼、闭眼",同时做出相应的动作。还可以带学生猜测新词语的意思,如"耳听为虚,眼见为实"、"口说不算"。教完后,进行多种训练,可以教师做,学生说;可以教师说,学生做;可以一个学生说,另一个学生做等,经过一番练习,教师擦掉黑板上的字,说出一系列动作,比如:拿书、打手、看你的脚、点头、拍同学手、摸耳朵……,叫学生做。之后,教师做相关动作,请学生说。

【说明】

教名词时,可以把与之搭配的常用动词、形容词等同时教给学生；教动词时,也可以把与之搭配的常见的名词告诉学生,使学生同时掌握词语的用法。

【目的】

结合动作,巩固所学词语。

（崔建新）

131. 归类听写

【做法】

教师先将若干类词语的类别名称写在黑板上,然后发给每个学生一张纸（或学生自备）,要求学生把类别词按以下格式写好。如教师在黑板上写：

1 衣服　2 食品　3 家具　4 餐具　5 饮料　6 文具

然后教师读要听写的生词：桌子、苹果、茶、钢笔、柜子、勺子、裤子、铅笔、本子、杯子、椅子、可乐、裙子、叉子、啤酒、筷子、袜子、牛奶、蛋糕、面包、书架……学生听后先归类,再分别写在该类词的下边。

【说明】

学生如遇到不会写的汉字可用拼音代替。除了名词外,也可以选用动词、形容词等。高年级学生还可以练习根据词的语素构成来分类,如联合型、偏正型、补充型、述宾型、主谓型等。

【目的】

锻炼学生迅速判定汉语词汇的词义和词类的能力。

（姚宁）

132. 词语汇集

【做法】

（1）教师给出一个主题词,加上方框写在黑板上。请学生依次（或自由）上前写出一个与此主题相关的词,词性不限,名词、动词、形容词皆可。例如教师给出"旅游"这个主题词,学生可能写出"假期、黄金周、旅行社、火车、飞机、汽车、行李、照相机、护照、MP3、运动鞋、游泳、参观、休息、睡觉、庙、贵、小吃、朋友、风景、文化、大海、黄山、迪士尼、九寨沟、上海、广州、深圳、北京、杭州、桂林、海南……"。

（2）教师先准备 3—4 张 A4 大小的白纸，预先在每张纸的上方写好一个主题词并画上框，然后让学生依次往下传，每个人要写上一个与主题语境有关的词。这种练习可以比较密集地训练多个主题词语。

【说明】

很多时候学生不清楚自己已经学会了哪些词，通过这个游戏可以帮助学生回忆并组织起大脑所存的词汇，激发起已经被遗忘的生词。通过主题或语义场的方式可以让这些词有更多的联系，有利于心理词汇的再提取。在学生思路阻滞时，教师可以提示、补充。

【目的】

设置语义场，复习词汇，扩大词汇量。

（陈小英）

133. 疯狂采购

【做法】

首先假设班级将举办一个晚会，在黑板上列出要参加的人数、活动时间、活动地点和晚会内容等等，然后说明本次练习的任务就是做晚会的采购员，到超市去做一次疯狂大采购。

教师将学生分成三人小组，让每组进行讨论，最后决定为晚会采购哪些东西。各组把要采购的物品的名称、数量写完后，派代表向全班报告。采购的物品越多，得分越高，但所采购的物品必须与晚会有关。其他小组可以就报告的内容进行提问和质疑，未能通过质疑的物品要倒扣分数。

【说明】

让学生集中练习与常用物品名称及量词有关的词汇，互相启发、互相帮助，扩大词汇量。采购所需物品的范围要定在学生熟悉的话题上，比如"生日聚会、旅行、搬新家、留学、结婚、过年"等等。还可以增加"标明价格、总金额"的要求。

【目的】

设置语义场，复习词汇，扩大词汇量。

（陈作宏）

134. 词语归类

【做法】

教师给出下图，并给出相应的词语，如：电视、锅、剃须刀、字典、镜子、毛巾、刀、冰箱、茶几、微波炉、洗发水、台灯、沙发、书桌、电脑、鞋架等等。然后请学生根据内容进行分类，并填进下面的图表里。

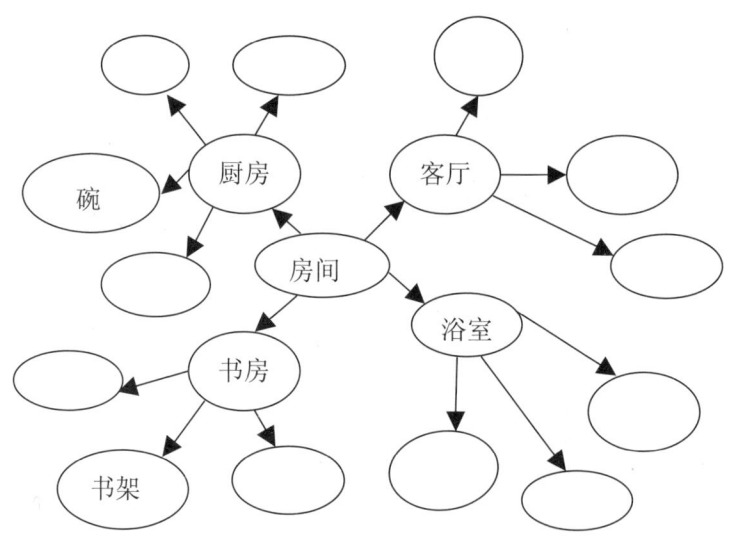

【说明】

如何在短期内迅速扩大词汇量是一个十分重要的教学任务。教师可以根据本方法自行创制一些新的主题进行词汇群的练习，比如"体育、职业"等。最后教师要带读一遍，再让学生自己读一遍。

【目的】

设置语义场，复习词汇，扩大词汇量。

（田艳）

135. 找异类词

【做法】

教师说出一组词语，要求学生迅速说出其中一个非同类的词，需要时可以追问为什么。例如：

（1）教学楼　办公楼　宿舍楼　大操场　大使馆　图书馆

（2）头发　眉毛　眼睛　鼻子　手　嘴　耳朵

（3）北京　东京　伦敦　纽约　巴黎　莫斯科

（4）四川　河北　山东　江苏　广州　广西
（5）记者　教师　司机　师傅　职员　裁判
（6）唱歌　跳舞　听音乐　看电视　看电影　赛足球

参考答案：（1）大使馆；（2）手；（3）纽约；（4）广州；（5）师傅；（6）赛足球。

【说明】
注意选用学生学过的词语，每组的量以5—8个比较适宜。

【目的】
训练辨别分析能力、记忆储存能力和概括总结能力。

（杨惠元）

136. 另类义项

【做法】
让学生在以下几组同素词汇中找出每组的一个另类词，这个词里的同语素跟其他词的不一样。比如：

花：花朵、烟花、开花、鲜花、花钱

其中"花钱"是另类，因为这里的"花"是动词，其他的都是名词。

（1）吃——吃饭、吃喝、吃药、吃惊、吃素
（2）开——开门、开窗、打开、翻开、开水
（3）分——分开、分子、分类、分散、分析
（4）风——风向、台风、北风、伤风、风浪
（5）后——皇后、后门、后面、前后、退后
（6）会——开会、会议、舞会、误会、散会
（7）家——家业、分家、作家、家庭、家具

> （8）军——军事、冠军、军队、海军、行军
> （9）离——离开、分离、离别、离奇、脱离
> （10）机——飞机、机会、手机、司机、机器
>
> 参考答案：（1）吃惊；（2）开水；（3）分子；（4）伤风；（5）皇后；
> （6）误会；（7）作家；（8）冠军；（9）离奇；（10）机会。

【目的】

培养学生的语素意识和义项意识，更好地理解和掌握汉语词汇。

（恒声）

137. 同音词语

【做法】

教师先给学生讲一个故事：

从前有一个给人算命的人，自称"王半仙"，常常吹嘘自己算命如何准。后来皇帝听说了，召他进皇宫，决定第二天亲自考考他。他心里非常害怕，因为他并没有真本领，所以连觉也没睡好。第二天一早，皇帝在御花园里偷偷摘了一颗大青枣，握在手心，等"王半仙"走过来，命令他猜自己手中的东西是什么。若猜不出，就要重重惩罚他。王半仙当然不知道皇帝手里拿的是什么，只好岔开话题说："大清早您就考我……"还没等他说完，皇帝连忙说："先生真是活神仙啊！"便重重赏赐了他。

教师可向学生指出，汉语中有大量同音异义的词语，如："美人—每人"，"洗澡—洗枣"，"拖鞋—脱鞋"，"大弟—大地—大帝"，"公事—公式—攻势—工事—宫室"等等。要求学生根据以下拼音，写出或说出两个发音相同而字形不同的词语来。

（1）gèrén　　（2）gāngcái　　（3）gǎndào
（4）fùnǚ　　（5）yíduì　　（6）dàizi
（7）bùxíng　　（8）yōuhuì　　（9）yǒuyì
（10）yīwù　　（11）wénmíng　　（12）xiāngjiāo
（13）shùmù　　（14）shìlì　　（15）yīshí

参考答案：（1）各人/个人；（2）刚才/钢材；（3）感到/赶到；（4）父女/妇女；（5）一对/一队；（6）带子/袋子；（5）不行/步行；（8）幽会/优惠；（9）友谊/有意；（10）医务/衣物；（11）文明/闻名；（12）相交/香蕉；（13）数目/树木；（14）事例/势力；（15）衣食/一十/一时。

【目的】

加深学生对汉语同音词的认识。

（周健）

138. 倒顺词

【做法】

汉语中有不少词，倒过来念，就成了另一个词，如：

奶牛—牛奶	国王—王国	女儿—儿女	子女—女子	法语—语法
人工—工人	算盘—盘算	计算—算计	友好—好友	期中—中期
火山—山火	拍球—球拍	图画—画图	邻近—近邻	雪白—白雪
故事—事故	汽水—水汽	蜜蜂—蜂蜜	上海—海上	名人—人名
明天—天明	前提—提前	亲近—近亲	喜欢—欢喜	年少—少年
人生—生人	上山—山上	手枪—枪手	顶楼—楼顶	带领—领带

教师先根据学生掌握的词语写出若干对倒顺词，并指定学生用每个词各造一句，也可以提高难度让学生把一对倒顺词造在一个句子里。比如：

老王养了一头奶牛，每天都能喝到新鲜的牛奶。

然后让学生自己举例，说出一对倒顺词，谁想到谁就可以发言。如果学生想到的不多，教师可以在黑板上补充一些，让学生解释或造句。

【说明】

要在教学中出现过一批倒顺词后，再做此练习。分析词义时可以向学生指出，有少数词颠倒后意思基本不变，如"喜欢—欢喜"，"讲演—演讲"，"外出—出外"，"国外—外国"等等，但大多数倒顺词的意思完全不同。

【目的】

帮助学生加深对汉语词汇构成的理解，提高通过语素顺序辨析词义的能力。

（万京湘）

139. 反义语素合成词

【做法】

先向学生展示若干反义语素合成词，如："左右、古今、大小、冷暖、春秋、安危、睡觉、作息、生死"……，然后分析每个词的语素义对立情况和词义变化情况。

词义大致有三种情况：

（1）词义就是两个对立语素的并列义，如"前后、作息、生死、男女"等。

（2）偏义词，即词义集中在其中一个语素上，另外一个语素的意思不出现在词义中，如"睡觉"（只有睡，没有觉的意思）、"动静"（偏在动的方面，如"你去看看那边有什么动静？"）、"安危"（偏重在危险的方面，如"不顾个人安危"）。

（3）词义和词性发生了转变，如"大小"（"我不知道他衣服的大小，怎么帮他买？"）、"高低"（"那个方案他高低不同意"）、"死活"（"他死活不肯答应"）、"左右"（"今天来开会的有二百人左右"）、"反正"（"不管有没有票，我明天反正得走"）。

然后教师列举以下十个词语，让学生根据以上三类来逐一认定：

呼吸:（1）　开关:（3）买一个～。　忘记:（2）　东西:（3）买～。
深浅:（2）别不知～。　上下:（3）单位～，他都得罪了。　收发:（1）
成败:（1）　早晚:（3）他～会后悔的。　　肥瘦:（3）衣服的～。

【说明】

汉语中双音节的反义语素合成词的数量比较多，在成语中也有相当的数量，如"古今中外、生死存亡、兄弟姐妹、男女老少、本末倒置、文武双全、教学相长、手足之情、得不偿失、夜以继日、公而忘私、攻守同盟"等等。教师宜从双音节的反义语素合成词入手，让学生体会汉语的构词特点及语义特点。

以下可以用作教学词汇：

（1）动词语素：买卖　呼吸　来往　赏罚　起降　涨落　装卸　好恶

沉浮	存亡	得失	任免	交接	得失	增删
购销	往返					

（2）名词语素：　夫妻　父母　水火　题跋　天地　日夜　山水
　　　　　　　　　姐妹　矛盾　春秋　官兵

（3）形容词语素：多少　长短　迟早　肥瘦　贵贱　浓淡　轻重
　　　　　　　　　松紧　深浅　曲直　黑白　薄厚　冷暖　刚柔
　　　　　　　　　宽窄　安危

【目的】

培养学生对反义语素合成词的认知与敏感。

（周健）

140. 猜音译外来词

【做法】

汉语中有少量词汇是音译外来词，如"咖啡"（coffee）。举一些这样的常用词汇让学生猜英文原词。如果学生中有日韩学生，教师可以写出汉字，否则只念读音即可。以下是一些例词：

巧克力（chocolate）	坦克（tank）	休克（shock）
苏打（soda）	可口可乐（Coca Cola）	沙发（sofa）
香槟（champagne）	芭蕾（ballet）	雪茄（cigar）
维他命（vitamin）	扑克（poker）	逻辑（logic）
巴士（bus）	香波（shampoo）	吉普（jeep）
摩托（motor）	引擎（engine）	比萨（Pizza）
克立架（cracker）	色拉（salad）	托福（TOEFL）
基因（gene）	艾滋病（AIDS）	高尔夫（golf）
吉他（guitar）	海洛因（heroin）	马达（motor）
柠檬（lemon）	奥林匹克（Olympic）	幽默（humor）
浪漫（romance）	麦当劳（MacDonld）	拷贝（copy）

芒果（mango）　　伟哥（Viagra）　　华尔兹（Waltz）
白兰地（brandy）　三明治（sandwich）　卡拉OK（karaoke）

【说明】

　　要告诉学生除了人名、地名和科技名词外，汉语中只保留了少量音译外来词，大部分外来词都是通过意译（如 radio—收音机）或音意兼取（如 bar—酒吧，beer—啤酒，Marxism—马克思主义）的方式进入汉语语汇的。随着中外交流的扩大，音译词呈增加的趋势。本练习可使学生对汉语外来词有个初步印象，增加对汉语的亲切感。

【目的】

　　培养学生对汉语中音译外来词的认知与敏感。

（周健）

141. 同义词替换

【做法】

　　教师在黑板上写一个句子，如"我<u>非常</u>喜欢看这位男演员演的电影"。

然后用彩色粉笔在"非常"二字下边画一横线，让学生说出一个同义词语，再把改换过的句子大声读一遍。学生可能说出"特别、十分、尤其、极（为）"等，如果学生答案过少，教师就加以补充。

这是一个词有多个同义词可以替换的例子。但同义词不是在任何情况下都能替换，有时一组同义词中的每个词都有自己的适用条件。给出"认识 — 体验 — 体会 — 领会 — 了解"一组同义词，要求学生分别填入下面句子的空格里。

(1) 你们谁＿＿＿新来的王老师？　　　　　　　　　　　　（认识）
(2) 我们深切＿＿＿到同胞之情的温暖。　　　　　　　　　（体会）
(3) 他对小李的后台背景＿＿＿得一清二楚。　　　　　　　（了解）
(4) 他在农民家住了一个多月，亲身＿＿＿了农民的生活。（体验）
(5) 他那番话的深意我需要慢慢＿＿＿。　　　　　　　　　（领会）

最后，教师引导大家对这组同义词的用法、搭配等进行辨析。

【说明】

教师要告诉学生，绝大多数同义词只是"近义词"，在有些语境中可以替换，在有些语境中就不宜替换。在写作的时候，是用这个词好，还是用另一个词合适？对同义词的推敲选用，往往能反映写作者汉语水平的高低。学习时，不仅要掌握词语的概念义，还要掌握它的使用条件和在具体语境中的含义，并与它的同义词做比较和辨析。

【目的】

提高同义词的替换能力和辨析能力。

（周健）

142. 同义词辨析

【做法】

教师先在黑板上写出以下词汇，要求学生说出同义词来：

> （1）孩子——（儿童）　　（2）整顿——（整理）
> （3）理解——（了解）　　（4）局面——（场面）
> （5）愿望——（希望）　　（6）父亲——（爸爸）
> （7）后果——（结果）　　（8）改进——（改正）

然后告诉学生，所谓"同义词"，只是在一定程度上意思相近而已，也称为"近义词"。它们在意义和用法上都存在一定的差异，需要我们认真辨析，不能认为它们彼此在任何情况下都可以互相替代。如对上述各组同义词，我们可做如下的辨析：

（1）词义范围不同　如青年人也可被老人称为"孩子"，"孩子"有口语色彩，还能做称呼语。"儿童"是比较正式的词，多用于书面语。

（2）搭配对象不同　如"整顿秩序"，"整理书桌"。

（3）词义深浅程度不同　如"我了解这件事的过程，却不理解它的意义"。

（4）范围大小不同　如"工业大发展的新局面"，"他们俩争吵的场面"。

（5）词性不完全一样　"愿望"是名词，"希望"除了做名词外，还可以做动词："我希望你进步。"

（6）语体色彩不同　"爸爸"是口语性的，"父亲"适用于庄重的场合。

（7）感情色彩不同　"结果"是中性的，"后果"是贬义的。

（8）关系对象有别　"改进"的对象是积极事物，"改正"的对象是消极事物。如"改进工作"，"改正缺点"。

教师可再结合所学的词语，给学生若干同义词进行辨析。

【说明】

汉语中有大量的同义词，使得汉语的表现力非常丰富而精密。学生必须逐步学会从上述几个方面去辨析同义词的差异。有时还可以从反义词的不同来比较同义词的差异。能够发现同义词的细微差别，才能更准确地使用同义词。教师最好多用实例来说明，也应让学生分别造句来检验他们是否准确理解了词义。

【目的】

帮助学生掌握同义词的辨析方法。结合句例，进行多角度的对比。

（周健）

143. 三组同义词的辨析

【做法】

同义词的辨析有多个角度，但核心是使用上的差异。要说明用法，多举例子让学生体会。以下是三组同义词的辨析举例：

（1）缺少——缺乏

这两个词经常可以换用，如"缺少资金"也可以说"缺乏资金"，"缺少协作精神"也可以说"缺乏协作精神"，但"缺少"比"缺乏"的语义要轻一些。另外，"缺少"多指在数量上少一些，而"缺乏"的东西则是不能用数字计算的。比如"缺少两个帮忙的"就不能说成"缺乏两个帮忙的"。

> 填空练习：
> ①你看看床上用品还（　　）什么？
> ②现在的青年人就是（　　）一点吃苦精神。
> ③要在30天内完成这个任务，我们还（　　）人手。
> ④他这么说，就是（　　）诚意。
> ⑤礼物都准备好了，一份都不（　　）。
> 参考答案：①缺少；②缺乏（缺少）；③缺乏（缺少）；④缺乏；⑤缺少。

（2）食物——食品

"食物"是大类的名称，意义范围比较广，泛指人或动物可以用来充饥的东西；"食品"意义范围较窄，指经过加工的食物，是大类名"食物"下属的一个品种名称。"食品店"不能说成"食物店"，"老虎在寻找食物"也不能说成"老虎在寻找食品"。

填空练习：
①大熊猫的（　　）是箭竹。
②由于担心大台风的到来，人们纷纷去超市抢购（　　）。
③（　　）卫生特别重要，企业必须高度重视。
④他们在深山里迷路3天了，带的（　　）都吃光了。
⑤医生认为他是（　　）中毒，不是心脏病发作。
参考答案：①食物；②食品（食物）；③食品；④食物；⑤食物。

（3）一切——所有

首先，它们的词性不同，"一切"是指示词或代词，"所有"可做动词、名词、形容词。它们都可以修饰名词，但"所有"还可以加"的"，如"所有的学校"，"一切"不能加"的"。其次，"所有"着重指一定范围内某种事物的全部数量，如"所有的人都来了"；而"一切"指某种事物所包含的全部类别，如"一切困难都不怕"。第三，"一切"只能修饰可以分类的事物，如"一切生物都有生有死"，不能说"一切苹果树都死了"。"所有"没有这种限制。

填空练习：
①经过大家努力，（　　）困难都克服了。
②（　　）的材料都在这里，你看够不够？
③我们要调动（　　）积极因素，团结（　　）可以团结的人。
④这个目录上（　　）电影我都看过。
⑤（　　）为了孩子的健康成长。
参考答案：①所有（一切）；②所有；③一切（所有）；④所有；⑤一切。

【说明】

同义词的辨析要简明准确，辅以较多的例子和操练。

【目的】

介绍同义词辨析的常用方法。

（恒声）

144. "同样"和"一样"

【做法】

第一步,概括描写"同样"、"一样"相同的意义、用法,并说明互换的条件:

它们都表示两个事物相同、没有差别,在做定语或状语时可以互换。

　　同样大小的房子,上海的房子要比长沙的贵得多。(一样√)

　　我和你吃同样的饭菜,怎么你那么胖而我就那么瘦?(一样√)

　　关于这一点,我和老刘有一样的看法。(同样√)

　　这两个人同样聪明。(一样√)

　　你难过,我的心情一样难过。(同样√)

　　小张和小王的毛笔字写得一样好。(同样√)

第二步,对"同样"、"一样"进行分析对比,逐条说明其差异:

(1)"一样"可以做谓语,可以做补语;"同样"无此用法。

　　妈妈点了一份汉堡包和一杯汽水,我也一样。(同样×)

　　别以为只有你着急,其实大家都一样。(同样×)

　　你下午三点前要到这里,小王一样,都别迟到。(同样×)

　　咱俩住得一样,怎么你的住宿费比我贵?(同样×)

　　你们两个长得一样,是双胞胎吧?(同样×)

(2)"一样"可以与"跟"、"像"、"和"配合使用,构成"跟(像、和)……一样"的格式,表示两个事物间有相似之处;"同样"无此用法。

　　这小姑娘的眼睛又大又圆,跟黑葡萄一样。(同样×)

　　他喝醉了,走路摇摇晃晃的,跟企鹅一样。(同样×)

　　我们要像尊重自己的父母一样尊重其他的老人。(同样×)

　　他和我一样,一直在为你的事情担心。(同样×)

越南和中国**一样**,非常重视过春节。(同样×)

(3)"同样"可以做连词,表示跟前一小句说的道理或情况相同;"一样"无此用法。

人拥有生命权,**同样**,大自然的各种生物也拥有生命权。(一样×)

他了解我,**同样**,我也了解他。(一样×)

【说明】

同义词是第二语言学习的难点之一,汉语中同义词尤为丰富,这给留学生带来很大的困扰。从教学的情况看,留学生最感困惑、最需要解决的问题是:同义词的相同之处是什么?是否可以互相替换?在什么情况下可以替换?同义词的不同之处是什么?什么情况下不能互相替换?

我们对同义词辨析的教学体会是:教师应多举常用的句例,培养学生语感,同时也给予简明的概括和总结。

【目的】

介绍多角度辨析一对同义词的方法。

(刘若云 林凌)

145. "帮"、"帮忙"和"帮助"

【做法】

"帮"、"帮忙"和"帮助"这三个常用词的意思差不多,英文翻译都是 help,但它们的语法功能不大一样。"帮"和"帮助"是及物动词,后面可以带宾语。但"帮忙"是个动宾式离合词,后面不能再接表示人的宾语。教师可以利用例句来展示其中的差异。比如:

他经常帮助(帮)(帮忙×)我。

她帮(帮助)(帮忙×)父母做家务。

我帮(帮助)(帮忙×)爷爷买鞋。

你能帮助(帮帮)(帮忙×)我吗?

"帮忙"常分开来用,如"帮一个忙、帮一下忙、帮一次忙、帮谁的忙、帮帮忙、帮个大忙、帮个小忙、帮倒忙"等等。

  妹妹正在帮他的忙。

  我不懂电脑，所以你修电脑我也帮不上忙。

  小孩子也跑过来帮忙，没想到是越帮越忙。

  你能帮她一下吗？

  那天你可帮了(我的)大忙了，真得好好谢谢你！

  请你帮忙(帮助、帮我)搬一下桌子。

  然后让学生模仿例句来造句。

【说明】

  "帮助"和"帮"的用法接近，但"帮助"多用于比较正式的场合或书面语，"帮"则用于口语。"帮忙"也用于口语，后面可以接表示动作行为的宾语，但不能接表示人的宾语。光讲规则，学生不一定能掌握，最好的办法是多给例句，让学生模仿、重复、创造，以培养起他们的选词方面的语感。

【目的】

  通过大量句例掌握这一组容易混淆误用的同义词。

（陆庆和）

146. "时间"和"时候"

【做法】

  这两个常用词的差别不容易区分，学生常常出错。比如：

  *我不打算自己做饭，太浪费时候。

  *在我下车的时间，忽然有人喊我的名字。

  我们可以通过两个词的具体用法，尤其是搭配特点来辨析这两个意思相近的词。

  "时间"和"时候"都可以表示某一时点或时段，如下表：

	时　间	时　候
时点	现在的时间是八点十六分。 下课的时间到了。	现在什么时候了？ 下课的时候我们再谈。
时段	我们已经等了很长的时间。 营业时间是早九点到晚八点。 他在下班后的时间里被杀。	他生病的时候，你去看过他吗？ 小李挨批评的时候一言不发。 父亲写作的时候，你不要去打扰他。
常见搭配	有时间（有空）、没时间、上班时间、办公时间、业余时间、报名时间、截止时间、一段时间、长时间、短时间、花时间、省时间、挤时间、费时间、抓紧时间、节约时间、浪费时间、充分的时间、一点时间、大部分时间、什么时间、时间不长、在……时间里、时间紧迫、时间宝贵	这时候、那时候、小时候、有时候、过些时候、什么时候、任何时候、这样的时候、有些时候、年轻的时候、上课的时候、困难的时候、紧张的时候、过生日的时候、开学的时候、早些时候、晚些时候、刚到中国的时候、临死的时候、去外地旅游的时候、吃饭的时候

从以上对比可以发现，"时间"有精确的时点义、时段义，还有物质义。"时间"虽然是一种抽象物质，但它像金钱一样可拥有、可花费、可节省、可分割。"时候"没有这样的用法，从常见搭配可以看出，"时候"总是和具体情况联系在一起。掌握了这些规律，就不会用错这两个词了。

然后让学生完成以下练习：

> 选择"时间"或"时候"填空：
> （1）明天飞机起飞的_____是下午三点十分。
> （2）我想请你吃饭，今天晚上你有_____吗？
> （3）有_____天气不好，我就在房间里锻炼。
> （4）王老师住院的_____，我们去看过两次。

（5）在很长的一段＿＿＿里，我的学习成绩总是不太好。
（6）网球比赛报名截止的＿＿＿快到了，你还参加不参加？
（7）一到紧张的＿＿＿，我的手心就出汗。
（8）她来中国的＿＿＿并不长，可是跟中国人交际已经没什么问题了。

【说明】

"时间"一词的物质义和"时候"一词与具体情况紧密联系的特点，是两词的明显差异，必须强调这两个特点，并要求学生在它们各自的搭配中体会其用法。

【目的】

比较细致地辨析"时间"与"时候"的异同。

（韩志刚　周健）

147. "认识"、"了解"和"知道"

【做法】

这一组词语的区别学生常常弄不清楚，因为初级汉语教科书里生词的注释通常是借助英语，几个同义词的英文往往非常相似：

　　认识　to know, to be familiar with, to recognize
　　了解　to know, to understand
　　知道　to know

教师如果单纯从语义上去解释不一定解释得清楚。但是如果将这几个词放在一定的语境中进行辨析，教学就会变得简单得多。

（1）A：你知道奥巴马吗？
　　　B：我知道。他是美国总统。
　　　A：你认识他吗？
　　　B：我不认识。

（2）A：你认识这个人吗？

B：我认识，他是山本。我上个星期见过他。

A：山本以前做什么，你了解吗？

B：我不了解，我是最近才认识他的。

（3）我以前去过那儿，去那儿的路我认识。

我昨天见过他，我认识他，可是我不了解他，我不知道他喜欢什么。

他认识你已经三年了，他了解你，他知道你喜欢做什么，喜欢吃什么，他是你的好朋友。

通过对这些语料的辨别，学生对"认识"和"了解"的区别大致上会有一个把握，教师还可以再给出以下例句：

认识：（1）我认识你们。（2）我认识这条路。

了解：（1）你很了解我。（2）你了解中国文化吗？（3）你了解上海吗？

知道：（1）我知道日本的富士山。（2）我知道桂林，可是我没去过。

（3）我们知道 George Bush，但是我们不认识他。

【说明】

（1）语法方面，"认识"、"了解"和"知道"的宾语可以是人，也可以是地方（方位处所）。

（2）语义方面，先看"知道"和"了解"。"知道"和"了解"都是通过一定的方式获得信息，但是，"知道"是基本的、浅层的；"了解"是比较多的、较为深入的，因此"了解"比"知道"所获得的信息更多，"知道"的不一定都"了解"。

再看"认识"和"知道"。在认知水平的深度上，"认识"和"知道"属于一个层次，都是较为基本的、浅层的，它们之间的区别是"认识"是直接获得的感受，而"知道"是间接获取的。我们说"认识"一个人或一个地方就表示他一定直接见过那个人或去过那个地方，而"知道"并不一定去过或见过。

如同"了解"和"知道"的关系一样，"了解"和"认识"的区别在于"了解"比"认识"更深入。换句话说，"了解"比"认识"所获得的信息更多，"认识"的不一定都"了解"。

【目的】

在具体语境中体会同义词的用法差异。

（邵菁）

148. 对比析误

【做法】

教师先展示学生的错误句子，并让学生自己发现问题，加以改正：

（1）都我的中国朋友喜欢喝茶。

（2）在这个班里，都同学们学习很努力。

（3）桌子上放的是都英文报纸。

（4）我们每一个人去过那儿了。

然后教师带领学生分析这些偏误产生的原因，多半是受到母语负迁移的影响：

（1）All my Chinese friends like to drink tea.

都我的中国朋友喜欢喝茶。

（2）All of the students in this class study very hard.

在这个班里，都同学们学习很努力。

（3）The table is all covered with English newspapers.

桌子上放的是都英文报纸。

（4）Everyone of us has been there.

我们每一个人去过那儿了。

经过对比，可以引导学生发现"all"与"都"的异同：英语的"all"可以是形容词、副词、代词，也可以是名词，而汉语的"都"只能是副词，并且只出现在谓语之前。例（1）的"都"误用为形容词；例（2）的"都"误用为代词；例（3）的错误不是误用了词性，而是放错了副词的位置；例（4）比较有意思，一般的看法是，汉语里的"都"表示总括，指事物的全体，其实它还有另外一个作用，指事物中的每一个，正因为如此，用"每"的句子后面一般要有"都"配合，例（4）要说成"我们每一个人都去过那儿了"，而英语的"every"无此要求。因此在学习"每"的时候，也可以直接教给学生"每……都……"的格式，以避免错误的出现。

【说明】

这里以"都"和"all"的对比为例，介绍如何把对比分析的方法用于语法教学。

据一些学者研究，学生在初级阶段的语法错误，半数以上来自语际干扰。运用对比分析的方法来诊断学生的病句，指出母语干扰的病因，是汉英对比最常见的应用。教师在课堂上做病句分析时，要选取学生的典型"干扰错误"。例如：

你不是新学生吧？

＊不，我不是。

按照汉语，应回答"对（是），我不是"。学生显然是受到母语的影响而

弄错的,试比较:

—— You are not a new student, are you?

—— No, I am not.

对比后可以概括出否定是非疑问句的回答方式:汉语是对提问者假设表示肯定或否定,英文是根据自己的回答是肯定的还是否定的来确定先说 Yes 还是 No。因此二者的回答方式是相反的,英语该说 Yes 的地方,汉语要说"不";英语该说 No 的地方,汉语却说"是(对)"。

【目的】

用英汉对比的方式来分析学生的用词偏误。

（李晓琪）

149. 说反义词

【做法】

（1）学生分为甲乙两组,人数相等。要求每人准备一些成对的反义词。先由甲组第一人说一个词,如"宽",由乙组第一人迅速回答"窄"。然后由甲2考乙2,如"白天—黑夜"……如此依次进行。如:

爱—恨　　　　　进—出（退）　　动—静　　　模糊—清晰
干燥—潮湿　　　宽阔—狭窄　　　建设—破坏
聪明—愚蠢（愚笨）　大方—小气　　舒服—难受（痛苦）

进行完毕,再由乙组考甲组。说对者得一分,看哪组得分多。

高年级可以进行成语的反义词练习:

流芳百世—遗臭万年　一刀两断—藕断丝连　朝气蓬勃—萎靡不振
直截了当—拐弯抹角　干净利落—拖泥带水　百思不解—恍然大悟
一本正经—嬉皮笑脸　高瞻远瞩—鼠目寸光　捧腹大笑—号啕大哭
金榜题名—名落孙山　相隔万里—近在咫尺　趾高气扬—低声下气
天衣无缝—破绽百出　自高自大—妄自菲薄　无的放矢—对症下药
貌合神离—亲密无间　好高骛远—脚踏实地　斩钉截铁—优柔寡断

胸无点墨—满腹经纶

（2）在教师引导下，学生练习说反义词或对义词。例如教师先说示例：

上海菜比较甜，湖南菜比较辣。

我们酷爱和平，我们痛恨战争。

然后说半句，引导学生说出反义词来。如：

① 林志平个子高，王小红个子——

② 我花钱精打细算，他花钱——

③ 比赛结束了，获胜者喜笑颜开，失败者——

④ 春天暖，夏天——，秋天——，冬天——

（3）要求学生说由两个反义语素构成的双音节词。如：

大小　左右　前后　公私　胖瘦　高低　雅俗　成败　功过

或含有正反词的成语，如：

弄（巧）成（拙）　　色（厉）内（荏）　　喜（新）厌（旧）

凶（多）吉（少）　　取（长）补（短）　　口（是）心（非）

忆（苦）思（甜）　　因（小）失（大）　　声（东）击（西）

转（危）为（安）　　承（前）启（后）　　积（少）成（多）

推（陈）出（新）

【说明】

反义词可能并不一一对应，有时有两个或更多的答案。如"高—低／矮"；（2）之②句可以答"大手大脚"，也可以答"随随便便"；③句可以答"愁眉苦脸"，也可以答"垂头丧气、萎靡不振、情绪低落、伤心落泪"等等。教师要及时给予评判和鼓励。

【目的】

通过反义词操练，扩大学生的词汇量。

（周健）

150. 画画猜词

【做法】

教师准备一些词语卡片，把学生分成两组，每组围圈而坐。先由每组的第一位同学充当"画手"，教师抽出一张词语卡片，提示其他同学该词语有几个字，然后给两位"画手"看一眼卡片上的字，让他们在教师发出"开始"指令后，在各自的纸上把卡片上词语的意思"画"出来（不能写汉字或拼音，也不能口头提示）。其他同学根据本组"画手"画的内容猜卡片上的词语，先猜出正确答案的小组记一分。然后由每组的第二位同学充当"画手"，教师重新出题，依次进行，最后得分高的小组获胜。

【说明】

告诉学生画得好坏或者合不合情理并不重要，最重要的是要让本组其他同学以最快的速度猜出答案。教师准备的词语可以是名词、动词（如"游泳、洗澡、跑步"），也可以是一些常用的动宾搭配，如"踢足球、洗衣服、看电视"等。

【目的】

帮助学生熟悉学过的词语，训练学生的概括能力、想象力和快速反应能力。

（童盛强）

151. 猜哑谜

【做法】

学生两人为一组依次当众表演。学生甲从教师手中抽取一张卡片，上面有15—20个词语，甲通过动作表情来说明这些词语，使乙猜出来。另外安排一名学生计时，在单位时间里（如一分钟）猜出多少词即得多少分。学生甲若发出声音或学生乙不适当地发问，则扣分。词语以动词、名词为主，要选取容易表演的词语。例如："手枪、钥匙、电话、开车、吸烟、跑步、吃饭、喝水、游泳、洗澡、刷牙、写字、跳舞、擦玻璃、洗衣服、打排球、弹钢琴、打羽毛球"等。

【说明】

　　教师最好准备卡片的副本，用以记录学生的回答是否准确、恰当，以供讲评用。某些可以变通的答案，如"吸烟—抽烟"，"开车—开汽车"都算对，评判尺度由教师掌握。

　　此游戏能加深学生对词汇的熟悉程度和对形体语言的掌握，根据学生掌握的词汇量而设计，程度可深可浅，单位时间的长短也根据学生的水平来定。

【目的】

　　复习词汇，活跃课堂。

（周健）

152. 词语宽式接龙

【做法】

　　教师（或指定一位同学）先说一词，比如"中国"，然后指定学生按一定顺序依次接龙，接龙的词语可以是两字词、三字词或四字成语，人名、地名、短语、词组也都允许。如：中国—国家—家长—长大—大学—学校—校园—园林—林小红—红红火火—火车—车水马龙……

每个词语的开头字，可以是上一个词语的词尾字，也可以放宽要求，允许用谐音字（包括声调不同的谐音字）接龙。如：图书馆—管理—里头—偷东西—希望—忘记—计划—画家—加法……

学生如果都想不起来合适的词语，教师应帮助学生说一个词，必要时可以把词写在黑板上。

【说明】

"接龙"游戏是汉语学习中常用的好技巧，常做这个游戏能强化学生对汉语语素构词方法的感知和理解，有利于复习词汇、扩大词汇量。但"接龙"要求参加者掌握较多的词汇，难度较大，所以我们可以放宽要求，在学生卡壳时，教师帮助把"接龙"顺利进行下去。口头"接龙"也可以改为书面"接龙"，让学生依次到黑板上写出自己接续的词语，这样做既能直观展示词语，还能复习汉字的书写，效果更好，但难度也随之加大。

【目的】

通过游戏形式，复习词汇，扩大词汇量。

（周健　赵明德　林晓彤）

153. 成语抢答

【做法】

教师说一些句子，让学生用恰当成语来概括。看谁反应快，说得对。

（1）好像鱼得到水一样自由自在。

（2）得到一寸就想进一尺，没有满足的时候。

（3）非常吃惊，睁大眼睛，说不出话来。

（4）小题目写大文章，比喻把小事当大事来处理。

（5）看见才相信。

（6）希望完全落空，非常失望。

（7）人很多的公开场合。

（8）在礼节上注重有来有往。

（9）事先有准备就可以避免出问题。

（10）各种感触聚集在一起，形容心情非常复杂。

参考答案：（1）如鱼得水　（2）得寸进尺　（3）目瞪口呆　（4）小题大做　（5）眼见为实　（6）大失所望　（7）大庭广众　（8）礼尚往来　（9）有备无患　（10）百感交集

【说明】

汉语成语特别丰富，经常做这样的训练可以加深学生对成语的理解。

【目的】

复习成语，准确理解成语的意思。

（恒声）

154. 连通成语龙

【做法】

先向学生展示以下表格，并告诉学生这是一条盘旋的"成语龙"，要求学生在数字1、2、3、4、5、6处，分别填上合适的汉字。所填的汉字应是前后两条成语所共用的。

博	古	通	1	朝	有	酒	今	朝
								2
缩	4	古	不	化	腐	朽		生
衣						为		梦
节		6	开	言		神		死
错		将		路		奇		不
根		多				花		改
盘		兵	皆	木	5	异		悔
龙								不
踞	3	怕	不	犊	牛	生	初	当

参考答案：

博	古	通	今	朝	有	酒	今	朝
								醉
缩	食	古	不	化	腐	朽		生
衣						为		梦
节		广	开	言		神		死
错		将		路		奇		不
根		多				花		改
盘		兵	皆	木	草	异		悔
龙								不
踞	虎	怕	不	犊	牛	生	初	当

【说明】

教师可以根据学生学过的成语、俗语、诗句等自行设计，使难度适宜，以引发大多数学生的兴趣。

【目的】

复习学过的成语，扩大词汇量。

（周健）

155. 组词扑克

【做法】

教师自制扑克牌大小的卡片若干副，每副十六张，在每张的左上角写上学过的汉字。学生四人一组围坐，对面两人为伙伴。

教师宣布游戏开始后，把洗好的牌放在桌子中间，四人按顺序依次摸牌，每人得牌四张。每人拿到牌后，立即根据牌上规定的汉字组词并把组好的词写在牌上。每个字至少组一个词，多组不限。规定的汉字可以出现在词头，也可以在词尾（如规定字为"法"，学生写"法国、语法"都算对）。伙伴最后可以交换一张牌，以便互相帮助或补充。

教师在适当的时候叫停，按座位顺序让各人到黑板上抄下自己牌上所组的词。所组正确的词，每词得一分，写错的字、词倒扣一分，空白的扑克倒扣两分。然后把伙伴得分相加，得分最多的一对获胜。

【说明】

每副十六张牌中的汉字不能重复出现，但可与另外一副牌中的汉字一样。在进行游戏的全过程中，不许说话，与同伴只能交换一张牌。本游戏能训练学生识字组词及书写汉字的能力。还可以提高难度，比如规定限组成语或要求加注拼音等。

【目的】

训练学生汉字组词和汉字书写能力。

（李文丹）

156. 试猜成语

【做法】

　　学生围坐成一大圈，推选四个人出来，面对面地站好。教师（或由指定的学生）用别针给这四个人每人背后别上一张纸。纸上有一个大字，四个字连起来是一句成语，注意不要让他们互相看见。

　　教师宣布开始后，这四个人双手叉腰，在圆圈内走动，每个人都要想办法看到其余三个人背后的字，来判断自己背后的字，猜出组成的成语。猜错可继续猜，谁先正确说出，谁就得胜。然后换人进行第二个成语的猜测游戏。

【说明】

　　要选用学生比较熟悉的成语，进行游戏时不能推拉，外围同学不能说出成语或暗示圈内同学。此游戏适宜在晚会上用。

【目的】

　　检查学生习得的成语量，可用作晚会汉语游戏节目。

（周健）

157. 找共同点

【做法】

教师先将以下十组词语抄写在一张大纸上,然后要求学生指出各组词的共同点。共同点可能是词形上的、词义上的或语法构成方面的。

> (1) 汉、江、海、河、池、汤
> (2) 古、叶、右、可、只、史
> (3) 雷、雪、霜、台风、彩虹、地震
> (4) 钉子、戒指、锅、飞机、钢管、硬币
> (5) 母亲、舞女、阿姨、夫人、空姐、弟媳
> (6) 坚强、内向、软弱、开朗、冷酷、文静
> (7) 花生酱、西红柿、牛肉、玉米、鸡蛋、鱼
> (8) 坦克、沙发、白兰地、可口可乐、维他命、模特
> (9) 动静、是非、呼吸、多少、得失、悲欢离合
> (10) 理发、见面、散步、睡觉、发芽、开花
>
> **参考答案**:(1)三点水旁;(2)都含有口字;(3)自然现象;(4)金属;(5)女性;(6)描写性格;(7)可食;(8)音译外来语;(9)由反义语素组成;(10)动词离合词,中间可插入其他成分。

【说明】

通过对词形词义特色的归纳,提高学生对汉语词汇类别的认识。教师在学生概括的基础上做适当讲评,然后要求学生为每类词补充一两个词。

【目的】

帮助学生熟悉汉语词汇类群的特点,归纳其共性。

(周健)

158. 词语联想

【做法】

教师简单地解释一个词义后,让学生立即联想一个与之有关的词语,如"结婚"一词,学生的联想可能是"幸福、教堂、戒指、婚礼、孩子、家务事、家、旅行、蜜月、钱",甚至可能是"麻烦、离婚"等等。如果联想词是多数人不熟悉的,教师应写在黑板上。

【说明】

大家的联想可以互相启发,活跃课堂气氛,巩固所学的词语知识。有时可能需要让学生做简单的解释,比如一学生对"结婚"的联想是"客厅",老师问为什么,他说:"如果我和太太吵了架,我就得睡在客厅。"跳跃式的联想常能取得幽默的效果。

还可以进行语义接力式的联想,即给第一个学生一个词,请他说出一个与之有密切关系的词,再由第二个学生即刻对这个词展开联想,说出第二个

词,依次传递直到最后一位学生。如"大学":

大学—学院—操场—锻炼—足球—王大明—韩国—电视剧—大长今—泡菜……

【目的】

通过语义场的词汇联想,帮助学生扩大词汇量。

(李立)

159. 看图说词

【做法】

教师用投影向全班学生展示一幅大照片(也可展示一幅大画)。照片的内容比较丰富,有复杂的背景和众多的人物。要求学生仔细观察约15秒钟,然后关闭画面,让学生回忆并自由说出所见到的事物,由教师把学生提到的词语写在黑板上。所有的学生都讲完以后,重新打开画面,让学生一边看一边补充遗漏的事物,这些词语同样写在黑板上。教师带领学生认读一遍黑板上的词汇之后,要求学生依次对黑板上的词语进行联想,说出1—2个联想词语。

【说明】

这一活动能吸引全体学生的注意力,培养学生的观察能力、记忆能力、描述能力和词汇联想能力。

【目的】

复习词汇、扩大词汇量。

(周健 毛哲诗)

160. 说半续完

【做法】

学生掌握了相当数量的成语、歇后语、惯用语之后,可用以下的方法来复习。

（1）教师预先把要复习的成语写好卡片，注意只写每个成语的前两个字。如"千方——（百计），称心——（如意），提心——（吊胆），出神——（入化），约定——（俗成），得寸——（进尺），标新——（立异）"，等等。

（2）学生分为两组，每人抽取卡片一张（或两到三张，视学生人数而定）。先由 A 组提问 B 组，每人说一个成语的前两个字，由乙组同学依次回答。说对一个得一分。做完后两组交换，进行的速度越快越好。也可以让学生自己准备，甚至不限于课内所学，只要是自己知道的成语都可以用来考问。

【说明】

除了成语之外，还可以练习歇后语和惯用语。说歇后语时，要说全前一部分，如：千里送鹅毛——（礼轻情义重），十五个吊桶打水——（七上八下），瞎子点灯——（白费蜡），哑巴吃黄连——（有苦说不出），高射炮打蚊子——（大材小用），狗拿耗子——（多管闲事），孔夫子搬家——（尽是书[输]），老鼠过街——（人人喊打），芝麻开花——（节节高），黄鼠狼给鸡拜年——（没安好心）。

说惯用语时，前一部分可长可短，如：求爷爷——（告奶奶），八字——（没一撇儿），二一——（添作五），与人方便——（自己方便），跑得了和尚——（跑不了庙），情人眼里——（出西施），信不信——（由你）等等。

【目的】

集中复习成语等熟语，扩大词汇量，提高语言表达的生动性。

（周健）

161. 填空与替换

【做法】

（1）教师准备一些成语、词组或句子，如"弄假成真"、"中国的首都"、"祝你新年快乐"等，预先去掉其中一些字，用投影或纸板显示给全班学生，如"＿＿＿假成真","中＿＿＿的首＿＿＿","＿＿＿你新年＿＿＿乐"等。学生分为两组,每次每组派一名代表,以举手抢答方式填上空缺的字,填对一字得一分,得分多者那组获胜。

（2）教师发给第一位学生一张纸条,上面写了一个句子,但有一处空缺。例如:我昨天看了一个很＿＿＿的电影。要求学生在横线处写出合适的词语,然后传给下一位同学继续填写可以替换的词语。传到第三位学生时,教师又把第二张纸条发下来,继续进行。纸条的多寡视学生人数而定。

【说明】

练习（1）锻炼学生组词造句的能力。词语的选择、取舍,句子的长短难易,都依据学生的程度及教学目的而定。

练习（2）检查学生对某类词语（如本例为"评价"类）的掌握情况。学生可能填以下词语:"好看、有意思、刺激、不错、值得一看、想看、没意思、可笑、乏味、快乐、难看、苦恼、无聊",等等,教师在讲评时可以指出"快乐"与"苦恼"二词不当及误用的原因。

【目的】

训练学生的组词造句能力和斟酌选用恰当词语的能力。

（陈佩瑜　周健）

162. 结合句子复习生词

【做法】

学生初步熟悉生词意义后,教师用这些词给出典型例句,然后立刻针对句子内容提问,引导学生进行回答。可以先让个别学生回答,再全体复述。例如:（加下划线的词为生词）

（1）教师造句:听到这个好消息,我们都<u>兴奋</u>极了。

　　教师:为什么你们那么兴奋?

　　学生:因为听到了一个好消息,所以……

（2）教师造句:国王非常生气,立刻把画家关进了<u>监狱</u>。

教师：谁把画家关进了监狱？

学生：国王把……

（3）教师造句：选择什么专业好呢？这个问题我考虑了两天。

教师：你在考虑什么问题？考虑了多久？

学生：我在考虑……我考虑了……

【说明】

根据学生水平控制句子长度。本练习的重点在于问题的设计，一定要把提问的焦点放在生词之外，保证学生回答时必须结合生词。做这样的结合语境的听说练习，学生不仅要听懂生词，还必须理解整句的意思才能正确回答，这样既巩固了词义，又很自然地复习了相关的搭配、用法，避免了机械训练的枯燥。班里可能有的学生反应较快，但要保证全体学生一起来复述句子意思。

【目的】

结合具体语境学习词汇。

（郭胜春）

163. 改说句子复习生词

【做法】

教师先用浅显词语解释需要复习的生词。例如：

见闻：看到的、听到的事。

捐助：拿出钱来帮助。

临危不惧：遇到危险也不害怕。

行窃：偷东西。

然后教师朗读含有解释语的句子，由全体学生或指定的学生复述句子，复述时要把解释语换成生词。

教师：王丽丽在日记里记下了她在杭州**看到的、听到的事**。

学生：王丽丽在日记里记下了她在杭州的**见闻**。

教师：学生会号召大家**拿出钱来帮助**那位不幸的同学。

学生：学生会号召大家**捐助**那位不幸的同学。

教师：李大鸣**遇到危险也不害怕**，抓住了公共汽车上正在**偷东西**的小偷。

学生：李大鸣**临危不惧**，抓住了公共汽车上正在**行窃**的小偷。

【说明】

如果学生说得不好，教师应再读一遍句子，在需要替换的地方要重读，以引导学生说出生词。这个练习能帮助学生理解生词的释义和用法。这个练习也可以改为"描述猜词"，由两个学生结对自己做：一个人打开教材选择适当的词加以描述，另一个人猜这个词。

【目的】

通过释义，准确理解生词、使用生词。

（周健　潘先军）

164. 缩合造词

【做法】

（1）全班分成 A、B 两组，给每组发十张卡片（其中五张红色、五张蓝色），每张卡片上写着一个词。例如：

　　　　A组　红色卡片：父亲　青年　商业　上车　硬件
　　　　　　　蓝色卡片：软件　工业　下车　母亲　少年

　　　　B组　红色卡片：上级　老生　冠军　进口　西餐
　　　　　　　蓝色卡片：中餐　下级　出口　新生　亚军

（2）教师告诉学生，为了使表达更经济简洁，人们常省略共用语素来缩合同类词语，例如：动物＋植物＝动植物。

（3）活动开始，每个小组从红、蓝卡片中选出合适的词进行缩合造词。

配对完成后派一个代表到黑板上写下本组所造的新词语。以正确组词多的一组为优胜组。

【说明】

本练习帮助掌握汉语缩合造词的方法。由于缩合造词有固定的语序（通常是"积极意义"的语素在前），学生的错误多半是语序的错误，教师指出、修改即可，不必细致讲解道理。

【目的】

理解和掌握汉语的缩合造词方法。

（彭文峰）

165. 填字组词比赛

【做法】

学生三至四人一组，教师发给每组一张纸，纸上打印如下格式：

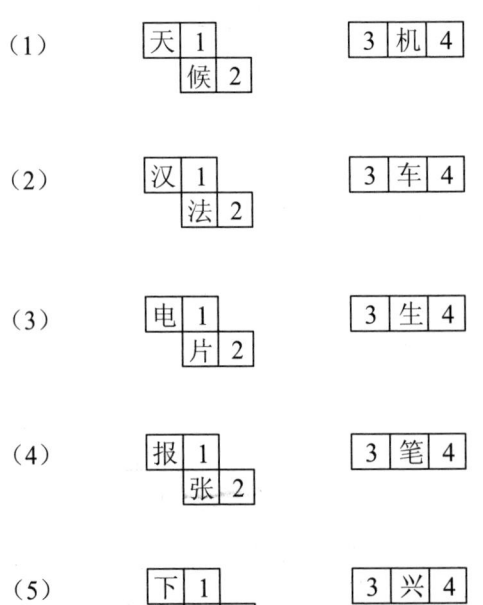

要求每组学生在空格（标数字处）中填上汉字，而且所填汉字与已有的汉字必须组成一个词，（例如：第（1）组的1—气；2—车；3—手；4—会）看哪个组先填完，而且填对的多，哪组获胜。填字的时候小组内可以讨论。

【说明】

所选词语必须是学过的，可以视学生汉语水平，逐渐使表格复杂化。本练习能够让学生复习所学过的汉字和词语。

【目的】

熟悉汉语的构词方式，即由字灵活组合成词的方式。

（杨德峰 周健）

166. 生词复现法

【做法】

生词复现有很多方法，这里介绍课堂教学中常用的重复问答法。

（1）自由提问

教师在教重点词语时，反复用该生词问学生问题，让学生用该生词回答，使生词在师生之间的问答中得到多次复现。以"兴趣"为例：

教　师：我对音乐有兴趣，对足球没有兴趣。

　板书：对……有/没有兴趣

教　师：你们对什么有兴趣？对什么没有兴趣？

学生A：我对太极拳有兴趣，对书法没有兴趣。

教　师：A对太极拳有兴趣，对书法没有兴趣。你对什么有兴趣？对什么没有兴趣？

学生B：我对乒乓球有兴趣，对排球没有兴趣。

教　师：你们知道玛丽对什么有兴趣、对什么没有兴趣吗？

学生C：玛丽对穿的有兴趣，对吃的没有兴趣。

教　师：你们知道阿里对什么有兴趣、对什么没有兴趣吗？

学生 D：阿里对旅游有兴趣，对学习没有兴趣。
　　　　……

（2）依据短文内容提问

以"邀请"为例，教师说一个语段：

　　　最近，美国总统布什邀请中国国家主席胡锦涛在方便的时候访问美国，胡锦涛愉快地接受了邀请。

教师：谁邀请谁？

学生：美国总统布什邀请中国国家主席胡锦涛。

教师：美国总统布什邀请中国国家主席胡锦涛做什么？

学生：美国总统布什邀请胡锦涛访问美国。

教师：他邀请胡锦涛什么时候访问美国？

学生：在方便的时候。

教师：胡锦涛怎么样？

学生：胡锦涛愉快地接受了邀请。

最后，让学生复述该语段。

（3）替换搭配复现

以"表示"为例，先展示课文句子：

　　　生日那天，朋友送给我一件很漂亮的生日礼物，我向朋友表示感谢。

　　板书：我向朋友表示感谢。

教　师：你的朋友张文今天结婚，你怎么样？

学生 A：我向张文表示祝贺。

　　板书：表示祝贺

教　师：一个客人来你家，你怎么样？

学生 B：我向客人表示欢迎。

教　师：李芳要参加演讲比赛，你怎么样？

学生 C：我向李芳表示支持。

教　师：你的朋友王朋爱上了漂亮姑娘林红，可是林红不知道，你对

　　　　王朋说什么？
　　学生 D：我对王朋说："你应该向林红表示爱情。"
　　　　……

操练结束以后，学生在黑板上看到的是例句及搭配情况：

$$
我向朋友\underset{\sim}{表示}\underline{感谢}。\qquad 表示\begin{cases}祝贺\\欢迎\\支持\\爱情\\满意\\\cdots\cdots\end{cases}
$$

　　最后，让学生朗读黑板上的例句及词组，使生词再一次在学生头脑中复现，加深记忆的痕迹。

【说明】

　　生词的复现首先要体现在教材中，教材的生词复现又分为同课复现和异课复现，课文复现和练习复现，以及不同课型之间的生词照应、复现等等，在课堂教学中教师需要把握生词复现操练的技巧。

【目的】

　　通过问答的方式在课堂复现生词，巩固所学生词。

（刘若云　林凌）

167. 抽签造句

【做法】

　　按班上学生人数，选相同数量的词。每个词写在一张卡片左上方，每个学生抽一张卡片，用卡片上的词造一个句子，写在卡片上，交给教师。

　　教师把收回的卡片打乱，再让每个学生抽一张，学生抽到卡片后，把写在上面的句子大声念给全班听,大家可以评论句子对不对,并说明为什么。然后这个学生再用同一个词造一个不同的句子,写在卡片上,交给教师。

依此循环四五次,每个词都有四五个句子。如果有时间,大家可以评论哪个句子最好。下课后,每个学生可以拿一张回去。

【说明】

（1）可以尽量鼓励学生把句子造得有趣一些。

（2）读句子的时候,不要问是谁造的句子。

（3）要求学生把汉字写清楚。

【目的】

巩固对词语的掌握,提高造句能力,鼓励学生之间互相学习。

（李文丹）

168. 语块教学法

【做法】

最新研究表明,语言表达中有 70% 以上是靠相对凝固的"语言板块"完成的。传统的汉语教学分为词汇教学和语法句型教学,而语块作为语言教学的重要单位,能够贯通融合词汇教学和句法教学,对于提高学生的理解能力和表达能力,效果明显。

以《桥梁——实用汉语中级教程》的第一课《我的"希望工程"》为例。在初步梳理了课文词汇表中的词汇后,带领学生挑选出重点语块,如:"正式宣布、失学青少年、成千上万、用力过猛、撒了一地、心里一酸、眼前一片模糊、控制不住自己、巨大的压力、幼小的心灵"等等。句子中语块的划分可能具有一定的弹性,尤其是词语的组合搭配。比如"朦胧的月光",也可能是"朦胧的想法"、"朦胧的印象"等等,要选择课文中出现的语块和基本形态语块进行有针对性的讲解,然后带领学生做造句、组合搭配和语序变换等操练。

找出下列句子中的语块,然后看看能否改变语块顺序组成新句子:

(1)张三昨天在百货大楼买了一件新衣服。
(2)王小丽交了没有华文课的作业?
(3)你觉得曼谷和广州有什么不一样?
(4)李老师买到了没有去北京的飞机票?
(5)她说我最喜欢吃妈妈做的酸辣鱼汤。
(6)他估计这个周末又要加班了。

参考答案:

(1)张三//昨天在百货大楼//买了一件新衣服。
(2)王小丽//交了没有//华文课的作业?
(3)你觉得//曼谷和广州//有什么不一样?
(4)李老师//买到了没有//去北京的飞机票?
(5)她说//我最喜欢吃//妈妈做的酸辣鱼汤。
(6)他估计//这个周末//又要加班了。

每个句子都可以划分出三个语块,语块的顺序都可以自由变换位置,变化后的句子基本上都能成立。

【说明】

把孤立生词的教学扩大到语块的层面，有助于产出地道的表达，培养汉语语感；有助于学生最大限度地克服中介语及词汇搭配错误；有助于避免语用失误，提高语用水平。因此，教师和学生都需要重视语块，树立语块学习、语块记忆、语块运用的意识，在教学中加强语块训练。

汉语语块可以粗分为三类：

（1）**词语组合搭配语块**。比如，"医院下了病危通知，老王肾功能已经……"我们想到的接续词语多半是"衰竭"，"功能—衰竭"的搭配就可以视为一个语块。这类常用搭配很多，如"繁荣—经济"、"可持续—发展"、"缓和—矛盾（冲突／紧张局势）"、"抓住—机会（机遇）"。

（2）**习用短语，包括习惯用语、熟语等，含固定形式和半固定形式**。尤其是那些我们平时常说的、词典里又多半查找不到的短语，如"撒腿就跑"、"没完没了"、"吓我一大跳"、"千不该万不该"。

（3）**句子中连接成分等类固定结构**。如复句的关联词"既不是……也不是"、"不仅……而且"、"要么……要么"、"与其……不如"等。

【目的】

培养学生的语块意识，提高汉语运用水平。

（周健）

四　语法教学

正确认识语法教学

　　语法是语言组词造句的规则，世界上任何一种语言都有语法。有人认为汉语是意合式的，没有语法，这种看法是片面的。我们平时说某句话"不通"，就是说这句话不合语法。但汉语的语法又的确不同于印欧语言那种以形式标记为特点的语法，而是更偏重于语义语法。由于语法是揭示组词构句的内在规律，而掌握了第一语言的人在学习第二语言的汉语时都希望能够做到多快好省，希望掌握规律生成正确的句子，因此语法教学的地位相当重要，受到了普遍的重视。

　　一个汉语教师首先要了解和把握汉语的语法特点，然后才可能有针对性地开展语法教学。根据吕叔湘、朱德熙等语法学家的研究，汉语语法具有不同于印欧语言和其他语言的一些特点：汉语缺乏严格意义的形态变化，语序和虚词具有关键作用；汉语的词类与句法成分并不一一对应；常常省略虚词；量词丰富；句子构造规则与词组构造规则基本是一套；注重意合；等等。对于第二语言学习者来说，汉语有一些特殊的表达方式，如量词的用法，各种补语的用法，"的、地、得、着、了、过"等虚词的用法，"是……的"句、"比"字句、"把"字句等等特殊句式，都是他们学习汉语语法的难点。

　　从20世纪50年代《汉语教科书》开始，我国确立了以语法教学为中心的教学路子，延续至今，教学效率并不高，汉语难学成了定论。我们根据汉语的特点提出汉语教学应以词汇教学为中心（见本书第三部分"词汇教学"）。第二语言教学的目标是培养学生的语言交际能力，语法教学只是手段，不是目的。但学习者必须掌握一定的汉语语法知识，才能提高语言交际能力，因此适度地教授语法知识是很有必要的。

对外汉语教师会接触到许多本国人永远也不会提出并且在语法著作中也很难得到答案的语法问题。吕叔湘说："汉人教汉语，往往有些彼此都知道，不成问题，就是不知道也不去深究。可教外国学生就是个问题了，就得逼着我们去研究。"对外汉语语法规则阐述的重点，不仅仅在于对语言结构特点的讲述、对语法系统和规律的说明，更主要的，在于对语义、语用的说明，目的是使学生明白什么条件下可以使用这样的表达方式，什么情况下的使用是不合理的。外国学生语法学习的目的很明确，是为了使用，而不是研究。这是对外汉语教学的原则，也是本国学生和外国学生学习语法的最大区别。

根据对外汉语教学的实践，赵金铭总结了对外汉语语法教学的基本原则：是教学语法而不是理论语法，是教语法知识而不是教语法学知识，是教外国人的语法而不是教本族人的语法，更多的是从意义到形式而不是从形式到意义，是分析的语法更是组装的语法，是描写的语法更是讲条件的语法，是在语际对比中讲语法。

在语法规律的总结方面，我们要强调概括性和实用性。也就是说，我们总结的语法规律要能管住所有的或绝大多数的语言事实，同时对规律的描述要简明易懂、便于应用。语法教学可以分为显性教学和隐性教学，我们要尽量少用语法术语，如"动态助词"这一术语就可用"动词＋了"、"动词＋着"、"动词＋过"的格式来代替。要多提供例句，引导学生自己体会感悟。语法教学还要注意针对性、灵活性、启发性和阶段性。

169. 基本方法与技巧

【做法】

（1）直观法

利用实物、图画、表格、示意图、符号、公式等辅助手段，化抽象的定义为具体形象的图示，学生比较容易理解和掌握。

例如讲解趋向补语时，可以画简笔画的房屋、楼梯、人物来表示"进来、出去、进去、出来、上来、上去、下来、下去"等。

（2）演绎法

先展示语法规则，然后用实例说明语法规则，便于学生自行替换、生成和扩展。通常做法是把语法规则归结为若干句型，把句型具体化为一些范句，先让学生接触范句，然后通过模仿、类比、替换、操练，让学生掌握。

比如讲"比"字句，教师可以先给格式1：

  A比B＋形容词

如"他比我高"；"今天比昨天热"；"这件衣服比那件贵"；等等，并引导学生自己生成句子。

再给格式2：

  A比B＋形容词＋补语

如"他比我高一点儿"；"他比我高得多"；"他比我高12厘米"；等等，并引导学生造句。然后再给出"比"字句的其他形式以及否定的格式等。

（3）归纳法

先展示一定数量的例证（不能太少），进行大量的练习，然后引导学生从中概括出语法规则，必要时还可以推导出具有代表性的语法结构公式。

归纳法是我们倡导的语法教学的主要方式，因为这种方法是先大量输入相关的句子，让学生有了一定的积累和感知，再来引导学生自己概括特点、分析规律，学生容易得到验证，对规律的理解就会比较深刻。

(4) 对比法

包括汉外对比和汉语内部的对比。例如英汉对比：

I met her near the bookstore yesterday afternoon.

我昨天下午在书店附近遇见了她。

引导学生观察汉英语句子中状语位置的差异。

汉语内部对比：

	有点儿	比较
贵	这儿的东西有点儿贵。	这儿的东西比较贵。
便宜	——	这儿的东西比较便宜。

通过以上汉语句式的对比，引导学生理解"有点儿"常用于不如意的事情，而"比较"后面的形容词好坏都能说。

(5) 情境导入法

教师通过一个具体情境的设置，通过问答、展示图画、讲故事等方式，引导出要讲的语法点。

例如本课要学表示完成的"了"，教师进教室就问一个学生：

教师：××昨天来了没有？

学生：他昨天没来。

教师：哦，他昨天没来。××，你昨天去哪儿了？

……

这种闲聊其实是有意为之，在为该语法点教学做铺垫。

语法点的导入、展开、讲解、归纳、操练的方法还有很多，但以上几种是主要的、常见的，教师应当熟练掌握。

（周健）

170. 变虚为实

【做法】

有些词的意义相近，单用语言来解释它们意义的差别，常常会越解释学生

感觉越糊涂,如果能够结合哪怕很简单的图表来说明,也会化抽象为直观,往往能收到事半功倍的效果。下面是几个例子:

(1)"之间"、"之内"和"中间"

用下面的图来说明,学生应该可以很快理解:

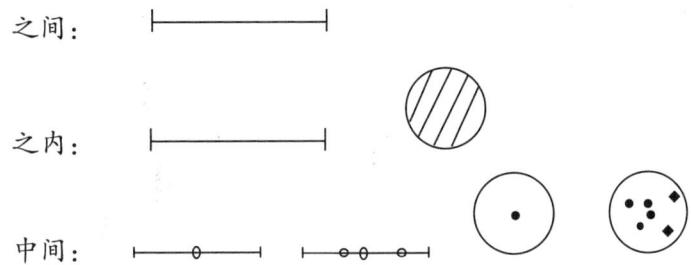

(2)"边……边……"和"又……又……"带具体动作动词时的差别

如:边走边说、边唱边跳、边吃饭边看电视;又唱又跳、又哭又笑、又吃又拿。当然,我们可以用文字解释,"边……边……"表示两个动作同时进行,而"又……又……"是表示两个动作交替进行。这么说学生可能印象不太深刻,如果能够结合图形,相信学生能够很快记住:

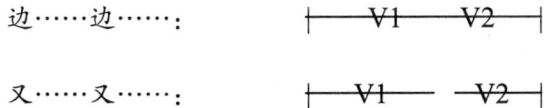

其他的词还有:"以前、以来、以内"和"以后","以前"和"从前","三年前"和"前三年"等。

(3)"除了……都……"和"除了……也(还)……"

除了王丽以外,同学们都去礼堂了。

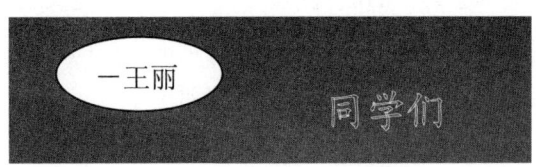

除了王丽以外,杨明也买了那本书。

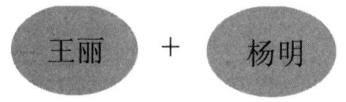

除了钱以外,还要护照和相片。

(4) 趋向补语

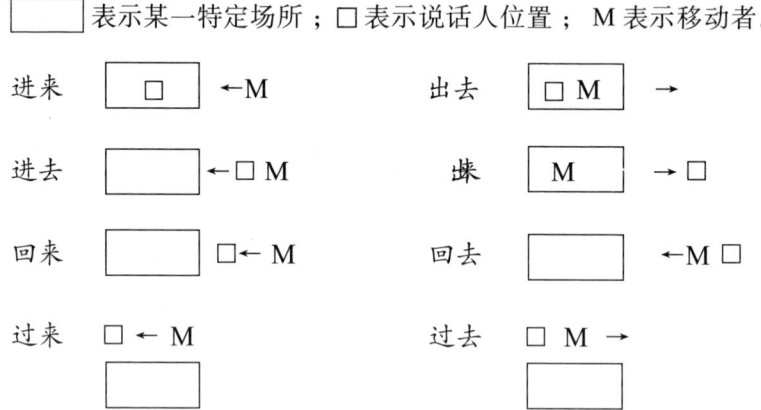

【说明】

利用简单的图示(如用合适的图片可能效果更佳),学生就容易理解和掌握汉语中一些难于辨析的成对的虚词、关联词、近义词等。当然,教师首先应了解这些词的具体差别,再考虑这些词能否用图形来表示。多样化的教学手段往往能让学生更好地掌握所学的东西。

【目的】

尽可能采用直观的方法帮助学生理解语法点。

（林奕高　彭小川　周健　吴琳）

171．加强式输入

【做法】

教师先带领学生阅读一篇短文：

警察：怎么回事？

行人：他撞了我。

警察：你骑车的时候没看到她要过马路吗？

里奇：我穿着雨衣，没看清楚。

行人：他骑得很快，右手还拿着东西。

警察：你过马路的时候，没看见他骑自行车过来吗？

行人：我打着雨伞，没看清楚。

警察：结果呢？

行人、里奇：我们都摔倒了。

里奇：我的自行车摔坏了。

行人：我的眼镜摔破了。

警察：摔伤了没有？

行人：不知道。背上有点儿疼。

警察：这样吧，（对里奇）你陪她去医院检查一下身体。（对行人）检查完以后，你陪他去修自行车。

显然，这篇课文是用来教结果补语的，其中使用了比较多的含有结果补语的句子，短文比较真实自然。在引导学生经过齐读、分角色读以后，教师要求学生找出短文中含有"动词＋结果补语"的短语。它们依次为："看到、看清楚、看见、看清楚、摔倒、摔坏、摔破、摔伤、检查完"。由于在一篇短文中集中出现了九处动词带结果补语的结构，学生获得了比较充分的输入和强化提示，从而对结果补语产生敏感和认知。然后教师再带领学生自行在动词"打、用、说、干"等后面加上补语并造句。

【说明】

语言规律的掌握，输入是一个关键。教师首先要保证比较充分的可理解的输入，然后引导学生观察其结构特点，发现规律，再经过适当的操练，从而掌握这一规律。有些教材为了突出某一语法点而编造了许多生硬的、不自然的句子，这是不合适的。必须把语料的真实性和交际中的实用性放在优先考虑的地位。

【目的】

提倡语法点集中而又自然的输入。

（吴中伟）

172. 英汉对比找规律

【做法】

教师直接把汉语的表达法和英语的表达法放在一起对比，以便发现规律。如：

（1）人称代词的对比：

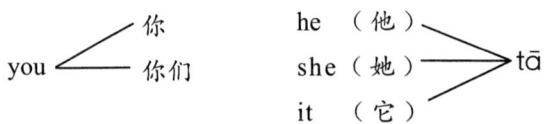

教师引导学生总结其规律：第二人称的单复数，英语都用一个you，而汉语分得清楚；三种第三人称，汉语发音一样，都念tā，因此在口语中有时容易混淆。

（2）所有格的对比：

```
我的（my, mine）   ——  我们的（our, ours）    ⎫
你的（your, yours） ——  你们的（your, yours）  ⎬ "的"
他的（his）         ——  他们的（their, theirs） ⎪
她的（her, hers）   ——  她们的（their, theirs） ⎭
```

英语所有格还有主格、宾格的不同，而汉语的格式统一而简单：只用一个"的"字就行了。又如：

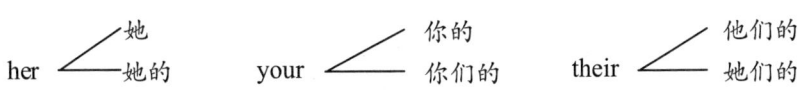

（3）"人称、数、时"对动词的影响对比：

I am →我是　　　　　　　You are →你是
He is →他是　　　　　　　She is →她是
We are →我们是　　　　　You are →你们是
They are→ 他们是 / 她们是

I say→ 我说　　　　　　　You say→ 你说
He says→ 他说　　　　　　Mr. Wang says→ 王老师说
I said→ 我说　　　　　　　You are saying→ 你说
He was saying→ 他说　　　She would say→ 她会说
Mr. Wang has said →王老师说过

教师要引导学生发现，汉语的动词本身没有人称、数、时的变化。汉语的时态表达经常需要用时间词或虚词，例如"他昨天说、他以前说、他说过、他会这样说、他从来没说过"等等。

【说明】

学生在学习第二语言伊始，就必然会自觉地或不自觉地进行两种语言的对比。由于母语先入为主，习惯成自然，在心理上形成强势，就会对第二语言的习得产生迁移作用。任何一种语言的特色都是在与别种语言的比较中显现出来的。目前英语已经成为"国际语"，大部分留学生都能或多或少地使用英语交际，教师在课堂上使用的媒介语通常也是英语。从这一实际情况出发，汉英对比分析，不仅具有可操作性，还具有示范性，学生即使不熟悉英语，也可以仿照汉英对比来进行汉语与母语的对比。汉英对比分析可以分为语音对比，词汇对比，语法对比以及在语义、语用或文化背景层面上的对比。外国学生初次接触汉语，自然处处新鲜，处处可比，但进行对比分析的主要目的，不在于增加知识，而在于解决实际问题。

【目的】

通过汉英对比，让学生领会汉语的表达方式和其中的规律。

（周健）

173. 教"的、地、得"

【做法】

教师在黑板上写下三个短语，要求学生填空：

（1）开心（　）笑容　（2）开心（　）笑了　（3）笑（　）很开心

引导学生得出正确的答案：的、地、得；

然后教师分别在（1）"笑容"、（2）"笑"、（3）"笑"下边画线，标明词性。在"笑容"下写若干名词，让学生用自己想出来的形容词替换"开心"；再依次在后边两个短语中的"笑"下边写若干动词，让学生替换"开心"一词。格式如下：

(1)开心(的)笑容n	(2)开心(地)笑了v	(3)笑v(得)很开心
房子	哭了	说
家庭	跑了	谈
汽车	睡了	练
校园	学习	唱
节目	唱歌	开
比赛	说话	改变
……	……	……

提醒学生在替换"开心"一词时最好也用双字词。并指出（3）组以单音节动词（或形容词）为多。

最后简单概括"的"、"地"、"得"的最常见用法：

　　定语＋**的**＋名词　　　状语＋**地**＋动词　　　动词＋**得**＋补语

还要指出在很多时候，"的"、"地"可以省略。如"美满（的）人生、主要问题、特殊人物"；"用力（地）喊叫、努力学习、彻底消灭"。"得"在单音节动词后不能省略。在双音节动词后有时省略，如"发展迅速"；有时不省略，如"发展得很快"。

至于其他更为复杂的情况，如"智力的开发"（谓词性词语充当定语中心语），"科学地分析"，"惊慌得像个孩子"以及否定形式等，可以先不讲。

【说明】

普通话里三个助词de是汉语初级阶段语法教学的重难点。采用举例替换的直观比较的方法能使学生较快熟悉它们的区别和用法，尽快掌握"的、地、得"的使用规律。

【目的】

教学生掌握"的、地、得"的使用规律。

（张汉娇）

174. 区分"的、地、得"

【做法】

教师先提供一组含有"的、地、得"的例句：

（1）优美的环境，新鲜的空气，都让他的朋友感到满意。

（2）王校长高兴地宣布了这个好消息。

（3）小明在儿童公园玩得很开心。

然后分析例句，明确用法：

助词"的"前面的词语一般用来修饰、限制"的"后面的事物，说明"的"后面的事物怎么样。结构形式一般为：

形容词（名词、代词、动词）＋的＋名词

"的"连同前面的词语构成定语。如："聪明的小伙子、群众的力量、我的书包、讨论的问题"。

助词"地"前面的词语一般用来修饰"地"后面的动词，说明"地"后面的动作怎么样。结构形式一般为：

形容词（名词、副词）＋地＋动词

"地"连同前面的修饰性词语构成状语。如："痛快地玩、科学地分析、风不住地刮、故意地说"。

助词"得"用在动词或形容词后面，连接表示结果或程度的补语。后面的词语一般用来补充说明"得"前面的动作或状态怎么样,结构形式一般为：

动词（形容词）＋得＋形容词（副词、短语）

如："写得清楚、红得发紫、好得很、打得好极了、痛苦得说不出话来"。当然，"的、地、得"在句子中都有省略的情况，先不必介绍得太详细。

然后修改病句，强化认识，以巩固刚学的知识。例：

> （1）由于李红同学学习努力，这次汉语测试，她考<u>的</u>特别出色。
> （2）三班的同学正在紧张<u>得</u>排练节目。
> （3）助人为乐<u>地</u>小华被评为"优秀志愿者"。
> （4）他<u>地</u>到来，让我们的房间充满了笑声。
> 参考答案：（1）得；（2）地；（3）的；（4）的。

虽然"到来"是个动词，似乎应当在前面用"地"。但"到来"在本句中做主语，因此要用"的"。

【说明】

由于不少同学对"的、地、得"这三个词的用法不清楚，加上国内的出版物和媒体有时也不严格区分，甚至用一个"的"字包打天下，对外国人学汉语造成了不良影响。"的、地、得"这三个助词发音相同，都念轻声de，这也是造成它们容易混淆的因素之一。教师最好多举实例，让学生反复体会，掌握其中的规律。

【目的】

正确使用"的、地、得"三个助词。

（周健）

175. 教 "着"

【做法】

（1）通过师生的一问一答引出典型例句：

教师：我手里拿着什么？

学生：你手里拿着一支粉笔。（板书这个句子）

教师：她穿着什么衣服？

学生：她穿着运动衣。（板书这个句子）

利用以上例句归纳出句型特点并板书：

动词＋着

指出其语法功能是表示动作或状态的持续。

（2）让学生用所学语法点描述教室里的事物。学生可能会造出这样一些句子：

教室的门关着。

教室的窗户开着。

教室的灯开着。

他戴着眼镜。

他戴着手表。

他穿着毛衣。

他穿着黑裤子。

他穿着皮鞋。

……

（3）通过师生的一问一答引出有处所的典型例句：

教师：地图在哪儿挂着？

学生：地图在墙上挂着。（板书这个句子）

教师：同学们在哪儿坐着？

学生：同学们在椅子上坐着。（板书这个句子）

教师：老师在哪儿站着？

学生：老师在教室前边站着。

……

利用以上例句归纳出句型特点并板书：

S在place＋动词＋着

组织学生练习这一句型。

（4）教师先提出疑问：

汉语的"动词＋着"是不是等于英语的"v＋ing"？"他穿着运动衣"和"他正在穿运动衣"都表示动作的进行吗？

接着解释：这两句不一样。英语的"v＋ing"表示动作正在进行，如："They are dancing."汉语的"动词＋着"表示的是"持续"。所以"They are dancing"应当说"他们正在跳舞"而不是"他们跳着舞"。"他穿着运动衣"是说他穿衣的动作已经结束了，但运动衣穿在身上的状态还在持续着。

（5）组织学生练习疑问形式和否定形式。

（6）针对学生已经出现或可能出现的错误，让学生改正错句，如：

他正在找着那本英汉词典。

她听到这个消息，马上流着眼泪。

医生对病人说："躺，别动，我马上给你做检查。"

爸爸喝茶着，妹妹写字着。

哥哥看电视着在客厅里。

照片在墙上没挂着。

【说明】

"着"字句是表示动作或状态持续的句型，学生比较难掌握。让学生用所学语法点描述所处的真实环境，可以调动学生的学习积极性，也有助于学生理解所学语法点。语法规则的讲解要逐步细化，并注意预防和纠正可能出现的偏误，提高学生使用该语法点的正确率。

【目的】

帮助学生掌握表动作持续状态的"着"字句。

（刘若云　林凌）

176. 教句末"了"

【做法】

教师运用画图或者多媒体材料展示四幅有联系的画面。

依次展示的图画内容	引导学生说出句子
凉水→半开的水→沸腾的水	水开了。
晴天→多云→下雨	天下雨了。
绿香蕉→半黄香蕉→黄香蕉	香蕉黄了。
天气热→天气不冷不热→天气冷	天气冷了。

然后板书：

句末"动词（形容词）＋了"表示事物发生了变化

接着，教师展示第一组例句：

（1）他不去成都。　　→他不去成都了。

（2）玛丽爱喝茶。　　→玛丽爱喝茶了。

教师设问："他不去成都"和"他不去成都了"有什么区别？

"他不去成都"表示他的打算、他的决定。"他不去成都了"表示他原来打算去成都，现在改变了主意，不去了。

第（2）句"玛丽爱喝茶"是告诉别人玛丽在饮料方面的习惯，她喜欢喝茶。"玛丽爱喝茶了"表示她在饮食方面的习惯有了改变，原来不爱喝茶，现在爱喝了。

所以，句末"了"的第一种用法表示**发生了变化，出现了新情况**。

再看下一组例句：

（3）李明早就结婚了！

（4）我念小学就认识他了。

第（3）句"李明早就结婚了！"不是告诉听话人李明有什么新变化、新情况，而是用一种很肯定的语气告诉对方，李明很早以前已经结了婚。第（4）句也是用肯定的语气告诉对方一个事实。

所以，句末"了"的第二种用法表示**肯定某一个事实的语气**。再看：

（5）这里的东西太贵了！

（6）这场球赛太精彩了！

第（5）句和第（6）句都表达了强烈的感情，句式都是"太……了"，句子都用了感叹号。

所以，句末"了"的第三种用法表达**强烈的感叹语气**。

（7）我买了三本词典。　　→我买了三本词典了。

（8）汽车走了五天。　　　→汽车走了五天了。

第（7）句"我买了三本词典"的"了"放在动词后边，表示动作完成或实现；"我买了三本词典了"句末的"了"依然表示发生了变化，出现了新情况。至于说话人要提醒听话人注意新情况新变化出现的目的是什么，需要看具体的语境。这里也许想告诉对方，我已经买了很多词典了，不能再买了。第（8）句也一样。

再请学生注意这种含有两个"了"的句子的读法，一定是动词后的"了"发音又轻又短，而**句末的"了"发音重一点儿、拖长一点儿，含有让对方注意新信息新变化的意味。**

最后教师在黑板上展示3—5个含有句末"了"的句子，让学生朗读、分析。

【说明】

"了"的功能在语法教学中是一个难点，因为"了"本身在汉语中的表现就相当复杂，效果好的教学手段有待进一步探索。我们主张从简明易懂、具体形象的例子入手进行分析，结合语音特点来化解难点。

【目的】

帮助学生掌握句末"了"的语法功能。

（彭小川　崔建新　孙清忠）

177. "了"字的增删

【做法】

教师要求学生阅读以下短文，在需要的地方加上助词"了"和相应的关联词语：

　　昨天早上我起床以后吃早饭，去图书馆借书。走进图书馆，我去找书。找到要借的书，我来到柜台。我问柜台的小姐书可以借几天，她说可以借一个星期。办完手续，我回宿舍。

学生做完以后，教师提问并核对答案：

　　昨天早上我起床以后先吃早饭，然后就去图书馆借书。一走进图书馆，我就去找书。找到（了）要借的书，我就来到柜台。我问柜台的小姐书可以借几天，她说可以借一个星期。办完了手续，我就回宿舍了。

这个练习也可以反向处理，就是要求学生阅读以下短文并看看哪些"了"是应当删除的：

　　昨天早上我起床以后吃早饭了，去图书馆借书了。走进图书馆，我去找书了。找到要借的书了，我来到柜台了。我问了柜台的小姐书可以借几天，她说了可以借一个星期。办完了手续了，我就回宿舍了。

【说明】

　　虚词"了"是汉语的一个难点，如果仅仅停留在句子层面的练习，我们会发现，有的句子究竟要不要"了"其实是很难说的，因为脱离了语境。如果让学生在语篇中完成这一练习，有助于学生更好地理解语法形式的语篇功能和交际价值。

【目的】

　　帮助学生在语篇层面体会"了"的使用。

（吴中伟）

178. 教"一……就"

【做法】

　　教师利用情景提问导入，先问学生："妈妈下班回家做的第一件事情是什么？爸爸下班回家做的第一件事情是什么？"

　　预计答案可能有"做饭、看报纸、打开电视……"

根据学生回答，教师板书：

　　妈妈一回家就做饭。

　　爸爸一回家就打开电视。

教师讲解："一……就"结构表示做完一个动作以后马上开始第二个动作。比如：

　　我一下车就跑来了。

　　他一做完作业就打开电脑。

　　老师一说他就懂了。

教师在黑板上方写"动作A——动作B"，并在A、B下方分别写一些动作，如"回家，吃饭；回宿舍，打电话；吃完饭，看电视；做作业，想睡觉；……"让学生先根据提示造句，再过渡到自由造句。

提醒学生："一……就"结构还可以用在将来的情况。比如：

　　明天我一到北京就给你打电话。

待学生基本掌握后可以做"一……就"的接续式操练。如甲说"我一回家就打开电脑"，乙接着前一个动作说"我一打开电脑就上网"，丙继续说"我一上网就跟大明聊天"，丁再说"我们一聊天就忘了做作业"……如此继续进行下去。

【说明】

如果导入自然,"一……就"这个结构学生很快就能掌握。教师也可以用动作导入,效果也非常好。比如,教师可以一边做动作一边说:"我一进门就关上手机。""我一走进教室就打开窗户。""我一拿起粉笔就在黑板上写字。"……

【目的】

帮助学生掌握"一……就"的用法。

（李琳）

179. 教复合趋向补语

【做法】

（1）列出常做复合趋向补语的词组:

	上	下	进	出	回	过	起
来	上来	下来	进来	出来	回来	过来	起来
去	上去	下去	进去	出去	回去	过去	

（2）拿出准备好的图片:飞机飞上去、苹果从树上掉下来、一个男生走进教室去、几个学生从楼上走下来……（也可以画简笔画）。利用图片,让学生从上表中选择适当的词组:

飞机起飞了,飞机飞……（学生选"上去"）

刮风了,苹果从树上掉……（学生选"下来"）

上课了,他<u>跑</u>……（学生选"进去"）

放学了,学生们从楼上<u>走</u>……（学生选"下来"）

教师板书:

动词＋上来/上去/下来/下去/进来/进去……

指出动词后面的"上来/上去/下来/下去/进来/进去……"是表示动作的方向,即要学习的语法点"复合趋向补语"。

（3）教师利用学生所处的真实情景,引导学生用该语法点造句:

教师：上课了，阿里怎么样？（你在三楼教室里）

学生：阿里走上来/阿里走进来/阿里走过来。

教师：12点了，放学了，三木怎么样？（你在教室里）

学生：三木走出去/三木走下去/三木走过去/三木走回去……

（4）教师指出前面练习的句子都没有处所宾语，如果有处所宾语，处所宾语一定要放在"来"或"去"之前：

教师：飞机飞上去，如果有地方"天空"，应该怎么说？

学生：飞机飞上天空去。

教师：苹果掉下来，如果有地方"地"，应该怎么说？

学生：苹果掉下地来。

教师：上课了，阿里怎么样？（你在三楼的教室里）

学生：阿里走上三楼来/阿里走进306教室来。

教师：12点了，放学了，三木怎么样？（你在教室里）

学生：三木走出教室去/三木走下楼去/三木走回宿舍去……

（5）教师指出，如果宾语是事物，事物宾语可以放在"来、去"之前，也可以放在"来、去"之后。比如"他拿出来一本词典"，也可以说"他拿出一本词典来"。然后组织学生练习。

（6）教师指出，带复合趋向补语的句子，如果有事物宾语，又有处所宾语，则一定要用"把"字句。

教师板书：

　　李老师　提进来　录音机　教室

　　→李老师把那台录音机提进教室来了。

然后组织学生进一步练习。

【说明】

复合趋向补语是初级阶段语法教学的一个难点。利用直观的图片，一目了然，明白易懂，可以省去很多抽象难懂的解释。特别是典型例句的选用："飞机飞上去、苹果掉下来、三木走回宿舍去……"能给学生留下深刻的印象，帮助学生理解、掌握该语法点；即使没有图片，这些例句也能在学生的头脑中构成直观易懂的图像,化难为易。利用学生所处的真实情景进行练习,能使学生觉得所学语法点很有用,调动他们学习的积极性。另外,之前的"把"字句教学,很可能给学生留下汉语"把"字句可有可无的印象,并在交际中采取回避"把"字句的策略。教师强调带复合趋向补语的句子,如果有事物宾语,又有处所宾语,一定要用"把"字句,这就使学生明确了汉语"把"字句存在的价值。

【目的】

用比较直观的方法教复合趋向补语。

（刘若云　林凌）

180. 教"其实"

【做法】

"其实",词典和教材比较简明的解释是:"副词,表示所说的是实际情况。用在分句的开头,表示转折,有进一步说明、修改或者补充上文的意思。'其实'后面可以停顿。"如果我们仅仅把这样的定义告诉学生,学生不会有什么真切的感知和理解。教师应从例句入手,让学生体会:

（1）人家说他早已不在人世了,其实他还活着。

（2）他们只知道爱玲会英语,其实她的日语也很好。

（3）这个问题从表面上看似乎很难,其实并不难。

（4）看起来她在笑,其实她心里很难过。

（5）他说有家,其实他家里就他一个人。

（6）大家都以为"萧楚女"是位女士,其实他是男的,还是红军的指挥官。

如果能提供比较充分的例句,学生不难掌握"其实"的含义和用法。

下一步,教师用精心设计的练习来检查和巩固学生对"其实"的掌握。

一、选词填空：
(1) 以前人们把鲸当做鱼，称它为鲸鱼，_____这是错误的，鲸不是鱼，而是哺乳动物。
　　A．其实　　B．所以　　C．至于　　D．难道
(2) 这些家具看上去是木头的，____是塑料的。
　　A．反而　　B．实在　　C．其实　　D．其中

二、组织下列句子，排列成一段话并添加标点：
(1) 其实北京人最爱说的一句话是"回头再说"
(2) 后来我发现
(3) 我刚到北京时
(4) 说北京人的口头语是"吃了吗"
(5) 听过一个相声

三、用"其实"完成句子：
(1) 她看起来年龄并不大，_____。
(2) 我以为他有事没来，_____。
(3) 高明总觉得自己了不起，_____。
(4) 虽然爱玲说要去，_____。
(5) 大家都以为他是一个诚实的人，_____。

做完这些练习以后，教师再把开头的定义作为"其实"的总结，学生就会有比较清楚地理解。

【说明】

本例提供了一个在语法教学中具有普遍意义的教学技巧，那就是从具体的实例展示入手，而不是从抽象的定义出发。提供的实例语境要为学生所熟悉，例子要充分，练习要由浅入深，形式多样。

【目的】

从具体实例入手帮助学生掌握"其实"。

（李增吉）

181. 对比教关联词

【做法】

在教"即使……也……"这个关联词时,我们可以把它与已经学过的"既然……就……"、"虽然……但……"、"如果……就……"做对比。

展示与解释的方式如下:

(1) 先展示四个例句:

A. 既然下雨,我就不去了。	B. 如果下雨,我就不去了。
C. 虽然下雨,但我还是要去。	D. 即使下雨,我也要去。

(2) 分别分竖行、横行,一步步启发学生对比、分析。如 A 句和 C 句什么地方相同,什么地方不相同? A 句和 B 句呢?……最后得出如下的对比图:

事实	假设	是否转折
A.既然下雨,我就不去了。	B.如果下雨,我就不去了。	不转折
C.虽然下雨,但我还是要去。	D.即使下雨,我也要去。	转折

(3) 从表达的角度总结使用这四种句式要注意的地方。说话时,首先应看我们所说的是不是事实。如果是事实,就应该选择用"既然"或"虽然";不是事实,就应选择"如果"或"即使"。

接着,就要看后一句在意思上有没有转折关系。比如,一般来说,遇上下雨,人们是不愿意出门的,如果你真的因为这样不去了,那就不存在转折关系;如果你还是要去,就是一种转折关系了。没有转折关系的,我们应选择用"既然"或"如果";有转折关系的,就应用"虽然"或"即使"。

【说明】

在语法教学中,对比的方法是一种常用而有效的手段,有时是单一的新旧知识的对比,有时还可以是新知识与跟它相关的多项旧知识的对比。

【目的】

介绍关联词的对比法教学。

（彭小川）

182. 关联词抢答造句

【做法】

学生分为两组，教师说出关联词的前一个词，由学生抢答后一个词，如：教师说"因为"，学生答"所以"，然后由抢答者用此关联词造一个句子。如对则得两分，否则只得一分。如造错句则改由另一组同学造句，如对则得一分。最后看哪组分数多则获胜。

【说明】

在学过较多关联词语后进行。常用的有：

一面……一面	有时……有时	起初……后来
首先……然后	一……就	不单……而且
不但……而且	不仅……还	除了……（以外）……都
既……又	连……都	宁愿……也不
宁可……也要	与其……不如	固然……不过
尽管……还是	虽然……但是	既然……那么
由于……所以	即使……也	假如……的话
如果……就	不论……都	只要……就
幸亏……否则(不然)……		除非……否则……
之所以……是因为……		

关联词语的搭配有些是灵活多样的，答案可能不止一种。个别词语教师有必要写在黑板上。

【目的】

复习关联词。

（周健）

183. 复句配对

【做法】

学生学了两种（比如假设、转折）复句之后，教师可带领学生做前后分句的配对练习。把学生分成 A、B 两组，并把事先准备好的白纸条分发给每个学生，要求 A 组每人限用"如果……就……"写一个复句，要求 B 组每人用"虽然……但是……"写一个复句。写完后要求每人把自己的纸条从前后两个分句的中间撕开，交给教师。

先进行假设复句的操练：教师把 A 组的所有前半张纸条发给 B 组学生，把后半张纸条发给 A 组学生。让 B 组第一人读自己手中的纸条，让 A 组第一人读自己的纸条，大家评判他们的前后半句话能否正确配对。如果不能，则让 A 组后面的人依次读，直到可以配对为止。如此做完 B 组所有的纸条。

然后教师逆序发放 B 组所写的纸条，进行转折复句的操练。

【说明】

这一游戏可以帮助学生了解所学复句的两个分句意义之间的联系。其中有些配对可能会造成幽默的效果，能活跃课堂气氛。分组的时候应该两组学生一样多，如果两组学生不一样多，教师可以参加人少的一组。

【目的】

介绍复句的操练方法。

（杨德峰）

184. 教主谓谓语句

【做法】

主谓谓语句有几种类型，可以从大小主语之间存在领属关系的那种开始，先告诉学生什么是"主谓谓语句"。

如果有人问你："小李最近怎么样？"你就会想起他最近很多方面

的事情,比如身体、工作、家庭什么的,这时你就把小李(他)这个人当作话题(大主语)了,就可能回答说"小李工作很忙"或"小李身体很好""小李女儿结婚了"……

这些句子里有两个主语,如"小李身体很好",其中"身体很好"就是一个"主语+谓语"的小句子。这个主谓式的小句在整个句子里又做"小李"的谓语,这样的句子就是"主谓谓语句"。

接着,教师展示两个人(约翰和史密斯)的照片:一个高,一个矮,一个头发短,一个头发长。如果教师能画简笔画更好,更容易突出两人不同的特点。

在每个人的照片下面,教师板书:

个子高　　　　　　　　个子矮
头发短　　　　　　　　头发长

教师指着约翰的照片及下面的图示,引导学生说出(或者先由教师说出,学生重复):

约翰个子高,头发短。

然后让学生完成对史密斯的描述:

史密斯个子矮,头发长。

在学生熟练掌握句子的结构之后,则可以用简单的图示方式来反复练习,使学生了解这种句子的特点和功能。第一个名词相当于一个大的话题,后面跟着的是评论,并且往往是多个评论(在初级阶段出现两个评论为好)。例如表示能力、习惯或比较等等。注意提醒学生,在第一个名词和第二个名词之间不用加"的"。

    英语   法语
    汉语   日语

这样便可以造出一系列的句子，如：

  约翰英语好，汉语不太好。

  史密斯口语好，汉字不好。

教师可以不断替换圈内和圈外的词语来造出新的句子：

  约翰口语 80 分，语法 70 分。

  约翰啤酒能喝一点儿，白酒一点儿不喝。

  汉语约翰说得好，史密斯说得不好。

  李老师书法好，国画一般。

  北京夏天太热，秋天比较好。

  大卫的女朋友眼睛大大的、个子高、身材好。

  ……

【说明】

　　主谓谓语句是初级阶段语法教学的重点之一。通过圈定一个名词，使学生明白这种句子中第一个名字的作用；提供圈外的名词，帮助学生理解所做的评论是围绕第一个名词、针对这个名词的某些方面进行的。因此，不要造单个的句子，而是让学生至少造两个小句子，帮助他们理解这种句子含有对比的意味。

【目的】

　　帮助学生掌握主谓谓语句。

（刘运同　崔建新）

185. 教时刻表达

【做法】

　　时间点的教学可以按以下四个步骤进行：

　　（1）教师板书：

　　　　　① 点 ② 分

　　将不同的数字填入空格，进行基本表达法的教授，例如：

　　　　一点零八分　两点十分　三点十五分　四点二十一分

　　　　五点三十分　十一点四十五分　十二点五十六分

　　（2）在空格①中填入任意数字，接着在空格②中依次分别填入"15、30、45"，教给学生"刻"和"半"的表达法，即"两点一刻、两点半、两点三刻"等。然后，变换空格①中的数字，让学生练习"＿＿点一刻/半/三刻"。

　　（3）教师板书：

　　　　　③ 点差（chà）④ 分

　　再写下"7:55、3:52、9:50、1:57"等时间的阿拉伯数字形式。先教学生"八点差五分"、"四点差八分"，然后指后两个时间，示意学生一齐说汉语表达。还要告诉学生"几点差几分"也可以说"差几分几点"，并让学生做两种说法的替换练习。

（4）用教具钟随意拨出几个典型时刻，让学生抢答。如果没有教具钟，可以用阿拉伯数字形式在黑板上写几个时刻，逐一提问："现在几点？"让学生认读回答。最后可让学生谈谈自己一天的作息安排，以巩固所学的时间表达方法。

【说明】

在空格①中所填的数字是自由选择的，但是"2"一定要填，强调"2点"读"两点"，避免读"二点"的偏误。还要告诉学生除了"两点十分"外，其余的时间在口语中都可以省略末尾的"分"。更要注意避免出现像"九点二十分钟"这类偏误。整点时刻在汉语中就说"几点整"，比较简单，在教学中顺便指出即可。

【目的】

帮助学生掌握时点的主要表达方式。

（何瑾）

186. 教含有时段的宾语

【做法】

用投影或大纸展示以下表格，用来对比各种含有时段的句型。

I	II	III	IV	V
动+宾 基本义	动+宾+动词+时段	动词+时段+宾语	动词+宾语+时段	宾语+动词+时段
学汉语	√学汉语学了三年	√学了三年汉语 √学了三年的汉语	×学了汉语三年	√汉语学了三年
看电影	√看电影看了两个小时	√看了两个小时电影 √看了两个小时的电影	×看了电影两个小时	√电影看了两个小时

吃饭	√吃饭吃了四个小时	√吃了四个小时饭 √吃了四个小时的饭	×吃了饭四个小时	√饭吃了四个小时
等你	√等你等了半天	×等了半天你 ×等了半天的你	√等了你半天	×你等了半天

这个表格通过对比告诉学生，在句子中既有宾语又有时段时，如何安排它们的次序。第Ⅱ类各种情况都能说；第Ⅲ类，即"动词＋时段＋宾语"是比较常用的形式，但有例外：当宾语是人称代词（你、我）时，不能用这种句型，只能用第Ⅳ类句型，即宾语紧跟在动词之后；第Ⅴ类是话题句，话题是确知的事物，一般是名词，不能用代词。

【说明】

由于母语的干扰，学生在学习这类句子时，往往采用句型Ⅳ。用表格的形式可以清楚地告诉学生，除了代词做宾语的情况，句型Ⅳ在汉语中是不合法的结构。

【目的】

帮助学生掌握含有时段的宾语表达法。

（刘运同）

187. 速添语法成分

【做法】

（1）教师说出一个名词，指定一位学生迅速地添上一个定语，定语可以是限定性或修饰性的。如：

教师	学生
电影	美国（好看的、精彩的、没意思的）电影
朋友	女（好、老、中国）朋友
地图	上海（新、世界、刚买的）地图
礼物	生日（很贵的、特别的、我喜欢的）礼物

（2）教师说一个名词，学生迅速地添上数量词。如：

教师	学生
飞机	一架飞机
词典	一本词典
世界地图	一张（本）世界地图
汉语课	一节（堂）汉语课

（3）教师说一个动词。要求学生迅速添上中心语。如：

教师	学生
开	开门（汽车、灯、公司）
看	看电影（电视、报纸）
参观	参观工厂（博物馆、展览）
培养	培养能力（兴趣、人才、接班人）

【说明】

　　教师要做好准备，预先把要提问的词汇整理好。做的时候先示范，有些词可以重复问。可依次提问学生，速度要略快，学生要达到脱口而出的地步。出现错误要进行分析。

【目的】

　　训练学生熟练掌握"定语＋中心语"，"数量词＋名词"以及"动词＋中心语"的搭配。

（周健）

188. 替换句子成分

【做法】

　　（1）领读例句，使学生熟悉例句的语法结构，以减少口头表达的困难，然后告诉学生替换的部分。学生用教师给的词语替换句子的成分，教师重复一遍，全班学生重复一遍。

例如：

教师领读：我跟阿里去<u>商店</u><u>买东西</u>。

要求替换商店、买东西。

教师：医院、看病。

学生：我跟阿里去医院看病。

教师：（重复学生句子）

全班学生：（重复一遍）

教师：书店、买书。

学生：我跟阿里去书店买书。

教师：邮局、寄信。

学生：我跟阿里去邮局寄信。

教师：剧场、看京剧。

学生：我跟阿里去剧场看京剧。

教师：体育馆、看比赛。

学生：我跟阿里去体育馆看比赛。

（2）示范导入，再要求学生自组词语，在"？"处替换。例如：

<u>要不是</u><u>你打电话告诉我</u>，<u>我就</u><u>不会去了</u>。

他帮忙，	回不来了。
妈妈病了，	出国旅行了。
运动太少，	不会这么胖了。
明天有考试，	？ 。
？	买那条裙子了。
？	？ 。
？	？ 。

【说明】

替换练习是最常用的语法操练手段之一，教师要在训练中逐步提高难度。训练方法由易到难，第一步机械替换对应词语，第二步先由示范导入，多次积累，形成初步的语言经验，再结合语境，模仿扩展，提高难度，自由创造。"重建文本"

的方法可以普遍应用于词组、句子乃至话语篇章的训练,是培养语感的有效办法。

【目的】

介绍语法句式教学中的替换练习方法。

（杨惠元　周健）

189. 追根问底

【做法】

教师说一句话或一件事,学生们就这句话或这件事的各个方面进行提问。如:

教　师：昨天我去同学家玩了。

学生1：昨天什么时候去的?

学生2：你怎么去的?

学生3：他的家远吗?

学生4：你们玩什么了?

学生5：你的同学是男的吗?

学生6：你们玩了多长时间?

其他开场白如"我的车坏了"、"我儿子去日本了",等。

【说明】

事先要规定问题和教师说的话有关,不能犯规。人多的时候可以分组进行。

【目的】

可练习特指问句及"是……的"句等语法点,学生对提问的方式也能得以巩固。

（黄立）

190. 画线提问

【做法】

教师在黑板上写下一个句子（也可由一学生到黑板上听写）,然后用彩色粉笔在句子下方依次画线，每画一线要求学生就画线部分提问。例如：

玛丽和小王坐22路汽车去文具店买毛笔。
　①　　②　③　　　　④　　⑤
　　　　　⑥

学生针对①—⑥的画线，应选择疑问句①谁，②谁，③几（多少），④哪儿（什么地方），⑤什么，⑥怎么（要求学生说出完整的疑问句）。又如：

李教师给了美国留学生三张下午2：20的电影票。
　①　　　　②　　　③　　④　　　　⑤

学生应回答①谁，②谁，③几，④什么时候（几点），⑤什么，⑥什么。

【说明】

画线提问也可以改为根据重音提问，教师有意重读来突出要强调的部分，学生就这一部分进行提问。教完特指问句时做这一练习效果较好。通过这一练习教师要让学生体会到汉语的疑问句语序跟陈述句相同的特点。特指问句还可以包括用"多长、多大、多高、多宽、多远、多大岁数、多大年纪"等提问的句子。

【目的】

掌握汉语特指疑问句的提问方式和回答方式。

（周健）

191. 临摹图画

【做法】

两三个学生一起临摹一幅图画，例如画一幅人像的轮廓画。由一人执笔，他人提示、评论。评论的话如："头太小了、耳朵太低了、嘴画得太小了、眼睛再大点儿、脸还要画长一点儿、头发画得太长了"等，最后全班再一起讨论每组临摹的图画。

【说明】

也可让一个学生先画一张画，另一学生照着画，别的学生帮助第二个学生临摹第一位学生的画。

【目的】

练习形容词谓语句和"太"、"（形）＋点儿"等语法点。

（黄立）

192."比"字句

【做法】

教师带一个卷尺，叫小刚、小明、小丽（女）三位学生走到讲台上，让他们互相量身高，并在黑板上写下结果：小刚，1.75米；小明，1.73米；小丽，1.56米。

教师问学生：他们谁比谁高？

学生回答：小刚比小明高，小明比小丽高，小刚比小丽高。

教师板书：

    A 比 B ＋ 形

又问：小刚比小明高多少？

有学生回答：小刚比小明高 2 厘米。

又问：小明比小丽高多少？

答：小明比小丽高 17 厘米。

教师板书如下：

A 比 B ＋ 形 ＋ 数量

教师在"形＋数量"下方分别写"贵、5块"，"年轻、12岁"，"远、3公里"，"便宜、3毛钱"，"重、6公斤"，引导学生造句。学生顺利完成后，教师再板书：

{ 小刚比小明高2厘米。
{ 小刚比小明高一点。

{ 小明比小丽高17厘米。
{ 小明比小丽高得多。

A 比 B ＋ 形 ＋ 得多 / 一点儿

让学生用"贵得多、便宜一点儿、难得多、好得多、简单一点儿、矮一点儿、近得多、好玩得多、重得多、聪明一点儿、胖一点儿、热得多、难受得多、高兴一点儿、暖和一点儿、漂亮得多"造句。

最后教师提醒学生不可以说"他的房间比我的房间很大/很小"，要说"大得多/小一点儿"。

如果学生学有余力，还可以介绍一种含有动词的"比"字句。

小刚比小明长得高。

小刚长得比小明高。

小丽汉语比我说得好。

小丽汉语说得比我好。

这种句式可以板书如下：

A 比 B ＋ 动 ＋ 得 ＋ 形

A ＋ 动 ＋ 得 ＋ 比 B ＋ 形

【说明】

"比"字句是初级阶段语法教学的重点之一。用学生熟悉的直观事物进行导入，并让学生们上台演示，能调动学生的学习积极性，化难为易，学生容易接受,并预防可能出现的偏误。教师在选择学生时要注意选择两个身高接近的,一个与他们相差较大的。如果不用学生演示,也可以改用比较不同物体的长度、价值等。一次语法教学的内容如果太多,学生可能难以消化。因此,"比"字句的否定形式以及上述最后一种含有动词的"比"字句最好暂不介绍,留待以后课文中出现时再讲。

【目的】

通过直观方法导入和规律总结教"比"字句。

(周健)

193. 高矮排队

【做法】

让班上学生依次上前面向教室门按高矮排队。教师让第一个学生站在合适的地方,第二个学生走上前去,稍作比较,然后说"我比你高(矮),我应当站在你后(前)边",其余的学生也逐一上前寻找适当的位置并说同样的话。全班按从矮到高的次序排好队以后,教师提问:"谁和谁一样高?""谁最高?""谁最矮?""谁比×××高?"

【说明】

这个游戏主要训练学生说"比"字句及相关的句式。如果班上人太多,可以分成男女两队,教师也可以参加。

【目的】

通过活动来操练"比"字句。

(李文丹)

194. 巧猜数字

【做法】

教师指定一位学生出来,背对黑板,面向全班学生。教师在黑板上写出一个 1024 以内的数字，让其他学生看清楚以后就擦掉。游戏开始后，站在前边的学生开始主动猜那个数字，但他必须用"比"字句，而其他学生必须先说"对"或者"不对"，然后用整句回答，如：

猜：它比250大。

答：对，它比250大。

猜：它比800大。

答：不对，它没有800大。

猜：它比400小。

答：对，它比400小。

……

猜的学生只允许问 10 句，在 10 句内猜出来的就是聪明人。如果猜的人在句子中出现了那个数字，大家就一齐说："它就是×××！"教师可根据实际情况安排 2—3 人上台猜数。

【说明】

这个游戏能帮助学生熟练掌握"比字句"的基本句式以及训练学生对汉语数字的反应速度。最佳的猜数方法是每次取中间数提问。例如所猜数字为 382，应依次猜：

（1）它比 512大（×）

（2）它比 256大（√）

（3）它比 384小（√）

（4）它比 320小（×）

（5）它比 352大（√）

（6）它比 368大（√）

（7）它比 376大（√）

（8）它比 380大（√）

（9）它比 382大（它就是 382）

【目的】

通过猜数字练"比"字句。

（白晓红　范磊）

195. 副词"比较"

【做法】

（1）教师先让学生查数本班男女学生人数并报告结果，比如男生一共20人，女生一共13人。

教师提出问题：男生和女生的人数相比，哪个比较多，哪个比较少？

学生回答：男生人数比较多，女生人数比较少。

教师又问：男生人数比女生多多少？女生人数比男生少多少？

学生回答：男生比女生多7人，女生比男生少7人。

教师板书如下：

{ 男生比女生多7人。
　男生人数比较多。

{ 女生比男生少7人。
　女生人数比较少。

比较＋形容词

教师引导学生用"比较"和形容词"贵、便宜、好、近、远、大、小、好听、好玩、舒服、漂亮、有意思"搭配分别造句。

（2）教师提问某个学生：你周末喜欢做什么？

学生回答：我喜欢看电影。

教师进一步问：你还喜欢什么？

学生回答：我还喜欢打篮球。

教师问：那么看电影和打篮球你比较喜欢哪一样？

学生回答：我比较喜欢打篮球。

教师板书：

比较（＋助动词）＋动词

教师先指出，助动词主要有"能、会、敢、要、想、爱、怕、喜欢、愿意、希望、讨厌、羡慕"等（主要包括能愿动词和心理活动动词，也能单独做动词用）；再引导学生造句，如：

班长比较能团结同学。

她比较会唱英文歌。

现在我比较会学习了。

我比较讨厌这个人。

小明比较爱看日本电影。

他比较能吃苦。

（3）归纳"比较"作为副词时的用法。

"比较"做副词表示"具有一定的程度"。后面可以跟形容词或动词，有时在动词前还可以加助动词。并提醒学生："比较"做副词时，不用于否定式，例：

＊我比较不好。

＊我比较不喜欢运动。

【说明】

副词是对外汉语教学的难点和重点之一。用学生身边熟悉的事物进行引导，能调动学生的积极性；用学生已学过的有关"比"字句的内容来导入新课，由浅入深，学生容易接受。

【目的】

通过"比"字句引入副词"比较"的教学。

（张娜）

196. "有（一）点儿"和"一点儿"

【做法】

教师可用真实情景导入：

教师：我去超市看见苹果3块5一斤，我知道市场的苹果是3块一斤。你们说，超市的苹果贵不贵？

学生：有点贵。

教师：超市的苹果比市场的苹果贵很多吗？

学生：不，超市的苹果贵一点儿。

教师板书如下：

　　　有（一）点儿＋形容词　　超市的苹果有点儿贵。

　　　形容词＋一点儿　　　　　超市的苹果比市场的苹果贵一点儿。

教师引导学生注意"有点儿"在形容词前边，"一点儿"在形容词后边。因此不能说：

　　*今天比昨天一点儿冷。

　　*这东西一点儿贵。

"有点儿"用来说自己的感觉和评价，而且一般情况下都是不好的感觉。我们常说"天气有点儿热"，"我住的房间有点儿小"，"头有点儿疼"。我们不说"有点儿便宜"，"有点儿好"，"有点儿舒服"。偶尔也可以用于正面的情况，如"今天有一点儿暖和"，"苹果有一点儿红"。

"一点儿"多用在比较的时候，比如"苹果比葡萄便宜一点儿"，"泰国比越南大一点儿"，"越南人口比泰国多一点儿"。

【说明】

"形＋一点儿"和"有点儿＋形"是初级阶段语法教学的难点之一，本技巧帮助学生掌握"形＋一点儿"和"有点儿＋形"的用法，了解这两个结构在意义上的区别，并预防可能出现的偏误。至于"有点儿"和"一点儿"用于动词和名词前的情况，与"了"连用的情况等，在初级阶段可以暂不涉及，等到学生已经掌握了最基本的用法差异之后再做适当介绍。

"有（一）点儿"也可以用在表示思想感情或思想活动的动词前，以及表示心理感觉的名词前。如：

（1）他有一点儿想妈妈。

（2）我有一点儿讨厌他。

（3）我对她有一点儿好感。

（4）我对中国文学有一点儿兴趣。

（5）这件衣服她穿有点儿显老。

"一点儿"可以跟"也不"连用，做句子的状语。比如：

（1）我对你们的事一点儿也不感兴趣。

（2）今天游泳池的水一点儿也不冷。

【目的】

分阶段教"一点儿"和"有点儿"的用法。

（周健　陈晨）

197. 副词"白"

【做法】

副词"白"的主要语义是"徒劳"、"没有效果"，第一次出现时应当作语法点来处理，最好采用启发式教学，设计交际情景，将学生带进去，通过问答，让学生自己把这个词用在句子中。

（1）首先板书"白"这个词，然后提问：

——请大家想一想，你要去看一个自己特别喜欢的音乐会，可是到了以后，人太多，你没买到票，这时你是不是有点儿不高兴？（是。）

——你为什么不高兴？（因为我用了时间，可是我没看到。）

——对，你去那个地方是为了听音乐会，可你用了时间和精力，却没达到自己的目的，没得到自己想得到的东西，这时就可以说"我白去了一次音乐厅"。

（2）板书这个句子。为加深学生印象，可以继续举例如下：

——我请你去买一本汉语听力书，可你没听好，却给我买了一本口语书回来，你说老师满意吗？（不满意。）

——为什么？（因为老师不需要，没有用。）

——对了，因为你用时间和钱，却得到了不想要的东西，它对你没用，这时就可以说"你白买了一本书"。

（3）把这句话写到黑板上，然后指出"白"作为副词，必须放在动词前面。

（4）让学生尝试造句，但仍要用启发式，比如问学生：

——我请你明天来我办公室，可你以为是今天，就来了，最后没见到我，你会怎么想？请用"白"说出来。（我白来了。）

——你在中国学了半年汉语，可还是不会跟中国人说话，你觉得怎么样？请用"白"说出来。（我白学了/我白来中国了。）

（5）"白"的否定形式是前面加"不、没"等词。如"这本书不白买"，"这300块钱没白花"。

（6）让学生自己直接造句，检验他们的理解与运用程度。

【说明】

　　副词"白"是初级阶段的语法点，用启发式教学会吸引学生很快主动获得其语法意义，并正确运用。至于"白"和"白白"用法上的区别，先不涉及，等到"白白"在教学中出现后再作比较。

【目的】

　　让学生掌握副词"白"的语法意义和正确用法。

（崔建新）

198. "才"的语法意义

【做法】

　　"才"与数量词一起出现时是表示多还是少？早还是晚？学生有时会产生困惑，因为"才"既可以表示数量大，也可以表示数量小。教师可以通过一些例句来引导学生自己发现规律。

（1）她这件衣服才300块。（300块表示数量少）

（2）他花了300块才买了这件衣服。（300块表示数量多）

（3）王丽丽8点15分才到学校。（8点15分表示时间晚）
（4）李萍走进教室才8点15分。（8点15分表示时间早）
（5）他30岁才结婚。（表示岁数大，时间晚）
（6）他结婚才30岁。（表示岁数小，时间早）

带"才"的句子既可以表示时间晚、数量多，也可以表示时间早、数量少。从表面上看来，这两个义项是相矛盾的，但其中是有明显的规律可循的。教师可以引导学生注意，凡是表示数量多、时间晚的，"才"都出现在数量词之后；反过来，"才"出现在数量词之前时，就表示数量少或时间早。这样一来"才"表示多还是少的规律就很容易掌握了。教师可以提供若干数量词和语义限制，要求学生造句：

> （1）22岁，上大学　（晚）
> 　　他22岁才上大学。
> （2）22岁，上大学　（早）
> 　　他上大学才22岁。
> （3）3万元，结婚　（多）
> 　　她花了3万元才结了婚。
> （4）3万元，结婚　（少）
> 　　她结婚才花了3万元。

【说明】

　　表示时间早晚、数量多少、年龄大小、范围宽窄、程度深浅等，往往体现的是一种主观心态。在"才"字句中，客观的时间、数量、年龄是不起决定作用的，关键是看它所处的位置。不管数量多少，只要出现在"才"的前边，就会显示"数量多"的语法意义；不管数量多大，只要出现在"才"的后边，就会显示数量少的语法意义。这就是句法结构对语法意义的一种制约。学生需要的正是这种简明的规律。

【目的】

　　通过实例帮助学生总结"才"的语法意义和简明的使用规律。

（周健）

199. "才"和"就"

【做法】

（1）教师展示例句。

他昨晚11点睡觉。　　　他昨晚11点睡觉。

他昨晚11点**才**睡。　　他昨晚11点**就**睡了。

他花了3个月**才**学会。　他花了3个月**就**学会了。

（2）通过对比，引导学生发现它们的区别，领会句子的意思。

  他昨晚11点睡觉。   他昨晚11点睡觉。

  他昨晚11点**才**睡。   他昨晚11点**就**睡了。

  （说话人**认为**动作发生得晚） （说话人**认为**动作发生得早）

  他花了3个月**才**学会。   他花了3个月**就**学会了。

  （说话人**认为**时间长）   （说话人**认为**时间不长）

（3）引导学生总结"才"与"就"的这种用法。

  时间＋才 （**认为**动作发生得晚，进行得慢或时间长）

  时间＋就 （**认为**动作发生得早，进行得快或时间短）

（4）给情景进行操练。（略）

（5）告诉学生"才"不止这一种用法，启发他们观察、发现问题。必要时可启发他们思考：为什么"才"和"就"能出现在同一个句子中？这时的"才"表示什么？为什么？

  他昨晚<u>11点</u> **才**睡。

  他昨晚**才** <u>11点</u>就睡了。

  他花了<u>3个月</u> **才**学会。

  他**才**花了<u>3个月</u>就学会了。

  这回去<u>8个人</u> **才**够。

  这回**才**去了<u>8个人</u>。

（6）通过提问，与学生一起总结，强调要注意"才"的位置。

  时间/数量等＋才 （把事情往大处说，**认为**晚/慢/多等）

  才＋时间/数量等 （把事情往小处说，**认为**早/快/少等）

（7）给情景进行操练。（略）

【说明】

有教材在出现这两个语法点时，是这样说明的：

  "才"表示动作发生得晚，进行得慢或不顺利。如：八点上课，他八点才来。……"就"表示动作发生得早或进行得顺利。如：电影七点开始，他六点半就来了。……

这样解释还不够准确，因为同一个时间是"早"还是"晚"，主要取决于说话者个人的看法。另外，对"才"的解释也不够全面。

由于"才"的使用频率比较高，教学时还是需要多花些时间讲好这个词的用法。我们认为"才"与"就"这个语法点难度不算大，关键在于精心设计例句展示，始终坚持与学生一起活动，边讲边练，让学生自己发现知识的要点。我们从同一个句子入手，是因为有利于对比。上述步骤（5）—（7）应视具体情况而定。如学生基础不太好，或恐学生一下子接受不了这么多新知识，可将这几个环节留待别的课文出现此类例句时再引导学生思考、领会并实践。

还需要补充说明一点："才"与"就"所表达的对时间、数量的评判虽然主要是主观的，但社会普遍认同的常识、常理也可以作为隐性的评判的标准。我们在开始的时候也可以举一些比较极端的例子来凸显它们的语法特征。如：

她15岁就结婚了。

她55岁才结婚。

他每天晚上8点就睡觉了。

他每天凌晨2点才睡觉。

【目的】

通过对比，结合实例来教"才"与"就"的用法。

（彭小川）

200."能"和"会"

【做法】

教师先给学生十个句子，要求学生用"能"或"会"填空：

（1）张先民（　　）说汉语。
（2）李刚（　　）唱日本歌了。
（3）下象棋、打网球、游泳，他都（　　）。
（4）这种纸好，（　　）写毛笔字。
（5）你不（　　）让孩子做坏事啊！
（6）车坏了，他不（　　）来学校上课了。
（7）他一个小时（　　）做十道难题。
（8）他腿好了，（　　）走路了。
（9）他（　　）听懂广州话和湖南话。
（10）你看电视放这么大声，邻居（　　）有意见的。

参考答案：（1）会，能；（2）能，会；（3）会；（4）能；（5）能；
（6）能；（7）能；（8）能；（9）能；（10）会。

然后教师带领学生总结"能"和"会"的共同点和区别：

"能"和"会"都可以用在动词前边表示有能力干某事，或者有可能发生某种行为，如（1）、（2）句，又如：

有机会参加北京奥运会，他怎么能（会）不想呢？

但这两个词还有很多区别。第一，"能"可以具有客观条件或具有某种用途，"会"没有这种用法，如（4）句；第二，"能"可以表示许可、允许等义，"会"没有这种用法，如（5）、（6）句；第三，在表示工作效率（如第（7）句）、恢复某种能力（如第（8）句）、动词后有补语时（如第（9）句），都要用"能"；第四，肯定式的陈述句一般用"会"，很少用"能"，如（10）句；第五，学会的技能，多用"会"，如（3）句，又如，"孩子刚会走路，不大会说话"。

【说明】

"能"和"会"的英文翻译都是 can, be able to，在使用中有时会混淆，教师需要多提供范例，让学生在使用中体会它们的异同。

【目的】

让学生通过句例，体会"能"与"会"的异同。

（周小兵）

201."本来"和"本来就"

【做法】

教师先展示一个句子：

我本来爱旅游，来中国以后，更希望多去一些地方看看。

然后问学生，这个句子有没有问题？如果有，应当怎么改？如果学生没发现，教师可以指出，应当在"本来"后边加上一个"就"字才能使语气顺畅协调。"本来"和"本来就"作用不同，"本来"有多种用法，其中用在复句的分句中，有暗示下文有所转折的作用，所以常和"但是、可是、然而"这类转折连词共用，例如：

（1）今天他本来打算上街，可是由于下雨，只好改变计划。

（2）阿里本来不想去玩，但是看到大家都出去了，他在家也待不住了。

（3）我本来对她印象不错，然而经过这个事件以后，我的看法有所改变了。

"本来就"的作用不是表示转折，而是表示递进，所以常和"更"、"更加"等词呼应。例如：

（4）小丽本来就胆小，经他这样一吓唬，更是害怕得要死。

（5）我本来就不喜欢热闹，看见那么多人要去唱歌喝酒，就更不想去了。

（6）那把椅子本来就要散架了，经你这么一摇晃，更加不能坐了。

然后教师提供像"本来……可是……""本来……但是……""本来就……更……""本来就……更加……"这样的关联词语，让学生造句子，以避免搭配上的错误。

【说明】

应当把"本来"和"本来就"看成两个不同的虚词,不要把"本来就"看成是"本来+就",从而都当作"本来"的用法来解释。这样分别对待,有利于学生理解这两个副词的用法。

【目的】

从教学实际出发,进行近义词的辨析。

(宋玉柱)

202. "巴不得"和"恨不得"

【做法】

首先告诉学生这两个词都表示"急切地盼望"的意思,它们的主要区别是"巴不得"所盼望的事是可以做到的,而"恨不得"所盼望的事是做不到的。然后向学生展示下表:

巴不得(可实现)	恨不得(不能实现,不会发生)
你来得正好,我巴不得有人来帮忙。	我恨不得现在就飞到你身边。
妈妈说了声玩去吧,小弟巴不得这一句,转身就跑。	我说了这么多,你还不相信,我恨不得把心掏给你看。
我巴不得他不来。	*我恨不得他不来。

教师应提供真实的情景,引导学生使用这两个词。例如:

——今天早上你没吃早饭,所以还没到放学时间就已经很饿了。现在是十一点,离正常的下课时间还有半个多小时,那你是不是希望教师早点儿下课?(是。)

——那你用"恨不得"怎么表达你的愿望?(我恨不得早点儿下课。)

——很好!那接下来你越来越饿,饿得难受,你非常希望快点下课去吃饭了,想现在就走,那你用"恨不得"怎么说?(我恨不得现在就下课去吃饭。）

教师板书这两个句子,同时重复朗读,并伴有体态语,做出急切的样子。然后引出另一个情景:

——老师说"今天的课已经讲完了,提前几分钟下课好不好?"你正急切盼望下课呢,你应该怎么说?要用上"巴不得"。(太好了!我巴不得早点下课。)

教师再给学生创造其他可用二词的语境,引导大家造出他们自己的句子,大声说出,直至基本没有问题。

【说明】

关于这对词,上述差异是最基本的,还存在一些复杂的情况和例外。但在初级阶段不必过多考虑。到了中高级阶段再讲比较深入的对比,如这对词有时可以替换,但"恨不得"句侧重表达主观愿望的迫切程度,句子的独立性较强;而"巴不得"句则侧重于说明希望实现的内容,对上下文的依赖性较强。比较:

(1)汤姆恨不得明天就走。(汤姆很着急)

(2)汤姆巴不得明天就走。(但不知道爸爸会不会同意)

另外,"巴不得"还可以做定语或单独用于感叹句,如:

（3）明天去外地旅游,这是杰克巴不得的(事情)。

（4）你说今天不在家吃饭,我正巴不得呢!

词语的意义和用法一定要放在具体真实的场景中加以说明,学生才能体会和掌握。

【目的】

通过句例和辨析帮助学生掌握这一对近义词。

（崔建新　周健　狄国伟）

203. "几乎"和"简直"

【做法】

我们主要用对比的方法来辨析这一对同义词。它们都是副词,都表示非常接近某种情况、程度或状态,在很多情况下可以替换,但"几乎"的词义要轻一些,"简直"表示更接近所说的情况,还含有夸张的语气。如:

他几乎不敢想象事情的结局。

他简直不敢想象事情的结局。

我几乎认不出她了。

我简直认不出她了。

但它们在意义上还有一些差异,"几乎"有"差点儿"的意思,比如:

脚下一滑,几乎摔倒了。

*脚下一滑,简直摔倒了。

毕业考试,他几乎不及格。

*毕业考试,他简直不及格。

这篇文章,他几乎写了三年。

*这篇文章,他简直写了三年。

使用范围方面也有差异,"简直"可以用来表达强烈不满的语气,如:

简直不像话!

＊几乎不像话！

简直太小气了！

＊几乎太小气了！

简直没人性！

＊几乎没人性！

"简直"后面可以接比较夸张的比喻。比如：

雪大得简直像鹅毛一样。

＊雪大得几乎像鹅毛一样。

你简直连畜牲都不如！

＊你几乎连畜牲都不如！

【说明】

汉语中词义和用法相近的词语很多，要说清楚它们的区别，比较困难。我们可以运用对比分析的方法进行辨析，解释它们在语义、使用范围、构句功能、搭配词语、感情色彩、词性多寡、语体风格等方面的异同，同时多提供例句，在进行理性分析的同时，注意增加学生的感性体会。

【目的】

通过例句和对比分析来区分同义词。

（卢福波）

204. "难免"和"不免"

【做法】

教师先展示一组句子：

（1）他是南方人，说普通话不免（难免）夹杂一些方言。

（2）但我对中西的画都是门外汉，说的话不免（难免）为内行所笑。

（3）第一次走上讲台，心里不免（难免）有些紧张。

在以上句子中"不免"和"难免"可以互换，因为"难免"和"不免"

都有"不容易避免"、"免不了"的意思，而且都可以在句子中不带"地"充当状语。

然后教师再展示一组句子，让学生选择填空：

> （1）经验不足，走一些弯路，这也确实（　　）。
> （2）工作中出现了一些（　　）的错误。
> （3）回到工作过十年的学校，他（　　）想起了许多往事。

前两句都只能填"难免"，因为"难免"是形容词，可以做谓语（第（1）句）或定语（第（2）句），而"不免"是副词，只能在句子中做状语，所以第（3）句填"不免"。

最后教师带领学生分析它们在语义上的差异："难免"侧重客观情况的不可控制，即表示某些客观情况的发生出现是控制不了的，后面出现的一般是不希望发生的事情或不愉快的情况。如：

（1）粗心大意，就难免把事情搞坏。

（2）同事之间难免有时看法不一致。

"不免"也可以用来表示客观情况的不可避免，但更侧重于主观情绪的不可控制、情不自禁。"不免"后面的句子语义上不限于不希望发生的事情或不愉快的情况，而是兼而有之。如：

（1）孩子单身远行，父母不免牵肠挂肚。

（2）看到孩子日渐懂事，做父亲的不免既欣慰又兴奋。

有意思的是，"难免"和"难免不"意思是相同的，如：

（3）一个人不努力学习，难免（难免不）会落后。

【说明】

近义词的比较，要引导学生注意语法功能的不同，还要关注它们的语义条件，要多体会用例。

【目的】

通过大量例句辨析近义词。

（罗青松）

205. "把"字句教学顺序

【做法】

"把"字句的类型很多,其中最常用的有以下六种句型:

(1)他把书包放在桌子上。

(2)老师把作业本发给大家。

(3)他把那个水瓶捡起来扔进果皮箱里。

这三种句型所表示的语义是:某确定的事物因动作而发生位置的移动或关系的转移。

(4)他把黑板擦干净了。

(5)他把那句话告诉了教师。

这两种句型的语义可以概括为:表示某确定的事物因动作而发生某种变化,产生某种结果。

(6)他把葱切成丝。

这种句型的语义是:把某确定的事物认同为另一事物,或通过动作使某事物变化为在性质、特征上有等同关系的另一事物。

我们应当按照什么样的顺序教"把"字句呢?以往的教学常常先教"把"字可用可不用的形式,即先写一个主谓宾句,然后将它变换为"把"字句,让学生做变换练习。如:

玛丽打开门。 →玛丽把门打开。

小丽洗衣服了。→小丽把衣服洗了。

这样安排不够妥当,学生容易产生错觉,以为"把"字句在任何情况下都是可用可不用的,以致出现了回避的现象。

我们应当一开始就教必须用"把"字句表达的句型(1),也就是"把"后面的宾语发生位移的这种。比如:

他把照相机放在书桌里了。

我把钱包留在阅览室了。

请把汽车停在马路对面。

他把桌子搬到教室外边去了。

根据研究者对各国留学生所作的实验统计，句型（1）是出现率最高的，也是比较容易习得的。学生最不熟悉的是句型（5）。这就启示我们，应该顺应学生的习得顺序，将"把"字句的教学内容安排在不同的教学阶段。容易掌握的句型（1）先教，难以掌握的句型（5）最后教，其余的安排在中间阶段教。这样就能有效地分散难点，使学生产生混乱的现象大大减少。

【说明】

"把"字句的教学历来是对外汉语教学中的一个重点，也是一个难点。"把"字句本身又有很多类型，我们应当依据使用频率、难度等级和习得顺序，综合考虑，合理安排教学顺序。

【目的】

通过合理安排顺序教学生掌握"把"字句。

（彭小川）

206."把"字句操练

【做法】

教师先准备一些纸条，每张纸条上写一个指令，如"把门打开、把黑板擦干净、把灯关上、把窗户打开、把书打开、把字典放到老师的桌子上、把老师的包打开、把椅子搬到前边、把同桌的文具盒放到自己的桌子里、把自己的笔放到同桌的头上……"

然后每人抽取一张纸条，按座位顺序让第一位同学根据纸条上的话做动作，另外指定一位同学先描述这位同学的动作，要求必须用上"把"字句，如"麦克把字典放到老师的桌子上了"，再猜字条上的指令。

最后让麦克读出纸条上的指令。如果两人说的完全一样,大家鼓掌表示祝贺。然后进行下一个。

【说明】

　　本技巧不从概念和定义出发，而是通过任务活动来操练"把"字句。教师写的指令都含有"把"字句，都是带有处置性、位移性的句子，学生操练多了就会对"把"字句的使用条件和语境有语言经验的积累，从而正确习得"把"字句。

【目的】

　　通过指令和动作，训练学生理解"把"字句的用法。

（马明艳　唐玲）

207．摆放家具

【做法】

　　教师先展示各种家具（包括部分家用电器）的图片，让学生每人抽取一张粘贴在黑板上，然后在家具图片的下方写上家具的名称。如：书桌、椅子、电脑桌、沙发、餐桌、床、衣柜、电视柜、书柜、橱柜、床头柜、躺椅、小圆桌、大衣架、茶几、梳妆台、酒柜、鞋柜、洗衣机、电冰箱、电视机、饮水机等等。遇到学生不会写的，教师可以帮助书写并注上拼音。

　　教师再展示一套住房的截面图，让学生说出其中各房间的名称，如：客厅、卧室、厨房、书房、洗手间、阳台等。

　　然后教师让学生假定自己是房子的主人，现在指挥搬家公司的工人摆放这些家具。要用"请把……"这样的句式。教师可先要求学生 A 指挥工人把家具搬到合适的房间里，再要求学生 B 进一步指挥工人把家具放在房间里合适的位置上。

【说明】

　　这也是一个任务式的活动，训练学生大量使用"把"字句。

【目的】

　　练习"把"字句，同时也复习有关房间名称和家具名称的词汇。

（周健）

208. 巧练"把"字句

【做法】

（1）教师准备三张图，分别画有一只虎、一只猪和一筐白薯。

（2）教师告诉学生情景：

一个农夫带着一只虎、一只猪和一筐白薯去集市。来到河边，农夫租了一条小船，由于船很小，农夫每次只能把一只动物或白薯带过河。如果先把虎带过去，留在岸边的猪就会把白薯吃掉；如果先把白薯带过去，留下的虎就会把猪吃掉。农夫用什么办法才能把三样东西都带过河去呢？

参考答案：农夫先把猪带过去，回来再把虎送过去，回来时再把猪带过来，把猪放在岸边，把白薯带过去，最后再回来把猪带过河去。

（3）教师把学生分成若干小组进行讨论，哪个小组先找到解决的办法，并用"把"字句正确描述出全部过程，哪个小组就获胜。

【说明】

本技巧是集中练习"S＋先（再）＋把＋O＋带（运、送）＋过去（来）"这种句型，但教师不必从句型格式出发进行导入，而是通过多次运用"把"字句的示范，让学生直接感知。最后让学生表述时，教师要对"把"字句的正确运用给予及时的表扬，对不符合要求的表述要给予纠正。

【目的】

通过完成一项智力任务，开展"把"字句的操练。

（高思嘉）

209. 教"居然"和"连"

【做法】

副词"居然"表示出乎意料，指本不该发生的事情竟然发生。但是在教学中学生不容易一下子掌握这个词的用法。教师可先展示以下例句：

（1）那个问题已经解释了两遍，我以为他一定清楚了，可他居然还不明白。

（2）那个问题已经解释了两遍，可他居然还不明白。

（3）那个问题我以为他清楚了，可他居然还不明白。

（4）那个问题他居然还不明白。

然后指出，（1）句是一个复句形式，在包含"居然"的分句前有两个分句。头一个表示初始的客观事实；第二个表示由头一句可能引起的结果；含"居然"句则表示跟第二句相反的事实。这就是"居然"出现的条件。可以说，（2）、（3）、（4）都是（1）的省略形式。

【说明】

在实际语言中，可能（4）的频率比前面三句高。但一开始就讲（4），学生不容易了解和掌握"居然"的用法。如果先讲（1），再讲（2）、（3），最后讲（4），通过对比，学生就比较容易掌握"居然"的用法了。汉语中有一些虚词，尤其是语法意义强的虚词，例句的语境揭示如果不充分，学生很难迅速理解。这时教师就应当设法补足语境，再按照由浅入深、由易到难的顺序开展教学。再如"连"字句：

（1）他的钱被抢了，皮鞋被抢了，连穿的衣服都被抢了。

（2）他的钱、皮鞋被抢了，连穿的衣服都被抢了。

（3）他连穿的衣服都被抢了。

虽然（3）比（1）、（2）两句要短，使用频率在现代汉语中最高，但对留学生来说，它最难理解。我们如果能按从（1）到（3）的顺序导入，学生就容易接受。

【目的】

强化语境设置，帮助学生掌握副词"居然"和"连"的用法。

（周小兵）

210. "不大"和"不太"

【做法】

"不大"和"不太"都可以用在形容词、心理动词和助动词前面，表示委婉的否定。但其中还有一些比较细微的差别，教师最好用例句来说明。如：

（1）他唱歌不大好听。

（2）李老师不太舒服。

（3）小王不大喜欢红色。

（4）老张不太想去。

（5）我不大会说话。

（6）这孩子不太能吃苦。

句中的"不大"、"不太"都可以对换，意义也差不多。如果都换成"不"，句义基本不变，但否定的语气比原句重一些。

值得注意的是,"不大"还可以用在行为动词前边,表示发生频率低。"不太"没有这种用法。如:

(7)小李不大去朋友家走动。

(8)他们家不大吃鱼。

(9)他最近忙,星期六也不大休息。

此外还有一点值得注意,尽管"不大"和"不太"都可以用在形容词前面表示委婉的否定,但它们跟形容词的搭配还是有不同之处的。"不太"既可以用在褒义形容词前边,又可以用在中性形容词前边;"不大"只能用在褒义形容词前边,不能用在中性形容词前边。请比较:

(10)他不太聪明。

＊他不大聪明。

(11)那幅画不太漂亮。

＊那幅画不大漂亮。

(12)他个头不太高。

＊他个头不大高。

(13)这条路不太宽。

＊这条路不大宽。

【说明】

汉语中有不少副词或形容词用法相同、意义相近,我们主要通过对比的方法来辨析,要提供较多的例句来让学生体会。

【目的】

对比辨析"不大"和"不太"的异同。

(周小兵)

211. "起来"、"下去"和"下来"

【做法】

教师在黑板上写一个句子，让学生填趋向补语：

他跑了三圈以后，感到累了，速度渐渐慢了_____。

会有不少学生填"起来"，但正确答案是"下来"。

教师再写一句让学生填：

这个活动既然已经开展_____了，就要坚持开展_____。

（起来、下去）

然后说明：如果是动词＋"起来"，表示动作开始，并继续进行（由静态进入动态）。如果是动词＋"下去"，表示动作已在进行并继续进行。前者强调的是开始，后者强调的是继续。而动词＋"下来"，表示动作从过去坚持到现在，或由动态进入静态，如：

我们班参加长跑的同学都坚持下来了。

见到信，妈妈的心才放了下来。

如果是形容词＋"起来"（或"下来"），如：

天热起来了。

教室里安静下来了。

表示是状态开始出现并继续发展，强调的是开始。

如果是形容词＋"下去"，如：

再这么热下去，过几天就可以游泳了。

表示的是状态已经存在并将继续发展下去，强调的是继续。

此外，"起来"多用于积极意义的形容词；"下去"、"下来"多用于消极意义的形容词（也有例外）：

好起来‖坏下去　　胖起来‖瘦下去(来)　　硬了起来‖软了下来

快了起来‖慢了下来　　天色渐渐亮起来了‖天色渐渐黑下来了

富裕起来‖贫困下去　　声音高了起来‖声音低了下去（来）

最后教师可以做个小结：

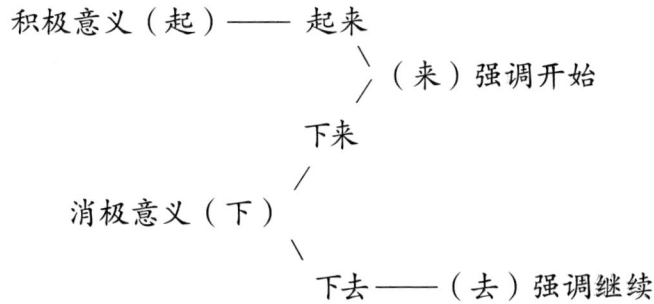

然后让学生用这三个复合趋向补语分别放在动词和形容词后边各造一个句子。

【说明】

复合趋向补语主要表示人或事物的动作或发展趋向，可引导学生从汉字的本义（起、来、去、上、下）来体会和记忆。还可以做一些改错练习来巩固。

【目的】

通过比较分析的方法，帮助学生准确地掌握"起来、下来、下去"等趋向补语的用法。

（周健）

212. 歧义辨析

【做法】

教师先讲一个笑话：

有一个人赴宴，看见席上有板鸭，恍然大悟，说："以前不知道咸鸭蛋是从哪儿来的，现在知道了，原来是咸鸭生的。"

他为什么弄错了呢？因为我们理解"咸鸭蛋"的结构是"咸 | 鸭蛋"，而他认为是"咸鸭 | 蛋"。

再举两例：

（1）他和她的老师来了。

　　理解一：他和她的｜老师来了。

　　理解二：他｜和她的老师来了。

（2）新建的工厂大门。

　　理解一：新建的｜工厂大门。

　　理解二：新建的工厂｜大门。

然后要求逐一分析下列句子可能的歧义：

（1）我们三个一组。

（2）他看了一个月的报。

（3）桌上放着许多朋友送来的礼物。

（4）她是去年生的孩子。

（5）我想起来了。

（6）鸡不吃了。

（7）爸爸要开刀。

（8）火车票和零用的钱都在这里了。

（9）我们没有做不好的事情。

（10）王老师刚调来我们系，许多人还不认得。

【说明】

汉语是一种"模糊语言"，它没有形态变化，没有变格变位，有时词类也不能一下子确定，因此读汉语必须左顾右盼，看上下文，看内在外在的联系才能真正了解句子的内容。孤立的句子有可能出现歧义，但当句子放在具体的语境中歧义就消失了。因此消除歧义理解的根本办法，是放在上下文中揣摩其情理和含义，在口语中还可以通过语音重读的办法来区别。

【目的】

训练学生发现歧义、辨析歧义、设法消除歧义,提高对汉语语法和语义的把握能力。

（周健）

213. 对比析疑

【做法】

通过新旧知识的对比来讲授某些语法点,是教师常用的方法。对比的方式有不少,其中一种是先对比设疑,后进行讲解。如讲授动词前加"一"出现在复句的第一分句的用法时,先不直接列出完整的例句,而是板书两组词组:

　　　找人问问　　　开门看看
　　　找人一问　　　开门一看

然后请学生思考：每组中的两个词组意思是否一样？用它们造句时用法又是否相同？接着,教师进一步把词组补充完整:

　　　马丁要找人问问北京路怎么走。

马丁找人一问，就知道了到北京路该怎么走。

我开门看看是谁来找我。
我开门一看，原来是小王来找我。

最后，启发学生自己总结出：前者后面跟的是"问"或"看"的内容；后者后面跟的是"问"的结果或"看"后发现的情况。

【说明】

在讲授新知识前进行对比设疑，可使学生形成一种悬念，急切地、主动地参与学习活动，更牢固地掌握新的知识。这种方法也可用于词语教学。

【目的】

利用新旧知识对比讲解语法点。

（彭小川）

214. "又"、"再"和"还"

【做法】

"又、再、还"都有表示动作重复进行的含义，学生容易混淆，可用对比析疑的方法讲解。我们先给出例句：

（1）他**又**唱了一首。

（2）好，我**再**唱一首。

（3）叫他不要唱，他**还**在唱。

（4）他今天**又**没来。

（5）他走了以后没**再**来。

（6）他**还**没来。

前三句有什么不同呢？

"又"的基本用法是表示同类的动作或情况重复发生。通常用在已经发生了的事情，动词后常带有"了"。例（1）是说"他"先前已唱过一首或几首，后来重复唱了一首。

"再"的基本用法是表示添加相同的动作或情况,也含有重复发生的意思。多用在将发生的事情。

"还"的基本意思是表示延续,表示动作继续进行。

然后教师用示意图来表示:

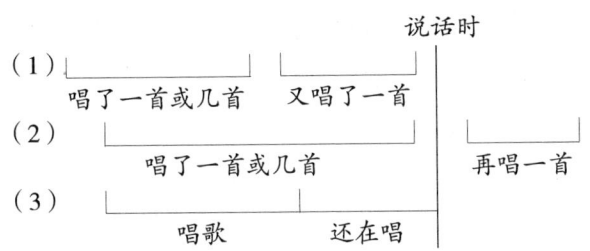

在否定形式方面,由于"又"表示已经实现的重复,"还"表示延续,所以它们都没有否定形式,"不、没"只能放在它们的后面。"再"的前后都能出现否定词"不、没",不过,"再不、再没"的语气比较强。

最后,教师可提供若干填空练习,以检验学生对这三个副词的掌握。

(1)她现在（　　）在那所学校教书吗?
(2)（　　）过几个月,我就要毕业回国了。
(3)他今天（　　）迟到了。
(4)你的病刚好,（　　）休息几天吧!
(5)大学毕业以后,我（　　）也没见过他。
(6)你怎么（　　）不参加我们的活动?

【说明】
把两个或两个以上意思相近、用法容易混淆的词语进行对比、分析,让学生明了它们在意义、用法方面的共同点和差别,是语法教学的有效方法。

【目的】
介绍对比法在语法课堂教学中的运用。

(彭小川)

215. 多重定语找位置

【做法】

教师把准备好的多重定语句子按成分分别写在不同的卡片上,如句子"我要感谢我们学院所有教过我的汉语老师",把该句子写在六张卡片上,内容分别为:"我要感谢、我们学院、所有、教过我的、汉语、老师"。

让六个学生每人抽取一张卡片,并指定分别手持"我要感谢、老师"的两个学生站在教室前面,面向全班同学,中间留出四个人的空隔(或四把椅子),然后让其他四个持有卡片的学生来找自己应在的位置。确定后站(坐)好再让下面的同学按照卡片的内容读出来,判断对错,并结合相关知识对其位置进行解释与说明,错了的分析原因。准备四至五个句子,全班学生就都有机会参与这个游戏了。

例如让学生排列以下五张卡片,组成一个句子:

(1)玛丽买了

(2)红色

(3)中国宁波生产的

(4)一件

(5)连衣裙

【说明】

这个游戏也可以用于多重状语的排列顺序,学生汉语学习进入中级阶段后,常常对多重定语(或状语)的排列顺序不明白或出错,教师讲授完有关基本知识还需要具体例子的训练,通过形象具体的游戏,学生"寓学于乐",能掌握得更为牢固。

【目的】

用比较生动的方法操练多重定语的位置。

(潘先军)

216. 教多重定语

【做法】

（1）举例复习汉语定语这个语法点，定语的位置应在中心语之前：

聪明的学生　　　　　漂亮的衬衣

（2）让学生一起来想更多的可能的定语。

努力的/优秀的　　　　干净的/高级的

一个/那些　　　　　　几件/这件

外国/新　　　　　　　丝绸/白色

王老师的/初级班的　　我们的/你的

从美国来的　　　　　朋友送的/在北京路买的

坐在后面的　　　　　衣柜里的

（3）引导学生对这些定语归类。

领属：你的　我们的　王老师的

指示：这　那　这些　那些

数量：一个　几件

来源：从美国来的　在北京路买的

处所：衣柜里的　坐在后面的

状态：努力的　漂亮的

性质：外国　丝绸

（4）由教师总结出排列顺序的规律：

领属—指示—数量—处所—来源—状态—性质—中心语

如：我们班那几个坐在后面的从美国来的聪明的外国学生。

我那件朋友送的高级白色衬衣。

（5）补充说明，一般汉语不会出现特别长的定语，就是说，七种定语很少同时出现。有时来源和处所的定语可以前移，如下：

领属—处所—来源—指示—数量—状态—性质—中心语

如：我们班坐在后面的那几个聪明的外国学生。

我朋友送的那件高级白色衬衣。

（6）把学生分成七组，每一组负责一种定语。首先由教师给出中心语及其各种定语，如：

"汽车"的定语：一辆、从美国进口的、银灰色的、小、我爸爸的、高级。

请每一组认出自己的定语，并派一个学生站出来排队，看看哪一队最先找到自己的位置。然后教师只给出中心语，让每组的学生写出自己组的定语，并派一个学生站出来排队。

【说明】

虽然在汉语语法中，长定语的排列问题不是一个特别重要的知识点，但学生学到中高级水平以后会提出这样的疑问，所以还是有必要跟学生讲解一下。由于这种语法知识容易让学生头疼，我们就需要借助活泼的游戏形式来帮助大家理解记忆。当然鉴于汉语的实际情况，教师一定要跟学生强调一点：实际使用中，汉语长定语的现象是不常见的，通常最多同时出现三四种定语。

【目的】

帮助学生理解多重定语排序的大体规律。

（喻江）

217. 教练离合词

【做法】

（1）讲解离合词

动宾离合词指下面一些语言单位：

见面　鞠躬　洗澡　跑步　结婚　帮忙

它们看起来像一个词。但跟一般动词相比，有一些非词的特点：① 表

体态的词语往往放在中间,而不是放在最后;② 中间还可以插入表数量、性质的词语。如:

见了面 / 见了两次面　　鞠过躬 / 鞠过一次躬　　洗了澡 / 洗热水澡
跑着步呢 / 跑了半小时步　帮了忙 / 帮了我一个大忙

在某种条件下它们还可以错位,即后边的单位移位到前面。如:

这个面我不见　　　澡洗完了　　　你的忙我一定帮

因此,不少人认为它们介乎词和词组之间,既有词的特征,又有词组(短语)的特征,因此被称为离合词。还有其他一些叫法,如短语词等。

这些语言单位,如果把它们看作词,"了、着、过"等动态助词和一些数量结构、动作对象就应该放在后面。但这样一来,往往出现偏误。如:

＊见面过　　　　＊鞠躬着　　　　＊鞠躬了两次
＊跑步了三千米　＊帮忙同学　　　＊洗澡小孩

这些词跟不少语言中的对应单位有差别,体现了汉语的特点。

(2) 练离合词

要求学生把括号中的成分插进离合词并造一个句子。教师最好先给一个范例。如:

见面(三次)→见过三次面→我跟李校长见过三次面。

① 帮忙(一个大)→
② 办事(三件)→
③ 跑步(一会儿)→
④ 洗澡(冷水)→
⑤ 受气(老板的)→

⑥ 留神（点儿）→
⑦ 结婚（两次）→
⑧ 鞠躬（一个）→
⑨ 毕业（不了）→
⑩ 生气（谁的）→

【说明】

从古代汉语到现代汉语，双音节化是一个明显的趋势，在语素组合成词的过程中有的凝固得比较紧，有的比较松散，还带有短语可分的特点。合成词能不能离，取决于：（1）词内语素的紧密度，即词的凝固性。凝固性不太强的词，就可能成为离合词。（2）两个语素都是自由语素的，容易插入成分成为离合词。例如："喘息"不可离，而"喘气"就可离。（3）口语色彩的词容易成为离合词。（4）常用性。比如，"鞠躬"两语素都不是自由语素，但它常用。此外还有一些不易说清楚的因素，比如"道歉"可离，而"抱歉"就不可离。

离合词的分离用法多用于口语交际，在正式语体中比较少用。如新闻报道"法国总统昨日访问中国，在人民大会堂跟胡锦涛主席见面后亲切握手，进行会谈，会谈中就某某事件向中国人民郑重道歉"；而在非正式的口语描述中就可能这样说："法国总统访问中国，跟某某领导人见了一个面，握了几下手，聊了一会儿天，然后就某个事件向中国人民道了个歉。"

现在的教材和词典一般都对离合词做了标注，比如《现代汉语词典》就在拼音中用"//"表示离合词，再加上离合词的界定难度很大，所以对外汉语教学要关注的是离合词的使用而不是界定。

【目的】

掌握离合词的特点和用法。

（周小兵　周健）

218. "正"、"在"、"正在"和"呢"

【做法】

教师在黑板上写下分别含有"正、在、正在、呢"的四个句子：

（1）地球在不停地运转。

（2）我去找他时，他正跟女朋友打电话。

（3）请等一下，他正在开会。

（4）我们干活呢。

"正、在、正在、呢"通常都表示动作的进行。它们能不能互换呢？可请学生体会每句所强调的重点。

（1）是说明永不止息或经常性的动作，不能换成"正"，或"正在"。如换用"呢"表示提醒听话人注意这一事实，也非原意。

（2）强调甲动作进行的时刻，乙动作恰好同时进行，可以换用其他三词。

（3）"正在 = 正 + 在"，既表示动作进行的过程，也表示进行的时刻。因此既可以换成"正"，也可以换成"在"。由此可知，"正"和"在"能互相替换的句子，就可用"正在"。例如：

　　孩子们正（在）（正在）上课。

但不能用"在"的句子，也不能用"正在"。如：

　　*我走进宿舍时，在（正在）熄灯。

（4）表示提醒听话人我们没闲着。"呢"可与"正、正在、在"连用，兼表动作进行和提醒的语气。

然后教师可给出若干句子作为练习，让学生填入最恰当的表示动作进行的副词或语气助词。

【说明】

用对比辨析的方法帮助学生分析掌握"正、在、正在、呢"在表示动作进行的句子中功能的异同，从而能正确表达汉语的"进行时态"。有些教材（如《现代汉语教程·读写课本》第46课）将以下四句作为"动作进行"的典型例句。

（1）他们正在听录音(呢)。

（2）阿里正做练习(呢)。

（3）他在休息(呢)。

（4）他们讨论问题呢。

这很容易使学生认为"正、在、正在、呢"的功能一样，可以互相替换，而且"呢"与其他三个词搭配使用时，可有可无。在初级阶段或可笼统言之，但到了中级阶段应当加以辨析。

【目的】

用对比的方法来辨析汉语中表达"正在进行的动作"的四个词语的使用方法。

（周健）

219. 教"是……的"句

【做法】

（1）教师告诉学生："我要去北京路买衣服。"然后请学生向自己询问这件事的详细情况，教师做出相应的回答，并且将几个代表性的问题和回答写在黑板的左边A栏，如下：

A	B
你要买什么衣服？	你买了什么衣服？
我想买一件毛衣。	我买了一件毛衣。
你什么时候去？	你是什么时候去的？
我今天下午去。	我（是）昨天下午去的。
你跟谁一起去？	你是跟谁一起去的？
我跟朋友一起去。	我（是）跟朋友一起去的。
你怎么去？	你是怎么去的？

　　　　我坐地铁去。　　　　　　　我（是）坐地铁去的。

　（2）教师又告诉学生："我去北京路买了衣服。"请大家询问跟上面差不多的问题。教师首先在黑板右侧B栏下面板书第一个问题及其回答：

　　　　你买了什么衣服？
　　　　我买了一件毛衣。

　接着，让学生模仿问后几个问题，并依次写在黑板的右侧，如上所示。

　（3）教师引导学生一起思考：什么时候用"是……的"句子来问？
　得出结论：动作已经完成；已经知道这个事情，想了解怎么做的详细情况。这时教师在左边A栏处写上"动作行为发生前"，在右边B栏处写上"动作行为发生后"。

　那么，询问或说明跟动作有关的哪些情况的时候要用这一句型呢？教师给学生总结出公式，列出以下这些常见的方面，并给出合适的例子：

$$S＋是＋\underline{\quad W\quad}＋V＋的$$

怎么	（那本书）你是<u>怎么</u>找到的？
什么时候	（这件衣服）你是<u>什么时候</u>买的？
在哪里	（那双鞋）你是<u>在哪里</u>买的？
从哪里	（那个消息）你是<u>从哪里</u>听说的？
跟/和谁一起	（北京路）你是<u>跟谁一起</u>去的？
用什么	（那个任务）你是<u>用什么</u>方法完成的？
给谁	（这件礼物）你是<u>给谁</u>买的？
为谁/什么	（这些好吃的）你是<u>为谁</u>准备的？
对谁/什么	（那句话）你是<u>对谁</u>说的？

　（4）教师补充说明这一句型的否定式为：

　　　　……不是……V的

　一般疑问句的形式为：

　　　　……是……V的吗？　　……是不是……V的

　在肯定形式中，"是"可以省略，但如有"不"字，"是"不能省略。

　（5）由教师提出话题，引导学生对以上的九个方面提问，教师做出相应回答。如：

　　教师：我看了一部很有意思的电影。

　　学生可能提问：你是和谁去看的？你是昨天晚上看的吗？你是在哪里看的？

　　教师：这里有一道很好吃的菜。

　　学生可能提问：这菜是你做的吗？这菜是怎么做的？这菜是什么时候做的？这菜是为谁做的？这菜是用什么做的？

（6）学生两人一组，先由一个学生告诉另一个学生他做了一件事，然后两人用"是……的"句型来谈论做这件事的各方面的情况。

【说明】

这种"是……的"句型在实际中是很常用的，但学生在学完之后往往采用回避策略，或者说，他们还不太了解什么时候应该或适合用这个句型。一般的教材或语法书上只对这一句型做如下解释：

　　用来强调动作的时间、处所、方式、条件、目的、对象、工具等；动作本身是已知信息；"是"放在要强调说明的部分之前，有时可以省略。

但这样的解释不能使学生真正理解这一句型的使用价值，他们还会以为：如果自己并不想强调这个内容，则不需用这个句子。而且上述解释也未能有效说明"你什么时候去？"和"你是什么时候去的？"的区别，因为在两句中"去"都是已知信息，"什么时候"也都是强调的重点。

诸多的问题要求教师必须采用另外一种更浅显、更实用的讲解方法，使学生完全明白这种句型的作用，并能在合适的环境下自觉地使用。此外，这个教学方案试图引导学生跟教师一起思考得出结论，这样比学生单纯地被动接收知识的效果要好。

【目的】

训练学生掌握"是……的"句的使用。

（喻江）

220. 利用照片练"是……的"句

【做法】

教师在课前交代学生每人带几张照片来上课，教师自己也要带一两张照片。教师首先展示自己的照片，并用"是……的"句来介绍照片。例如"这张照片是在北京香山照的，是今年夏天照的，是跟女儿一起照的，是她骑着我照的，是太太给我们照的，是用新买的数码相机照的……"。提示学生注意教师说的这些句子。然后教师板书"在哪儿、什么时候、跟谁、怎么、谁给我、用什么"这些简单的提示词语。

接着，教师指派几个学生依次站到同学前面，展示带来的照片，要求用"是……的"句型介绍自己的照片。其他同学可以围绕照片提问，但也要使用"是……的"句型。还可以要求课后每个同学写一段话介绍自己的照片，至少要用五个"是……的"句。

【说明】

"是……的"格式强调动作发生的时间、地点、方式、使用的工具等等，而它所涉及的动作是在过去发生或者完成的。因此谈论照片的拍摄过程是一个使用"是……的"格式的典型语境。利用照片操练"是……的"格式，学生可以将语法操练和实际交际结合起来，还能获得学习的成就感。

【目的】

操练"是……的"句式。

（张舸）

221. 连词成句

【做法】

将一个完整的句子打散，写在黑板上。字数不宜过多，10 至 20 个字较为适宜，让学生连成完整的句子。有时一个句子有几种不同的连法，都是正确的，这时教师可以引导学生讨论不同词序对句子意思的影响。

如："他，明天，晚上，7 点，在，中国大酒店，请，我，吃饭"可以排成"我明天晚上 7 点在中国大酒店请他吃饭"。此外，时间和地点状语的位置更可以灵活变动。

【说明】

教师也可以事先在一张纸上印好若干打乱了的句子，当堂发给学生做，限时完成。句子的难度可以稍稍超过教材上的内容，最好带有趣味性。还可以把两个句子打乱后排在一起，以增加难度。

【目的】

加深对汉语句子词序特点的理解，牢固记住所学句型。

（赵明德）

222. 病句查因

【做法】

教师在黑板上写下四句话，先让学生选择其中正确的句子：

(1) 在老师和同学的帮助下，使我很快地进步了。

(2) 老师和同学的帮助下，我很快地进步了。

(3) 通过老师和同学的帮助，使我很快地进步了。

(4) 在老师和同学的帮助下，我很快地进步了。

很多学生都可以判断出正确的一句是（4）。然后教师要学生分析（1）、（2）、（3）句为什么有毛病：

(1) 全句缺少主语。

(2) 不能说"×××的帮助（领导、指导）下"，一定要说"在×××的帮助下"作为条件状语的固定搭配形式。

(3) 问题与（1）同。

然后教师再给出以下三组，让学生逐句分析：

(一)
(1) 中国人口是世界上最多的国家。
(2) 中国是世界上人口最多的国家。（√）
(3) 中国是世界上最多的人口国家。
(4) 中国是人口世界上最多的国家。

(二)
(1) 上次汉语测验，全班同学的成绩基本超过了80分。
(2) 上次汉语测验，全班同学平均成绩基本超过了80分。
(3) 上次汉语测验，基本上全班同学平均成绩超过了80分。
(4) 上次汉语测验，全班同学平均成绩超过了80分。（√）

（三）

（1）虽然明天天气不好，但是我们也要按原定计划，准时出发。
（2）即使明天天气不好，我们也要按原定计划，准时出发。（√）
（3）不管明天天气不好，我们也要按原定计划，准时出发。
（4）无论明天天气不好，我们也要按原定计划，准时出发。

【说明】

对于留学生所造的病句，不仅要指出，还要细致分析其错误之所在，才能逐渐培养其正确的汉语语感，这是一个长期而艰巨的任务。

【目的】

通过辨析正误句，帮助学生了解病句在词汇、语法、修辞方面的错误，明白汉语句子应该怎么说，不应该怎么说。

（周健）

223. 语义指向分析

【做法】

教师先展示如下三个例句：

（1）他只写。

（2）他只写汉字。

（3）他只写了三个汉字。

这三句话都有副词"只"做状语，但它们的语义指向不一样。（1）指向"写"这个动作，我们可以补充说"他只写，不说。"（2）指向"汉字"，我们可以补充说"他只写汉字，不写英文。"（3）指向"三"，我们可以补充说"他只写了三个汉字，不是五个汉字。"

我们再来看下面这三个句子：

（1）他喜滋滋地炸了盘花生米。

（2）他早早地炸了盘花生米。

（3）他脆脆地炸了盘花生米。

（1）的状语"喜滋滋地"指向主语"他"；（2）的状语"早早地"指向动作本身"炸"；（3）的状语"脆脆地"指向宾语"花生米"。

所以同样结构的句子，其中的状语或补语所修饰的成分可能并不相同。我们来看补语的例子，假定一个人在切菜的时候说了一句：

（1）切完了。

（2）切快了。

（3）切钝了。

（4）切坏了。

（1）的补语"完"是说菜切完了；（2）的补语"快"是说切的动作快了（可能没切好）；（3）的补语"钝"是说刀切钝了；（4）的补语"坏"既可能指"菜"，也可能指"刀"或"桌面"等，还可能指"手"或"身体部位"，具体的意思要结合上下文才能决定。

我们再来分析下面两个句子：

（1）他吃惯了面包。

（2）他吃坏了肚子。

我们来变换一下它们的平行句式：

他吃惯了面包。　　　　他吃坏了肚子。

吃面包他惯了。√　　　吃肚子他坏了。×

他把面包吃习惯了。×　他把肚子吃坏了。√

他吃面包，他惯了。√　他吃（　），肚子坏了。√

显然，补语的指向不同，前一个句子的补语"惯"是指向前面的"他"；后一句的补语"坏"是指向后面的"肚子"。

【说明】

汉语中存在不少这种结构相似，而语法关系却截然不同的句子，这也是外国学习者感到头疼的难点之一。我们在语法教学中利用语义指向分析的方法，可以在一定程度上帮助学生正确理解汉语的语义结构特点。

【目的】

训练学生从语义指向角度理解汉语的语义。

（陆俭明　孙清忠）

224. 时间顺序分析

【做法】

教师用具体的句例来向学生揭示汉语的语句顺序和时间顺序的一致性。

（1）动补结构

汉语中大量的动补结构都遵循时间顺序原则，即先说动作再说结果，比如：听—懂、看—见、打—破、分—开、促—成、走—散、流—失；累得走不动了；高兴得跳起来……

（2）连动句

比如："小张上楼睡觉"就不能说成"小张睡觉上楼"，"小李骑车走了"也不能说成"小李走了骑车"。再如：

我吃过饭给你打电话。

他穿上衣服拉开门跑了出去。

我去邮局寄信。

（3）隐含时间顺序

有些句子表面上不存在时间关系，仔细分析，仍然是时间顺序决定着语序。比如："他比我高"，先"比"才有"高"的结果，不能换成"他高比我"；"他把黑板上的字擦了"，显然，黑板上先有字才能"擦"，所以不能说"他把黑板上的字写了"；同样，可以说"他写字在黑板上"但是不能说"他擦字在黑板上"；"小猴子在马背上跳"和"小猴子跳在马背上"两句都可以说，但两句的意思不一样，前一句是先上了马背再跳，后一句是先跳后上马背；"你给他钱他给你书"和"他给你书你给他钱"先后顺序完全不同。

【说明】

汉语的形态不发达，但语句的顺序体现了时间的顺序。例如人们一般总是认为原因在先，结果在后；先有条件，后有行动，所以复句中原因分句和条件分句大多在结果分句和行动分句的前面。这种分析能帮助学习者认知和概括汉语的特点。

【目的】

理解汉语的语序大多服从时间顺序的原则，从而更好地掌握汉语句子的语义。

（陆俭明）

225. 疑问句的选择

【做法】

现代汉语的疑问句主要有四类：

（1）是非问

他是日本人吗？

（2）特指问

他是哪国人？

（3）选择问

他是日本人还是韩国人？

（4）正反问

他是不是日本人？

这些疑问句型外国学生在初学汉语时一般都已经掌握。但什么情况下选择什么问句合适，还需要分析。所谓"疑问"，其中含有"疑惑"和"询问"两个方面。有时候是无疑而问，比如反问和设问：

难道今天不是星期一吗？

什么是钞票？就是纸币，就是钱！

有时候是有疑不问，比如猜测：

他大概是意大利人。

更多的时候是有疑有问，比如以上四种疑问句。用不同的疑问句表达的疑惑程度是否一样呢？据研究，各种疑问句所包含的疑惑的强弱程度是不一样的，如果用百分比来表达，大概是这样的：

（1）**反问句**——100％信，0疑。

　　这不是田中先生吗？

（2）**特指问**——100％疑，0信。

　　他是哪国人？

（3）**正反问**——50％信，50％疑。

　　他是不是日本人？

（4）**选择问**——50％信，50％疑。

　　他是日本人还是韩国人？

（5）**"吗"是非问**——25％信，75％疑。

　　他是日本人吗？

（6）**"吧"是非问**——75％信，25％疑。

　　他是日本人吧？

【说明】

　　一般的教科书都没有从"疑惑程度"的角度来分析各种疑问句式的差异。如果掌握了不同类型疑问句的疑惑程度的对应关系，他们就能根据不同语境表达的需要选择正确的疑问形式。操练时，教师可以提供若干疑问句（包括反问句等）让学生分析各句疑惑的程度，也可以提供具体的语境，让学生说出合适的问句。

【目的】

　　帮助学生理解汉语疑问句的"疑惑程度"差异。

（邵敬敏）

五　语篇教学

正确认识语篇教学

所谓语篇是指在交际中由形式上、内容上具有连贯性、一致性的若干句子有机地结合在一起，表达一个中心议题的语言单位，包括语段和篇章。语篇教学既包括书面语篇的阅读理解和写作，也包括口语的成段连贯表达，重点是语篇的写作。从教学实践来看，具有一定汉语基础的外国人用中文说话、写作，有时候他表达的每一个句子都是合乎语法的，但组成语段或文章后，就会出现各种各样的问题。我们所指的语篇能力和修辞能力，涉及词语和句式的选择运用、句子的衔接、语段的组织、语体风格的转换、言语策略等多个方面。

成段表达能力包括把句子组成语段，把语段组成语篇的能力。成段表达能力在语言交际中具有重要的地位，教学大纲也十分强调培养学生的这方面能力，但在实际教学中，教师往往还是比较注重词汇、语法点的训练，而语段、语篇教学并没有得到应有的重视。

"话语分析"（discourse analysis）也称语篇分析，是从语篇的整体出发，对文章进行理解、分析和评价，是对话语的结构与功能的分析。话语分析能帮助学生理解语篇的内在关系，体会汉语表达手段的特点。这是阅读教学的一个重要内容。

写作教学，即汉语书面表达训练，是学生的汉语学到较高阶段要训练的重要技能。教学实践都表明，对于大多数外国学生而言，"听、读、说、写、译"各项言语技能中，最困难、掌握最差的就是"写"。这其中存在多方面的原因。首先，汉语学习者往往不能自如地运用汉语思维并把欲表达的思想组织成内部语言。有的还需要在心里把要说的话从母语翻译成汉语。其次，他们对于汉语书面交际的形式包括汉语文体、语体、格式、修辞、表现方法都不够熟悉，因而母语书面语的表达形式干扰较大。第三，尤其困难的地方是书写汉字的障碍，或是识字量太少，或是认识的字不会写，本来他们的汉语词汇量就相当贫乏，其中能用于书面表达的就更为有限了。

随着汉语学习的深入、交际层次的提高，他们对"写"的需求又呈明显的上升趋势。因此，我们必须重视和加强汉语书面表达的训练，因为这种训练具有特别重要的意义。汉语书面表达训练是培养学生综合运用已学过的汉字、词汇、语法、书写格式、标点符号等知识的书面语言实践和专项技能训练。它不仅是学生汉语书面交际的需要，也是汉语学习自身的需要。

语篇教学要从语篇的阅读分析入手，首先要扩大学生的输入，让学生尽可能多地阅读难度适宜的典范的汉语语篇，了解和熟悉汉语书面语篇的表达方式。教师在讲授基础知识的同时，还要注意阐明篇章结构，点出中心思想和段落大意，教会学生识别主题句，掌握文章的篇章结构、基本内容和中心思想，摸清作者的思维脉络，以及词和句子的衔接连贯手段等等。

语篇的写作训练主要有三项内容：基础训练、应用文写作和材料限制性作文。

基础训练阶段的教学目标是帮助学生掌握句群语篇的衔接和汉语书面语表达的基本方式。基础训练的主要内容有听写句段、连句成段、看图写话、听后写、描述照片、变换角度复述、篇章翻译、整理段落、划分段落、分述主题段落、仿写、缩写、扩写、改写以及标点符号的使用。

在进行基础阶段的写作训练时，学生应具备一定的汉语基础，即掌握1000个以上的汉字，2000个以上的汉语词汇和基本语法。在基础阶段之前的阶段可称为写作预备阶段，主要进行字词、短语、语义组合、造句、改句、扩句、替换、阅读等训练。

应用文写作训练的目标是帮助学生掌握最常用的应用文，要注意根据外国学生的实际需要而不是中国人的常用范围来选择应用文训练的内容。外国学生常用的应用文有填表、便条、应用信件、通知启事、日记、短信、电子邮件等。而像公告、广告、说明书、证明、鉴定、协议书、合同、简报、会议记录等都不是他们所急需掌握的内容。

材料限制性作文有改写、续写、扩写、观后感、评论、写人、记事、写景等等，有的还可以细分为形式限定和内容限定两类。如改写，可以把诗歌改写成记叙文，这是形式的限定；也可以要求不改变形式，但改变原来的范围或主题，这是内容的限定。

与国内学生的母语写作训练不同，命题写作，包括记叙文、议论文等文体的写作，汉语水平高的学生或可尝试，但简单命题的自由写作不宜作为第二语言教学的写作训练的重点。我们提倡的命题性的作文是引导性的、限制性的，比如提供一定的语料或情境限制，要求学生根据要求进行续写、评论等，有了形式的框架与内容的提示，既可针对性地训练某一方面的技能，又不会使学生感到无从下笔。

传统的写作训练是教师在学生写作之前进行引导，写作过程由学生独立完成，最后由教师对写作结果进行分析讲评，这是"重结果"的写作训练模式。近年来对外汉语教学界又开始尝试"重过程"的写作模式，因为写作能力的提高是一个缓慢的过程，这个过程需要教师的监督指导，也需要小组的协作和集思广益。汉语写作训练还需要更多的探索和尝试，我们期待教师能根据所教学生的实际情况，摸索出更有效的教学模式和教学方法来。

226. 字词句段扩展

【做法】

练习一：

教师在黑板上先写一个字，如"机"，然后让学生 A、B 分别写一个含有"机"的词，假定学生写的是"飞机、手机"，然后让学生 C 造一个句子，要求包含这两个词，如"在飞机上不能打手机"或"我在飞机场买了一个手机"等。

也可以做句干扩充练习，如句干为"我看电影"，扩充为"昨天下午我和小明去天河电影城看了一个新电影，名字叫《画皮》"。

练习二：

教师分别给学生 A、B、C 各一个词，让他们用所给的词写一个句子，比如三个词是"早饭、地铁、迟到"，学生造的三个句子是：

（1）我每天7点钟吃早饭。

（2）王丽丽的家很远，她坐地铁上学。

（3）因为堵车，所以我今天上课迟到了。

然后教师要求学生 D 把三个句子合在一起说一段话，其中时间、地点、人物等都可以改变。教师最好先做一个示范：

王丽丽的家很远，她每天坐地铁上学。今天她起晚了，7点半才吃完早饭离开家，所以她今天上课迟到了。

学生 D 说的一段话是：

李萍今天7点钟吃早饭，她吃了两个面包，喝了一杯牛奶。然后她坐地铁来学校上课，她刚好在八点三十分进了教室，她没有迟到。

【说明】

以上方法可以分别用简图来表示：

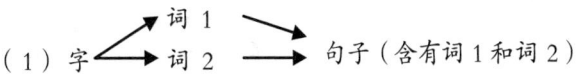

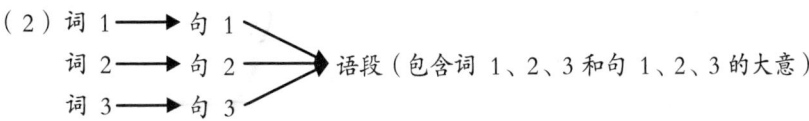

教师在引导做练习二时，要给三个语义有一定关联的词，同时鼓励学生创造性地把三个句子合成一个语段，中间可以增加关联成分和自己的话。

【目的】

训练学生字词句的扩展和组成语段的能力。

（周健）

227. 连句成段

【做法】

一个段落通常是由若干个句子或句群按照一定的逻辑关系组合而成的。教师可以预先打乱一个段落的句子顺序，让学生重新组合起来。这种训练可以锻炼学生的逻辑思维能力，认识段落的结构，也就是让学生弄清段落中句与句之间的关系，懂得句子是怎样连接起来的。例如以下八个句子：

（1）那儿的生意可好了。

（2）可是你知道吗？

（3）我家旁边有一家小小的理发店。

（4）每天进进出出的人不断。

（5）八年前，这家理发店可不是这个样子。

（6）有来剪发的，有来烫头的。

（7）那时，店里冷冷清清，难得有人来。

（8）出来的时候，他们的脸上都挂着满意的笑容。

这一个语段应当按照（3）（1）（4）（6）（8）（2）（5）（7）的顺序排列：

我家旁边有一家小小的理发店，那儿的生意可好了，每天进进出出的人不断。有来剪发的，有来烫头的。出来的时候，他们的脸上都挂着满意的笑容。可是你知道吗？八年前，这家理发店可不是这个样子。那时，店里冷冷清清，难得有人来。

又如，要求学生为下面一段话正确排序：

（1）大声喊痛

（2）一摸伤口

（3）有一个人被狗咬伤了

（4）但他却高兴地说

（5）这样一来

（6）满手是血

（7）好在没有穿袜子，否则损失就大了

（8）反而笑得要死

（9）大家不但不为他担心

参考答案：（3）（1）（2）（6）（4）（7）（5）（9）（8）

【说明】

　　连句成段的练习对于训练学生的逻辑思维和熟悉汉语的段落结构很有帮助。汉语段落的结构类型是多种多样的，如连续结构、递进结构、因果结构、转折结构、并列结构、主从结构、点面结构、总分结构等等，有些段落还是由几种结构交错而成的。汉语的内在逻辑性往往是由时间因素决定的。

　　在做完连句成段之后，教师要引导学生进行分析。

　　例如，教师可以把下面的段落打乱顺序让学生重组：

（1）李时珍一面行医，一面研究药物。

（2）他发现旧的药物书存在不少缺点。

（3）许多有用的药物没有记载；

（4）有些药物只记了个名称，没有说明形状和生长情况；

（5）还有一些药物记错了药性和药效。

（6）他想，病人吃错了药，那多危险啊，于是决心重新编写一部比较完善的药物书。

学生正确地重组之后,教师可带领学生对六句话之间的逻辑关系进行分析:第(1)句是总起句,第(2)句说他发现药物书有不少缺点,又和(3)、(4)、(5)句是总起和分述的关系(注意分号的运用)。最后一句是写他所想所做,和前面几句又是因果关系。可见一段之中,逻辑关系也可能是多种的。

【目的】

训练学生的逻辑思维能力和段落结构能力。

(周健)

228. 引导写话

【做法】

教师准备一些空白卡片,这些卡片可以很方便地吸附在黑板上。教师宣布大家一起来写一段话:《买东西》。

教师把卡片"买东西"贴在黑板上,然后问大家:"你们经常去什么商店买东西呢?"有学生回答"联华超市",教师就在空白卡片上写"去联华超市",然后把这张卡片放在"买东西"的前边,成为"去联华超市买东西"。

教师问:"你和谁一起去超市买东西呢?"有学生回答"和小明",教师立刻在卡片上写"和小明"的字样,并贴在句子的前面,成为"我和小明去联华超市买东西"。

教师问:"你什么时候和小明去超市买东西的?"有学生回答"昨天下午",教师写完,再把卡片贴在句子的最前面:"昨天下午我和小明去联华超市买东西。"

第一句话写完了,教师再问:"联华超市大不大?""东西多不多?""便宜不便宜?""你们在超市买了什么东西?""一共花了多少钱?"根据学生的回答,教师陆续贴上卡片。最后在教师的引导下,大家一边说,教师一边写,形成这样一段话:

买 东 西

昨天下午我和小明去联华超市买东西。联华超市很大,东西很丰富,价格比较便宜。我买了苹果、白糖和一大包方便面,小明买了橘子、凉鞋和洗衣粉。我们每人还在超市里买了一支雪糕吃了。我花了19元,小明花了48元。我们觉得逛超市很有意思。有时能碰上大减价,买到很便宜的东西。

写完后教师带领全班学生把黑板上的这段话读两遍,再去掉大部分卡片,只保留一些关键词,提问学生复述。

【说明】

用这种方式写话,学生会感到写话并不难,有助于克服对作文的畏难情绪。其中教师的引导是关键,不仅要注意选取学生熟悉的、有话可说的题目,还要精心设计提问的方法。

(周健)

229. 先排序再加关联词

【做法】

教师在黑板上写出以下几个句子,先让学生把这几句话按逻辑顺序排列出来:

(1) 开车上下班,时间保证不了
(2) 日本家庭一般都拥有小汽车
(3) 市中心停车费很贵
(4) 轨道交通成为日本人上下班的最主要选择
(5) 日本人很少用小汽车作为上下班的交通工具

较好的答案应为:(2)(5)(1)(3)(4)

然后让学生用关联词语连接起来,使之成为一段通顺连贯的短文:

<u>虽然</u>日本家庭一般都拥有私人小汽车,<u>可是</u>日本人很少用小汽车作为上下班的交通工具。<u>因为</u>开车上下班,时间保证不了,<u>而且</u>市中心停车费很贵,<u>所以</u>轨道交通成为日本人上下班的最主要选择。

【说明】

这样的练习有利于学生提高组织语段、润色语篇的能力。本技巧可以在复习关联词语时使用,这样学生会有更多的选择。本练习可能有不同的答案。连成语段后还可以让学生模仿该形式,用规定的关联词写出自己的一段短文。

【目的】

帮助学生掌握虚词、关联词在连接汉语语篇方面的作用。

(王淑红)

230. 填关联词

【做法】

填关联词可以分两个阶段进行,第一阶段是单句,第二阶段是短文。关联词的填空有两种方式,一是给出要填的关联词,让学生选择;二是完全由学生自己想出合适的关联词填入空格。

一、单句的关联词填空:

(1)(　　)成绩再好,你(　　)不能自满呀!

(2)你口头上(　　)讲得很好,(　　)行动上却做得很少。

(3)上海(　　)是一个重要的工业基地,(　　)是一个科学文化中心。

(4)诚实是美德,我们(　　)做什么,(　　)要讲老实话,办老实事。

(5)(　　)想参加书法培训班,你(　　)得主动提出申请。

(6)妈妈(　　)看电视,(　　)织毛衣。

(7)小明(　　)学习好,(　　)体育也很棒。

(8)这支笔(　　)他的,(　　)小红的。

(9)(　　)下午下雨,我们(　　)不能在室外上体育课。

(10)(　　)勤奋学习,(　　)能提高成绩。

参考答案：（答案不一定是唯一的，这里也提供了其他可能的答案）
（1）即使……也/哪怕……也；（2）虽然……但是/尽管……不过；（3）不仅……而且/不但……而且；（4）无论……都/不论……都；（5）既然……就；（6）一边……一边/既不……也不；（7）不但……而且/不仅……而且；（8）不是……而是/不是……就是；（9）如果……就/只要……就；（10）只要……就/如果……就。

二、短文的关联词填空：

优势与劣势

有的时候，人的劣势不一定就是劣势，可能(1)成了优势。

有一个十岁的小男孩，虽然在一次车祸中失去了右手臂，(2)他很想学柔道。

后来，小男孩拜一位日本柔道大师做老师，开始学习柔道。他学得不错，(3)练了三个月，老师(4)教了他一招，小男孩有点弄不懂了。

三个月后他(5)忍不住问老师："我是不是应该再学学其他招数？"

老师回答说："你(6)需要会这一招(7)够了。"

小男孩并不是很明白，(8)他很相信老师，(9)继续练习下去。

几个月后，老师第一次带小男孩去参加比赛。小男孩连自己(10)没有想到(11)轻轻松松地赢了前两轮。第三轮有点儿艰难，但对手很快就变得有些急躁，不停地对小男孩发起进攻，小男孩敏捷地使出自己那一招，(12)赢了。

就这样，他进入了决赛。

决赛的对手比小男孩高大、强壮许多，(13)也似乎更有经验。一开始小男孩显得有点吃力，裁判担心小男孩会受伤，就叫了暂停，并问老师要不要结束比赛，(14)老师不同意，说道："继续下去。"

比赛重新开始后，对手放松了警惕，小男孩立刻使出他的那一招，把对手打倒在地，(15)赢了比赛，得了冠军。

回家的路上，小男孩终于鼓起勇气说出了心里的疑问："老师，我怎么只用一招就赢得了冠军？"

老师回答道:"有两个原因:第一,你（16）完全掌握了柔道中最难的一招;第二,就我所知,对付这一招唯一的办法（17）对手抓住你的右臂。"

所以,小男孩最大的劣势变成了他最大的优势。

参考答案:（答案不一定是唯一的,这里也提供了其他可能的答案）
（1）反而/反倒;（2）但是/可是;（3）可是/但是;（4）只;（5）终于;（6）只要/只;（7）就;（8）但;（9）于是/就/便;（10）都;（11）居然/竟然;（12）又;（13）而且;（14）可是/但是/然而;（15）最终/终于/又;（16）已经;（17）就是。

【说明】

单句填关联词,这里练习的是成对出现的关联词,西方学生受自己母语的影响,常常会忘记汉语关联词的后一部分,如"因为……（所以）"。短文部分的关联词范围比较宽,最能检验学生的语篇连贯能力。

(周健)

231. 变换角度复述

【做法】

变换角度复述通常指改变人称（如把第一人称改为第三人称，或把第三人称改为第一或第二人称）、改变时间（现在—过去—将来互变）、改变结构（正叙改倒叙或反之）、改变文体（对话体变叙述体或反之）、转述、总结概括式复述，等等。

例如，教师先朗读两遍以下语段，再根据要求复述，使学生理解什么是叙述角度，以及怎样进行改变角度的复述：

语段1（昨天→明天）

　　昨天是星期天，我起得很晚。我是十点钟睡醒的。醒了以后我又在床上躺了一个多钟头才起床。吃了午饭，我给王芳打了个电话，约她晚上七点钟去大华电影院看电影。

复述为：

　　明天是星期天。我不打算早起。我要一直睡到上午十点钟。醒了我也不马上起床，还要躺一个钟头再起床。吃完午饭我要给王芳打一个电话，约她晚上七点钟去大华电影院看电影。

语段2（"我"→李平）

　　昨天是星期天，我起得很晚。我是十点钟睡醒的。醒了以后我又在床上躺了一个多钟头才起床。吃了午饭，我给王芳打了个电话，约她晚上七点钟去大华电影院看电影。

复述为：

　　昨天是星期天，李平起得很晚。他是十点钟睡醒的。醒了以后他又在床上躺了一个多钟头才起床。吃了午饭他给王芳打了个电话，约王芳晚上七点钟去大华电影院看电影。

语段3（把下面的话转述给小王）

　　我上星期借给小王的那本小说是从图书馆借的，你告诉他明天上课的时候带去，下了课我去还。

转述为：

你的朋友说他借给你的那本小说是图书馆的，明天到期，他让你明天上课的时候带去，下了课他去还。

语段4（总结复述下面一段话的主题）

有时候想想，现在的人很有意思，他们一方面大吃大喝，一方面又埋怨自己身体太胖了；一边每天开着车上下班、坐电梯上下楼，不愿意多走一步路，一边又花很多钱去健身、去减肥。

听了老王的这一番话，有的人点头，有的人摇头，有的人哈哈大笑。

总结复述为：

老王认为现在有些人的做法很矛盾，大家听了以后，有的赞成，有的不赞成，有的人觉得说得很幽默。

【说明】

教师可用投影、小黑板等展示一个语段，如：

我叫小华，我家有四口人：爸爸、妈妈、哥哥和我。爸爸经商，是一个贸易公司的经理。他工作很忙，每天都很晚才回家，很少在家里吃饭。妈妈在一个中文学校教书，每天上午工作半天，下午在家里做家务，她也很忙。哥哥是大学生，他的专业是电脑，明年就要毕业了，他想毕业后到美国去留学，读研究生。我明年就要上大学了，爸爸妈妈让我先学习中文，以后再学贸易或会计。我喜欢打网球、游泳和旅行，明年暑假我想去北京进修中文，顺便到中国旅行。

要求：（1）第一人称→第三人称

（2）以妈妈的口吻来讲述。

这种训练也是一种创造性的复述，对学生的能力是一个挑战，可以锻炼学生的思维能力和表达能力。在进行各种人称、时态等变换的复述时，教师要先给学生一个样板。"变换角度复述"的难度要比"编写语段"小，对学生提高语段表达能力很有帮助。教师可以进行多种训练，但一次只训练一种为好。

（周健）

232. 看图写话

【做法】

教师选一些生动、有趣、内容不太复杂的连环画或漫画,让学生仔细观察,看懂以后用自己的话把画的内容编成故事。例如下面这幅《有趣的书》(选自德国画家卜劳恩的著名系列漫画《父与子》)。教师先布置每人根据连环漫画写一个故事,让几位学生分别叙述自己编写的故事,然后指出每个人的优点和不足,再适当讲解补充一些有用的词汇,形成一篇文章。最后可由教师或表达能力较强的学生把这个故事绘声绘色地讲一遍,也可以分角色来表演这个小剧。

下面是一篇较好的习作：

吃饭的时间到了，饭桌上摆好了热腾腾的饭菜，爸爸妈妈都坐在桌子旁准备吃饭。可是，儿子马克还没来。

爸爸问："这孩子去哪儿了？怎么还不来吃饭？"

"他今天没出去，还在他的房间吧。"妈妈说。

爸爸说："刚才叫他吃饭，怎么不答应？我去看看。"

爸爸走到马克房间的门口，看见他正趴在地上专心地看一本漫画书呢。爸爸喊了一声："马克，吃饭了！我们都在等你。"

马克站起来，去饭厅了。爸爸正准备跟马克一起回去吃饭，无意中瞄了一眼地上的书，书上的图画一下子就吸引了他的注意。

马克回到饭桌上，可是爸爸却迟迟没回来，饭菜都凉了。妈妈对马克说："快去看看你爸爸在干什么呢，怎么半天还不回来吃饭？"

马克走到自己的房间门口，看见爸爸正像自己一样趴在地上津津有味地看那本漫画书呢！

【说明】

图的形式有多种，如单幅图画、连环画、漫画、简笔画、照片、地图等。写话的方式也有多种，例如：

（1）描述所看到的一幅图画或照片，要求仔细观察，忠实描述。

（2）把图片、漫画或连环画的内容编写成一个完整的小故事。

（3）对两幅相似但有差异的图画进行观察比较，然后把比较的结果写下来。

（4）教师把一组多幅的漫画打乱顺序，让学生根据自己的排序编写故事。

【目的】

训练学生观察、分析图画，叙述故事的能力。

（周健）

233. 听后写

【做法】

　　选择一篇短文，内容有趣，难度低于学生阅读水平。字数方面，初级水平以下的学生控制在 100 — 200 之间；中级水平学生控制在 200 — 400 之间。这篇短文要有事先录好的录音，语速可以稍微慢于正常朗读速度。

　　播放录音，要求学生用方格稿纸快速记录听到的内容，能记下多少算多少；不会写的字用拼音代替（不能用母语代替），记不下来的或者没有听清的留下空格（每字一格），以便第二遍、第三遍补上。太陌生的字词可以提前板书给学生。比如下面这样的录音（文本）：

搬 箱 子

　　老板从外边回来，他带回来两个纸箱——一个大的，另一个是小的。

　　他叫小张把大纸箱搬到一层的大房间，把纸箱里的收音机、录音机、磁带什么的都拿出来，放在桌子上。然后把纸箱扔进垃圾箱。

　　他叫小张把小纸箱搬到楼上他的办公室，纸箱里面有一套《汉语大词典》，也拿出来，放在他的书架上。然后把房间打扫干净，把门锁上。

　　小张问："要不要把小纸箱也扔到垃圾箱里去？"

　　老板说："不要把小纸箱扔掉，因为这个小纸箱还有用。"

（选自陈贤纯《汉语强化教程：初级写作》，2005 年。）

　　全文 171 个汉字，计标点 195 个。教师估计学生不会写"搬、磁"二字，可以事前写出来给大家看。录音播放时间 1 分 40 秒。一般播放 3 遍，学生即开始根据自己的记录写出全文。为了训练速度，录音结束以后教师就开始计时，并且注意记录学生交卷的名次。这么长的短文，学生写完最快的大概 8 分钟。

　　评卷可以由教师当堂抽查，也可以课后批改；最好是当堂马上向全体学生展示文本（没有电脑演示条件的得准备印刷文本，每两个学生准备一份），让学生自己修改或者交换修改。

为了让学生得到标点符号和分段的训练,评判时连同标点符号和分段都要考虑。评分只给个大概的分数(如甲、乙、丙、丁)即可,重在鼓励学生锻炼快速记录的能力。修改后可以让学生拿着自己改好的稿子全班齐读一遍,必要时也可以要求学生重抄一遍。

【说明】

写汉字是留学生普遍发愁的事,作为字词听写和独立作文之间的过渡,听后写十分必要。应该坚持训练,难度逐步增加。最好每次上写作课训练一次,共训练一个学期。

事实证明听后写对于提高学生汉字书写速度和作文速度都有明显作用,经过训练的学生不管是应付平时作文考试还是 HSK 的写作考试都会显得胸有成竹,处变不惊。

【目的】

训练学生听力、汉字书写速度、记录速度和作文速度。

(宗世海)

234. 模仿式写作训练

【做法】

教师首先选择一个合适的语篇,带学生朗读、理解,再分析、归纳出范文的结构要素和组成语篇(语段)的基本模式,然后要求学生按照确定的框架生成出自己的语篇来。例如先学习以下范文:

中国人的姓氏到底有多少呢?据最近的调查,中国人的古今姓氏实际上多达 22000 个。当代中国人使用的姓氏约有 3500 个左右。其中李、王、张、刘和陈是中国的大姓。如果把这五个大姓的人口加起来,估计就有三亿五千多万人,几乎占了中国全部人口的三分之一。

教师先引导学生把这段短文粗框架化:

设问:姓氏到底有多少呢?

回答:22000 个。(3500 个)

分析重点：五大姓

再进一步细框架化，说明其中可以替换的成分：

设问：……到底有多少呢？

回答：据……调查（统计/分析/估算），……实际上多达（也有/刚到/不足）……

分析重点：其中……，如果把……加起来（算进去/扣除掉/除外），估计……，几乎占了（相当于/差不多/等于）……

习作 A：

  暨南大学的境外留学生到底有多少呢？据学校招生办统计，暨大的境外生来自 77 个国家和地区，实际上已达 10270 人。其中港、澳、台的学生最多。如果把这三个地区的学生加起来，估计就有 8000 多人，几乎占了暨南大学全校学生的三分之一。

习作 B：

  在广州的外国风味餐馆到底有多少呢？据商业局权威人士估算，广州的外国餐馆实际上已超过 300 家。其中美国的快餐馆最多，如果把广州的麦当劳、肯德基和必胜客加起来，估计在 160 家左右，占了全部外国餐馆数量的一半以上。

要求学生自选一个题目，教师可提供一些主题，帮助学生打开思路：

（1）在中国的外国留学生到底有多少呢？

（2）中国的大学生到底有多少呢？

（3）印度尼西亚的华裔人口到底有多少呢？

（4）泰国每年吸引的外国游客到底有多少呢？

（5）日本的汽车产量到底有多少呢？

（6）中国每年放映的电影片到底有多少呢？

【说明】

  仿写的训练方式有多种，这里介绍的"范文展示、确定框架、模仿填充"的语篇写作训练方法是一种教学效果明显的方法。这样做的好处是改变了语篇教学随意性强、可操作性差的状况，能手把手地训练学生按一定步骤和方法学会写文章，特别适合初学写作者和汉语书面表达能力较弱的学生。

（周健）

235. 写长法

【做法】

（1）对学生提出鼓励作文写长、越长越好的理念。

（2）运用引导写话、看图作文、改写、续写、看范文后马上写等方法激发学生写作欲望和热情，启发学生拓展思维。

（3）简单地讲解写作要点，确定最低字数（中级写作一般不低于800字），并说明字数越多越好，字数作为成绩评定的重要参考。

（4）开始写作，要用20×20=400格原稿纸写作，以便提高书写规范和统计字数。写作过程中学生可以问教师，可以查字典词典、快译通、手机之类，可以用拼音代替不会写的字词（但不能用母语写）。为了使他们写得更快，写作前可以简单确定文章的整体框架、顺序，在课堂上就开始写，写到下课就停止，课后自己接着写（如果下课时说让教师看看都写了多少，做个记号之类，也很有激励作用）。

（5）完成以后，评讲时首先统计每人作文的字数，写在首页的右上角，并予以公布。评讲的第一个指标就是字数，可以念前10名、前20名写的最长的学生的名字，以示鼓励，并注意每个学生自己的纵向比较，比上次写长了多少。

（6）选择最好的文章，常常也都是最长的文章，在班级学习园地张贴。有条件的还应尽可能地推荐发表，哪怕是内部刊物、自办刊物。

【说明】

"写长法"并不是作文教学法,但却是教和学外语的一个好方法。王初明指出"写长法"的操作原则是:以设计切合外语学习特点的任务为语境,以激发写作冲动的任务刺激交际需要,以课堂集体评阅优秀习作或写前讨论的方式加强语言使用的交流互动,通过调节作文长度要求,逐步加大语言运用量、接触量,使学生在表达真情实感的过程中,获取学习成就感,提高自信心。在积极情感的配合下,将外语知识加速打造成外语运用能力。这个方法在中高级阶段最适用,也可以用于基础阶段。通常用于散文,故事,议论文等文体,但不适于应用文,因为应用文常常要求越简练越好。

在第二语言的写作教学中,完全可以试用"创作"的要求来训练学生,比如写《我的母亲》,必须带着真情实感来写,由于学生都深爱自己的母亲,有很多话要写,结果写得又长又感人。

每周2课时的写作课,坚持写长训练,一个学期下来学生可以写到14000字左右(含课外日记),如果强化听后写,更可以达到20000字。

【目的】

综合训练学生的写作能力。既能训练学生的汉语书面表达能力和创新能力,又能训练汉字书写的正确性、规范性和速度。

（宗世海）

236. 重过程的写作训练

【做法】

教师预先确定好学生要写的题目,如:《如何做好求职面试》。然后按以下步骤进行:

(1)教师先简单讲解求职面试的过程和重要性,然后把学生分成若干小组,每组4—5人较为适宜。教师分组时要注意每组成员都有强弱搭配。

(2)引导学生讨论作文的提纲,要求写在纸上。比如某组的提纲如下:

①面试前应当准备的事情：个人材料、服饰设计、预先操练。

②面试时应注意的:如何表现自己的工作能力、亲和力、团队精神、综合素质、自信心,如何给对方留下一个难忘的好印象。

③对职位薪酬的期待如何表达；对意外问题如何应对；诚实策略；机智策略；回避策略。

(3)教师带领全班讨论各组的特点和创意,允许并给一定时间让各小组修改、补充、完善自己小组的提纲。

(4)口头作文。各小组先由一人口头作文,其他学生随时帮助修改、补充。

(5)书面写作。可由汉字书写较好的同学执笔,也可以轮流执笔。每写完一句话,就读给大家听,随时修改。

(6)练习。教师指定两个小组交换作文,互相学习、评论、修改。

(7)教师做简短讲评。

【说明】

传统的写作教学重结果而不重过程,通常的做法是教师先规定题目,提供范文(或课文),分析范文,讲解写作要求,确定写作框架,然后学生根据框架进行填写。教师是学生作文的唯一读者,对作文进行批改评价,教师的书面反馈是学生获得文章评价的唯一来源。这种方法相对简单易行,学生容易把握，比较适用于汉语水平较低的学生。

对于写作水平较好的学生来说，重过程的写作强调师生之间、生生之间的交流互动；强调每个学生的积极参与，不断吸收信息，做出判断和反应，学生能通过亲身体验写作的过程与思维的碰撞，得到较多的收获。但这种写作训练方式对教师如何驾驭课堂、控制时间，也提出了更高的要求。

（周健）

237．过程法示例

【做法】

这里展示一个"过程法"写作训练的步骤，重点展示思路图和大纲的拟定。

（1）教师在学生讨论中，敏锐发现有共同兴趣的话题并作为写作的题目：《给初次来华的留学生的建议》。

（2）启发构思。先让学生自由联想新学生可能遇到的各种困难，作为思路图1：

生活习惯　衣着　和家里联系　想家　晕车　时差　邮局　交朋友　饭店　注意坏人
银行存钱　商店　住宿　需要的照片　吃饭不习惯　环境　天气
坐车　娱乐　旅游　吃药　生病　语言问题　护照　签证　洗衣服　检查身体的证明
打电话　注意安全　上网的地方　图书馆　上课的时间地点　课本　笔记本

分类整理后，成为思路图 2：

1.日常生活	2.日常需要	3.学习	4.健康	5.其他
—生活习惯 —语言 —交往、同学、同屋 —衣着、洗衣服 —吃饭 —住宿 —气候环境	—交通 —通讯方式 —上网 —邮局 —打电话 —娱乐、旅游 —商店购物 —讨价还价	—上课地点 —上课时间 —课程安排 —需要的书本 —任课教师 —图书馆的位置及借书方法	—医院 —思乡病 —晕车 —饭菜不习惯 —时差	—注意坏人 —注意安全 —银行（存取钱） —护照、签证 —体检证明 —交学费

（3）拟定写作提纲。要求学生：

① 仔细阅读思路图中的内容；

② 用 2 分钟的时间在自己认为最重要的内容下面画线；

③ 按照一定的顺序，如重要程度或范围大小等，排列以上内容，划分段落。

④ 添加文章的起始和结束段。

教师在这一过程可以提出建议和补充。

以下是学生自己拟的提纲：

《给初次来华的留学生的建议》提纲

开头部分：
①为什么写这篇文章
②介绍文章的大概内容

主体部分：
（一）生活方面
①气候不适应＋建议（注意身体，加减衣服）
②饭菜不习惯＋建议（自己做，找本国餐馆）
③交通困难＋建议（买地图，问老同学）
④不认识人＋建议（先找本国老同学，主动交新朋友）

> （二）语言方面
> 　　① 上课听不懂＋建议（认真，主动问老师）
> 　　② 办事情听不懂＋建议（找老同学帮助，带词典）
>
> **结尾：**
> 　　总结上文，提出希望。

（4）作文起草阶段：

　　① 借鉴、揣摩范文；

　　② 学习写句、连句的方法；

　　③ 反复修改；

　　④ 学生之间互相点评、借鉴。

（5）作文的整理、定稿阶段。

【说明】

在小组集体讨论和草拟阶段，教师都要参与意见，这些意见主要是启发性的、建设性的。到了审阅最后的修订稿时，教师才对语法用词进行批改。学习者应该对教师的评语及修改意见作出反应——对文章进行全面的修改，从行文结构到语法、汉字。这样的写作训练费时较多，教师要付出的也多，但学生的收获也大。

（杨俐）

238. 衔接偏误分析

【做法】

教师展示学生作文中的语篇，让学生先试着指出其中的衔接问题，然后教师再指出其中的偏误并引导学生加以修改。

（1）<u>我去年 11 月刚来苏州的时候，我只知道"你好"、"再见"、"谢谢"这三个词。我觉得我在中国生活，如果我不会说汉语的话，我会遇到很多困难，于是，我开始学汉语。</u>

学生:"我"用得太多了。

教师:对,其中第二个、第四个、第五个、第六个"我"都可以去掉。改为:

我去年11月刚来苏州的时候,(我)只知道"你好"、"再见"、"谢谢"这三个词。我觉得(我)在中国生活,如果(我)不会说汉语的话,(我)会遇到很多困难,于是,我开始学汉语。

(2)登山的时候,谁都想一步登到山顶,但这是不可能的。一步一步走,付出一定的代价,能到达山的顶端。

学生:最后一句应当说"才能到达山的顶端"。

教师:对。这段文章缺少了必要的关联词"只有……才……"。改为:

登山的时候,谁都想一步登到山顶,但这是不可能的。只有一步一步走,付出一定的代价,才能到达山的顶端。

(3)虽然我去过的大城市不多,当时我觉得西安是最好的城市,有以下几个理由。

学生:"虽然"后边应当有"但是"。

教师:对。"当时"应当换成"但是"。

(4)他是名牌大学的毕业生,他知识渊博,我能通过跟他谈话对中国有了更多的了解,也使我增长了不少见识。

学生:——

教师:大家没看出其中的问题,主要是语句的衔接问题,第三小句去掉"能"字就顺畅了。

(5)我来广州已经三年多了,刚来的时候,我不会说中文,而且不太了解中国。我跟丈夫决定为了了解中国,我们去旅游,因此趁着机会四处去看看,所以我们去的地方少,并且比以前更了解中国了。

学生:"因此"和"所以"不搭配。

教师:这段话中的关联词很多,层次混乱。"因此"应该去掉,下面的"所以"也是误用了。这段话最好修改为:

我来广州已经三年多了,刚来的时候,我不会说中文,而且不太了解中国。我跟丈夫决定为了了解中国,我们去旅游,趁着机会四处去看看。

虽然我们去的地方少，但是比以前更了解中国了。

（6）最近在布什总统的手下，假如一个人不支持伊拉克战争，政府会说他不是爱国人。因此法国不支持这次战争，很多美国人买了法国的红酒而倒在马路上。更没有道理的事情也发生了。

学生："因此"应当换成"因为"。

教师：对，但最后一句语义不连贯，需要加上"而且"表示递进关系。

此外，第五小句的"而"也是多余的。全文最好改为：

最近布什总统当政，假如一个人不支持伊拉克战争，政府会说他不爱国。因为法国不支持这次战争，很多美国人就买了法国的红酒倒在马路上。而且还发生了一些更没有道理的事情。

（7）原来我们打算作一次贫穷的旅行，尽量不多花钱过奢侈的生活。然而，由于认识了这位热情、好客的新疆朋友，我们的旅行不但没花很多钱，而且非常舒适，非常愉快。

学生："不但"后边应当用"反而"。

教师：这段话的问题主要是语义上前后不相一致。如果保留前半部分，那么，"然而"之后表达的意思应是"这次旅行花了不少钱，过得较奢侈"。但这不是作者的意思，根据作者的意思，应当改为：

我们原本就打算作一次贫穷的旅行，尽量不多花钱过奢侈的生活。由于认识了这位热情、好客的新疆朋友，我们的旅行非常舒适，非常愉快，而且并没有花很多钱。

【说明】

语篇衔接的偏误类型很多，是外国学生汉语写作的一大难点，教师可以通过带领学生修改偏误，提高他们的写作水平。

【目的】

提高汉语语篇衔接能力。

（恒声）

239. 省略的语义判断

【做法】

让学生判断下列各句中（？）处所省略的内容。

（1）她回头问女儿："你爸的脸色不好看，我不在家的这些日子，（？）是不是又犯病了？"

（2）老张有个儿子，（？）在深圳工作，（？）已经打电话去了，（？）下午就能赶到。

（3）王老汉就这么一个女儿，（？）还要靠她养老呢。

（4）王老汉就这么一个女儿，（？）眼看是没有出嫁的希望了。

（5）李小丽用双手把花生米狠狠地搓了一阵，（？）就坐下来直喘气。

（6）李小丽用双手把花生米狠狠地搓了一阵，（？）搓得满地都是。

（7）李小丽用双手把花生米狠狠地搓了一阵，（？）几乎磨出了水泡。

（8）李小丽用双手把花生米狠狠地搓了一阵，（？）的皮都搓掉了。

（9）"你看见没有，王美琳最近情绪低落，肯定是让男朋友甩了，小高有一个星期没来了。"晓慧一脸神秘地告诉我。我知道他们俩刚才还在一块吃饭呢，（？）完全是晓慧瞎猜！

【说明】

汉语是一种意合式的语言，句子和语篇中常有大量省略，尤其是主语和宾语的省略，更为明显。我们可以给学生若干省略位置相同但实际省略内容不同的句子，让学生补出缺省的内容，训练学生根据语义而不是形式来判断缺省的方法，并体会省略的作用。

【目的】

体会汉语的意合式衔接方式。

（安辉仁）

240. 用词偏误分析

【做法】

在写作课上展示学生作文中的用词不当的例句,让学生自己来发现用词偏误之处,最后教师做具体分析。例如:

(1)一边洗温泉,一边观赏红叶,一定很有风趣。

(2)我们爬的山又高又陡,我很怕从马上跌落。领路人都很有耐性,命令马慢了一点儿。

(3)在加拿大、美国和欧洲火车里面,平常很安静,乘客都呆若木鸡。在中国火车里有截然不同的气氛,那里平常很热闹,乘客都喜欢聊天、吃饭。

(4)因为帐篷又大又一点麻烦,所以领路人帮我们搭完了,我们又去玩儿。

(5)刚洗完,水淋淋的衣服晾在外面,不管是外衣还是内衣,让过路人看得清清楚楚。如果跟男同学一起走的话,虽然不是我的内衣,可是我还是觉得很丢脸。

学生指出部分错误后,教师可做以下分析:

(1)句的"风趣"改为"趣味"比较恰当。"风趣"一般适用于说话、性格等方面,是形容词。"趣味"表意范围要广一些,对某件事情的感受、某人的评价都可以用,词性是名词。所以这里应当用"趣味"。

(2)句的"跌落"太书面化,太生硬。可改为通俗易懂的口语词"摔下来",更鲜明形象。"很有耐性"要改为"很耐心",这样更合乎口语语体。同样,"命令"最好改为"让",才符合口语的语境和风格。

(3)句的"呆若木鸡"含有贬义,显然不符合作者的感情倾向,应该换成中性词"很沉默"或"默不作声"。

(4)句的"又大又一点麻烦"在音节上欠和谐,欠工稳。"又……又……"之间嵌入的词语一般要求音节一致。而且句子在上下文中也不切合题旨,所以改为"因为帐篷很大,搭起来有点麻烦……"

(5)句的"丢脸"一词语义比较重,在中国,女性一般以含蓄、柔和为美。女孩子在此语境下一般也是说得较为含蓄、柔和。所以可以改为"很不好意思"或"难为情",效果会更好一些。

【说明】

汉语的词汇极为丰富,而汉语又是一种音乐性的语言。写作中要取得较好的表达效果,必须要注意词语在意义、色彩、声音等方面的锤炼与选择。但留学生很少注意到这些方面,结果作文时常常是措辞不当,或者不准确、不和谐、不生动。教师要善于引导学生辨析、体会不同词语的差异和修辞效果。

(于宏梅)

六　交际训练

正确认识交际训练

　　语言的本质功能是交际，第二语言教学的目的是培养学习者运用目的语进行交际的能力，而不仅仅是让学习者掌握目的语的语言知识和一定的听说读写技能，这个根本性的问题现在已经成为大多数第二语言教师的共识。

　　我们不能指望学生掌握了一定的语言知识和语言技能之后，走出课堂就自动形成交际能力。交际能力是需要经过专门的交际方式的培养和训练才能达到的。因此，在第二语言教学中，语言交际既是目的又是手段。教师应当努力设法把真实的交际引入课堂。因为比起模拟交际，接近真实的交际和真实的交际更能调动学习者的热情。

　　课堂上的语言理解与表达操练，如词语的朗读、句型的替换、听说训练、课文内容的问答和复述等机械性、模仿性的操练是不可或缺的，是语言能力形成的基础。没有大量的、反复的、机械性的练习，就无法排除母语对目的语的干扰，进而掌握汉语的语言系统和交际模式。但我们也必须看到这种机械模仿练习的局限，它使学生完全处于被动的地位，束缚了他们的想象力和创造性的发挥。学生做这种练习时不需要考虑语言环境、文化习俗和交际功能。他们学会的可能是正确的但却是孤立的句子，很难在实际交际中恰当地运用。长期做这种机械性、模仿性训练也容易造成学生语言学习上的惰性思维方式。教学中常常对所谓重要的或困难的结构形式过分强调并进行大量的操练，还可能导致学生在交际中不分场合过度使用某些句式，产生另一种形式的偏误。

　　言语交际技能的训练大致可以分为三类：模拟交际、接近真实的交际和真实的交际。

模拟交际的言语技能训练方式很多，最常见的是围绕课文或所学内容进行的问答对话。由于问题的答案多半是限定的或双方共知的，而且师生双方均意识到他们正在做的是某种程式的语言操练，而不是交流信息，因此这种交际活动属于非真实的交际。如6W查询式问答（问发生的事件、人物、时间、地点、方式、原因等）外，还可以做改变表述方式（比如把叙述体改为对话体）、分角色表演、限词编对话、编故事、故事接龙、续完句子、比较两幅近似图画的不同之处、词语替换、词语联想、设置情境的会话练习以及语言游戏等等。形式多样，均属于模拟交际，目的在于培养学生的交际技能。

比模拟交际进一步的是接近真实的交际，在这种交际中，双方感兴趣的是交流看法、获取信息，通常对方的回答是不可预知的。这种交际的基础是建立在信息差（information gap）之上，要把比较真实的交际引入课堂，关键在于说话人要告诉听话人他所不知道的信息。如果信息是共知的，那么交际是人为的、做作的、非真实的，不容易引起学生参与的兴趣。教师可以在课堂上通过设置"信息差"来创造接近真实的交际。本章介绍了大量的接近真实的交际训练技巧，如"描述相片、提问猜物、听歌记词、新闻发布会、电话约会、话题讨论、简历问答、交际任务法、查地图比赛、传递与改编、识药开方、课堂辩论、跨文化交际"等等。通过小组协作完成交际任务是我们大力提倡的交际训练模式。

真实的交际通常是在课堂之外进行的，但我们也可以借助某些情境或契机把真实的交际引入课堂，比如师生的初次见面、与来访者座谈等。我们鼓励学生走出课堂，到中国或华人社会去开展真实的交际。如语言实习活动、参观访问、旅游、社会调查、跟中国人交朋友、到中国朋友家做客、讨论影视节目、做志愿者、参加临时性工作等等，这对学生交际能力的形成是至关重要的。

241. 情景会话训练

【做法】

教师先设置一些情景，让学生试着表达，然后再提供比较恰当的表达方式，并带领学生练习。

例 1

教师：市场上小贩卖的苹果标价 3 元一斤，你觉得有点儿贵，你怎么说？

学生：……

教师：这种苹果 3 块一斤，贵了。这样吧，我多买点儿，10 块 4 斤怎么样？

例 2

教师：你买了一双鞋，但是穿着不大合脚，你想退换，怎么说？

学生：……

教师：这双鞋是我昨天在这儿买的。对不起，当时我没试好，回家一试觉得有点儿小，麻烦您给换一双大点儿的。

例 3

教师：你宿舍的灯坏了，你要打电话找工人来修理，你应该怎么说？

学生：……

教师：劳驾（麻烦您，对不起），我宿舍的电灯坏了，请马上来修理一下，好吗？我住 306 房间。

例 4

教师：今天下午 2:30 在花园酒店三楼 1324 号房间有一个重要的活动，你很希望丁大伟能和你一起参加，但你打电话过去，他外出购物了，你怎么请他的同屋小刘转告？

学生：……

教师：小刘，我想请你转告丁大伟参加下午的活动，这个活动对他很重要。麻烦你用纸记一下：下午 2:30，在花园酒店三楼 1324 号房间，找郑小姐。非常感谢。

例 5

教师：你打车回家，发现出租汽车司机没有走你所熟悉的道路，你怎么说？

学生：……

教师：师傅，以前我每次打车都走沙河立交，车费不超过 12 元，您走的这条路不会绕远吧？

【说明】

人们的交际通常都离不开一定的情境，在不同的情境中说话的内容和方式都有一定的差别，对于初级阶段的学生来说，由于他们掌握的语料有限，只会问一些简单的话，适应不了不同情境的交际需要。因此，教师要设置一些情景，训练学生掌握在一定的语用环境中所必须使用的语言项目。例如：去火车站购票、去银行换钱、到理发店理发、宿舍里的水电出了故障请人维修、到自由市场购物讨价还价……情景会话练习有时也可与功能项目的练习结合起来。

【目的】

训练学生在具体情景中说正确得体的话。

（周健）

242. 念歌谣学汉语

【做法】

教师教学生一些生动有趣的歌谣，要求学生熟读直至能够背诵。

一二三四五六七

一二三四五六七，
我的朋友在哪里？
在北京，在巴黎，
我的朋友在这里。

星期几

妈妈妈妈告诉我，
今天到底星期几？
星期一，我要吃鸡；
星期二，我画图画；
星期三，我去爬山；
星期四，我写汉字；
星期五，我要吃糖；
星期六，我不起床；
星期天，我跟朋友去见面！

人咬狗

忽听门外人咬狗，
举起门来拉开手；
拾起狗来打砖头，
又让砖头咬了手。

公园看老虎

一二三四五，公园看老虎。
老虎正睡觉，咱去看熊猫。
熊猫玩皮球，咱去看小猴。
小猴闲不住，咱去看小鹿。
小鹿正吃草，咱去看大鸟。
大鸟不是鸟，他是王小宝。

【说明】

教师可以选择少年儿童喜爱的儿歌、童谣，也可以自编。

【目的】

帮助学生体会汉语的韵律、提高学习兴趣。

（周健）

243. 完成句子

【做法】

教师说前一半句子，提问学生说一个完整的句子。例如：

（1）教师：今天是五月五号，明天是——

　　　学生：今天是五月五号，明天是五月六号。

　　　教师：今天是星期一，后天是——

　　　学生：今天是星期一，后天是星期三。

（2）教师：小王今天病了，所以——

　　　学生：小王今天病了，所以没来上课。

　　　教师：要是明天不下雨，我们——

　　　学生：要是明天不下雨，我们去长城。

（3）教师：不是我不想买，而是——

　　　学生：不是我不想买，而是没钱了。

（4）教师：这件衣服的样式是不错，不过——

　　　学生：这件衣服的样式是不错，不过太贵了。

【说明】

学生说完以后教师可带全班同学重复一遍。用这种方法来练习关联词的使用尤为有效。例（2）提问时可以提问两三个学生，以选择出最佳答案来进行重复。

【目的】

训练学生用汉语思维和联想猜测能力。

（杨惠元）

244. 切割记句

【做法】

在闪现法训练（参见"47 闪现记字"条）的基础上，学生的视野得到一定的扩展，再把课文中一个个的句子抄成一个一个的纸条，以词、节奏组以至短句为单位折成一段一段的，然后一段一段地在学生面前闪现，闪现几秒钟后，马上让学生写出来。每段由两三个字到四五个字，以至六七个字，逐段闪现逐段默写，然后展示全句，并练习句读及重音。这种"切割法"记忆可以进行"看后写"和"看后说"练习。

例如：《初级汉语课本》第 43 课，课文（二）的第一段共有六个句子，预先抄成两种形式，长句写成单排，短句写成双排：

（1）从前有一个人，
　　　记性不好。

（2）刚说过的话，／刚做过的事，／过一会儿就忘。（一折为三）

（3）有一天／他跟朋友约好／七点半／一起去饭馆吃饭。（一折为四）

（4）他想好了／什么时候换衣服，／什么时候离开家，／什么时候到饭馆。（一折为四）

（5）他怕忘了，
　　　还写在一张纸上。

（6）一躺在床上，
　　　他就都忘了。

第（1）、（5）、（6）句分别闪现两秒，第（2）句三秒，第（3）、（4）句分别闪现五秒。每闪现一句，即让学生复述出来。最后可指定程度较好的学生复述全文。

【说明】

这种阅读法最大限度地扩大了阅读时的视野，限制了学生接受刺激、作出反应的时间，使学生提高了对汉字信号的解码编码速度。

【目的】

训练学生集中精力，提高阅读速度。

（岳维善）

245. 扩展句子

【做法】

按照"中心词—词组—短语—句子"的顺序扩展句子，先由教师说出一个中心词（名词或动词），然后要求学生围绕这个中心词逐步增加修饰成分，每个学生每次增加一个修饰词，使之变成短语；到该短语已经扩展到比较长的时候，教师再要求每个学生每次增加一个附加成分，使之变成一个完整的句子。每个学生在增加修饰词或附加成分之前，都要先复述前一位同学所完成的短语或句子。例如，在中心词"书"的基础上，可逐步扩展成这样一个句子：

书→中文书→一本中文书→一本很便宜的中文书→一本大陆出的很便宜的中文书→我买了一本大陆出的很便宜的中文书→昨天我买了一本大陆出的很便宜的中文书→昨天我在书店买了一本大陆出的很便宜的中文书→昨天我在旧金山的书店买了一本大陆出的很便宜的中文书→昨天我和我弟弟在旧金山的书店买了一本大陆出的很便宜的中文书。

【说明】

教师在给中心词的时候，要选择学生熟悉的常用词。在游戏进行当中，要注意帮助学生纠正语法错误，不能让学生复述错句和病句。此外，教师还应注意掌握火候，当句子扩展到一定程度时，便适可而止，以免造出一些冗长的怪句来。学生的第一个句子最好写在黑板上，以便扩展。

【目的】

培养学生掌握汉语句子和短语的词序，提高表达复杂句子的能力。

（林柏松）

246. 问B于A

【做法】

教师在教室里走动,提问学生A一个关于他的邻座学生B的问题,学生A不知道,教师要求A向B提问,得到答案后再回答教师。例如:

教师问李平:王丽的妈妈做什么工作?

李　平:不知道。(然后转身问王丽)你妈妈做什么工作?

王　丽:我妈妈是医生。

李　平:(对教师)她妈妈是医生。

教师问王丽:孙建民家里有几口人?

王　丽:(问孙)你家里有几口人?

孙建民:我家有四口人。

王　丽:(对教师)他家有四口人。

……

【说明】

本操练方法可以促进学生之间的交际,学生A不仅要向B提问,还要把答案转述给教师,可以获得比较充分的锻炼。教师要注意提出 A 不大可能知道答案的问题,促使 A、B 之间进行交际。

【目的】

促使学生开展比较真实的交际,并训练复述能力。

(恒声)

247. 快问快答

【做法】

结合最近所学交际内容,学生依次快速问答。例如由教师开始问学生 A:"你叫什么名字?"学生 A 快速回答:"我叫刘敏红。"然后学生 A 马上转头问学生 B:"你每天晚上几点睡觉?"学生 B 回答后迅速问学生 C 另外一个问题:"你妈妈做什么工作?"……如此全班或全组同学继续做下去。

做完之后,可以改做"先否定回答,再提问"的练习。比如学生 A 问学生 B:"你是泰国人吗?"学生 B 先回答:"我不是泰国人,我是印尼人。"再马上问学生 C:"你喜欢去南京路买东西吗?"

【说明】

这种练习让学生又问又答,还要求速度要尽可能快,比单纯练习回答问题要好得多,能有效促进学生交际能力的提高。

【目的】

训练学生的灵敏反应和问答能力。

(恒声)

248. 合二为一

【做法】

学生分为 A、B、C 三组,先由 A 组第一个人(A_1)随意说一个中文句子,B_1 接着随意说另外一个中文句子,但要求使用 A_1 句子的主语做主语。然后

由 C_1 说一个句子,这个句子必须能把 A_1、B_1 的句子拉上关系,也就是说含有 A_1 句和 B_1 句的部分或全部内容。例如:

A_1:小王喜欢看美国电影。

B_1:小王昨天去商店买衣服。

C_1:小王昨天买了衣服,又去看美国电影。/ 小王喜欢看美国电影,也喜欢去商店买衣服。

又如:

A_2:玛丽是留学生。

B_2:玛丽不是留学生。

C_2:玛丽以前是留学生,现在不是留学生了。/ 玛丽是不是留学生?

依次进行完毕后,三组轮换。

【说明】

如 A 或 B 的句子本身有错,教师要及时指出,并要其改正。对于 C 的综合句教师也要一一讲评,或提出新的答案。

【目的】

训练学生的记忆能力和综合能力,提高口语表达水平。

(周健 黄立)

249. 电话约会

【做法】

发给每个学生一张如下的日程表:

	星期一	星期二	星期三	星期四	星期五	星期六	星期日
上午							
下午							
晚上							

要求学生填上课名（包括汉语课和选修课）及个人活动安排。然后由教师指定学生甲与坐在较远处的学生乙打电话约会。约会的内容可以是看电影、看展览、买书、吃饭、看望生病的朋友等内容。要求甲、乙互相拒绝对方提议的时间至少各一次，然后找到双方都能接受的时间，并约定好见面的地点。例如以下对话：

甲：喂，是学生宿舍吗？请接326房间——喂，是田中惠子吗？我是汤姆。

乙：你好，汤姆，有什么好事？

甲：我想请你看一场美国大片，你能赏光吗？

乙：好啊，什么时候？

甲：今天是星期三，晚上我要上中国文化选修课。明天晚上怎么样？

乙：让我看看我的时间表，哎呀，明天晚上不行，我要上书法课。

甲：星期五晚上呢？

乙：真对不起，恐怕也不行，我的同屋已经跟我约好去她的朋友家玩。星期六下午怎么样？

甲：没问题，看了电影咱们还可以一起去吃比萨。

乙：那太好了，几点出发？在哪儿碰头？

甲：下午两点整，在学校大门口见，好不好？

乙：好，不见不散。

【说明】

由于甲乙二人是教师临时指定的，因此学生没有准备时间，可以检查他们实际的交际能力。

【目的】

掌握比较得体的约会用语，提高学生的电话交际能力。

（周健）

250. 找不同

【做法】

教师在黑板上挂出两幅图画，粗看之下，一模一样，但教师告诉学生，两幅图画中共有十三处不同，让学生们一一找出并用中文描述出来。

【说明】

这类素材在刊物和儿童图书中很多，要选择合适的加以放大，制成挂图。有些词语学生可能不会说，教师可以告诉学生，尤其是描述位置的方法。

【目的】

培养学生用中文描述图画细节及差异的能力。

（周健）

251. 张冠李戴

【做法】

教师先准备一叠小纸片和三个没盖的纸盒，上课时带领学生做以下活动：

（1）每人在小纸片上写上自己的名字，折叠后投入第一个纸盒。

（2）每人在第二张小纸片上写上一个地点。如："在教室、在火车上、在礼堂"等。投入第二个纸盒。

（3）每人在第三张小纸片上写出"做什么"。如"写字、洗澡、逛街、睡觉、小便、吃饭"等，投入第三个纸盒。

（4）每人依次从三个盘中各抽出一张，把所得到的那句话读出来。

【说明】

纸片错乱后能产生一些笑话，例如：张三在火车上打篮球，李四在大街上洗澡，等等。引人发笑，活跃气氛。不足之处是在初学阶段可能重复的词汇较多，也可能有人写出别人不认识的词汇。可以要求写出新、难词语时要加上拼音。除了"某人在某处做什么"的句式，还可以根据学生的程度增加时间项或其他成分。

【目的】

复习学过的词汇和句式，提高认读汉字手写体的能力。

（周健　喻捷　林晓彤）

252. 明察秋毫

【做法】

出示图片或若干实物，让学生看一会儿后遮住，说出或写出看到了什么。要求尽可能详细，如说出物品的颜色、数量、形状、位置等。

【说明】

要求学生描述所用语言的复杂度可根据学生的水平，如初级水平的学生刚学完"的"（用于定语和中心语之间），可让学生练习"教师的书、北京大学的学生、好看的电影"，或加上数量词、形容词，如"一本红色的书、一支新钢笔、一个大杯子"等。中高级可用较为复杂的含有人物动作的画面，让学生看图描绘，练习各种语法点，如方位词、"把"字句等。

【目的】

训练学生描述事物或动作的能力。

（钱旭菁）

253. 领回失物

【做法】

教师从每个学生处收集一些东西，如笔、书、镜、手表、小刀等物，把这些东西放在讲台上，学生要说出合适的正确的句子才能拿回自己的东西，如说得不对则不能拿回，直到说对了为止。对初学者来说，教师拿起某物，只要他能说出"这是我的……"或"这个……是我的"等就行了。另外在他没有说出"谢谢"前是不能拿回的。

对于学过一些汉语的学生来说，教师可让一个学生拿起某物，让他问："这是谁的……？"另一个学生要说："这是我的……"或"这不是我的……，那是我的……"等句型，每个领回自己的东西的学生都问一个问题，再由另一个学生回答。这样反复练习，不仅学习了汉语，又生动有趣。

【说明】

教师一定要学生说出一个正确的句子后才能取回自己的东西，鼓励他们用不同的句型来表达同一意思。

【目的】

复习和巩固学生对生词、句型等的理解和运用。

（吴晓明）

254. 听后连线

【做法】

教师把材料发给学生，并告诉学生材料上的数字不一定正确。学生一边听教师念一边连线，每句念一遍；也可以全部听完后再连线，根据学生实际情况念一遍或两遍。例如：

（1）教师念，学生边听边连线：

电视机每台三千八百元。洗衣机每台四千一百元。电冰箱每台两千三百八十五元。录像机每台七千五百元。手机每台一千一百八十元。

电视机	4100元
洗衣机	2385元
电冰箱	3800元
录像机	1180元
手　机	7500元

（2）教师念，学生听后连线：

小梁买了三斤苹果花了十三块五。小杨买了五斤梨花了十二块。小王买了四斤橘子花了八块八。小黄买了二斤香蕉花了四块六。

小梁	香蕉	3斤	4.60元
小杨	橘子	2斤	13.50元
小王	苹果	4斤	8.80元
小黄	梨	5斤	12.00元

【说明】

练习（2）做完以后，可以让同桌二人交换批改。

【目的】

训练学生的分辨能力和记忆储存能力。

（杨惠元）

255. 暗示猜词

【做法】

把学生分成两排，面对面站立。游戏开始时，教师把预先写好的一个词语展示给第一组的学生看（注意不要让对面第二组的学生看见），然后由第一组第一人给第二组第一人一个提示，对方根据提示猜这个词，如猜中了，便可以得到满分五分；如猜不中，便由第一组的第二人继续给第二组第二人一个提示，让其猜。如猜中可得四分。如此进行下去，直到猜中或者该词的分数已经减到零为止。提示语不可超过两个音节，也不能包括谜底词中的任何一个字。猜词时如猜中了双音词答案中其中一个字，则裁判（教师充当）给予该生再猜一次的机会。第二组猜中后，跟第一组交换做。

例如，谜底词是"绿茶"，第一组第一人给的暗示是"喝"，第二组第一人猜"可乐"，不对；第一组第二位学生再暗示"热的"，第二组第二人于是猜"咖啡"，仍不对；第一组第三人提示"中国"，第二组第三人猜"茶"，由于猜对了其中的一个字"茶"，裁判便让他再猜一次，他又猜"花茶"，还是不中；便由第一组第四人继续暗示"颜色"，第二组第四人猜"绿茶"，正确，得两分。教师让学生交换猜词，在游戏结束时，得分最多的组获胜。

【说明】

谜底词难度要适宜，要选用比较常见的实物名词，不宜选抽象意义的词语。提示语的选择也是对学生汉语水平的一个检验。对于全班都不能猜中的词语，教师可写在黑板上，并给予讲解和提示。

【目的】

　　帮助学生加深对词语的理解、表达、阐释和记忆。

（林柏松）

256. 交头接耳

【做法】

　　学生分成两组，各排成一排坐在教室的两边。教师按学生程度及教学内容想好一个句子，轻声告诉每一组的第一个人。然后让他们同时开始用耳语悄悄告诉同组的下一个人。这样依次往下传，最后一个人把自己听到的句子写在纸上，交给教师。教师分别宣读后，公布原句，看哪组传得又快又准确。也可以讨论一下在什么地方开始出的错，为什么会出错。

【说明】

　　不同阶段的学生可选择不同难度的句子，尽量结合当时所学的内容。如，初级班可传一个电话号码如"87208924"；中级班可传"星期五下午2:25，我在205号楼前大树下等你"。做法也可以改为教师把话写在纸上，让第一个学生看几秒钟（视句子长短而定）即拿走，第一个学生默写下来再给第二个学生看一眼后默写，如此传递到最后，然后两组比较。

【目的】

　　训练学生的听力、记忆和复述能力。

（李文丹　黄立）

257. 西蒙的命令

【做法】

　　教师给出命令。如果命令是以"西蒙说"开始的，（如"西蒙说，把你的左手举起来"）全体学生应按命令去做。如果命令没有用"西蒙说"作开头，全体学生应对命令不予理睬。违者出局。

【说明】

　　这是一个全身反应法的教学游戏。教师给命令时应该快而出其不意；亦可让学生做命令者，但命令者必须事先做充分准备，效果才会比较好。不必担心出了局的学生，若游戏进行得热烈，他们往往仍会观战。

【目的】

　　训练学生专心听汉语指令，作出正确的反应。

（陈佩瑜）

258. 故事接力

【做法】

　　学生分成 A、B 两队，各围坐一圈。教师先展示一幅图片，或给一句开头语，如"今天早上，我刚出门就碰见了……"要求学生每人依次说一句话，连贯成一个故事，故事前后不能矛盾。两队同时开始，看哪个组编得快，有意思。最后再由两队各出一人复述一下整个故事，教师评判哪个组编得好。

【说明】

　　教师可先给定一些词，要求每人用一个，（这种情况下不限一人只说一句）这样可以巩固刚学过的词，也可用于写作训练。还可以由教师提供一组连环画，让学生每人描述其中一张。如下图（选自德国画家卜劳恩漫画《父与子》）：

【目的】

巩固学过的词,培养学生的创作能力。

(钱旭菁　吴晓明)

259. 当机立"断"

【做法】

教师准备一段文字材料印发给学生,教师照着材料读,但在一些地方稍作改动,学生听到不同之处要立即打断教师,并纠正读错的地方。用上"对不起,应该是……"例如:

　　　　山本今年四十岁。

读作:山本今年十四岁。

　　　　此处设有雅座。

读作:此处没有雅座。

　　　　他三点就回来了。

读作:他三点才回来了。

【说明】

教师要掌握好朗读的速度,太快了学生听不出不同之处,太慢达不到效果。也可在材料上故意写错误的(语法)读正确的,这样可通过游戏中的讨论加深学生的印象。

【目的】

训练学生对词语差异的敏感和反应速度，同时可练习语音、汉字和语法的一些项目。

（黄立）

260. 卡片配对

【做法】

准备两组卡片（A、B组），卡片的内容相互对应，如A组卡片中有一张是请柬，则B组中有该请柬的答复用语；A组中有致谢用语，则B组中有应答用语；A组是问题，B组为答案；A组是谜语，B组为谜底；A组是复句的前一分句，B组则为后一分句等。

做游戏时，学生分甲、乙两组，甲组学生从A组、乙组学生从B组中各抽一张卡片。甲、乙两组互相找出自己相对应卡片的持有者，先找到的两个人为胜，都找到后要一对一读出卡片上的内容。例如：

A	B
你是哪国人？	我是荷兰人。
谢谢你！	不客气。
对不起！	没关系。
明天天气怎么样？	阴天，有时有小雨。
十月十日（猜一字）	朝
与其去医院看感冒，	不如自己去买点药来吃。
举头望明月，	低头思故乡。
18乘9等于	162
中国的首都	北京
他最喜欢吃的水果是	葡萄

【说明】

教师还可以根据班上的情况设计，比如"大卫是哪国人？——英国人"，"教汉字的教师姓什么？——姓周"，"星期三下午上什么课？——口语课"等等。如果两人的卡片正好配对，可予以幸运奖。

【目的】

初级班可练习一些功能项目，如"道谢与应答、致歉与应答、问路、问时间"等。中高级可练习词序、复句、文化知识等。

（黄立）

261. 听后表述

【做法】

教师朗读（也可放录音）某段或某篇短文，要求学生注意听，眼睛不接触文字。听后，教师提出问题让学生回答。可以提一个一个的小问题，逐步深入，最后让学生连贯起来回答；也可总的提一个问题，让学生经过一番思索、解答、补充，作出较全面的回答。

如《现代汉语教程读写课本》(第二册)95课第一自然段，教师可提问："为什么'我'会实在有点儿害怕？"启发学生全面地说出夜深，下雨，自行车坏了，小胡同里很黑以及"我"是年轻的姑娘等这几方面的原因，并用自己的话完整地有条理地表述出来。

【说明】

（1）教师朗读的语速及次数，视学生的听力水平而定，经过训练不断提高要求。

（2）指导学生整段表述时，既要注意训练学生运用刚学到的生词，如本段的"偏偏"；又要启发他们恰当地运用一些学过的词语，如"再说"，使他们的表述更丰富、生动、多样化。

【目的】

培养学生的听力及成段表达的能力。

（彭小川）

262. 聆听与描述

【做法】

教师给全班放一段录音，要求大家闭目仔细聆听两遍，然后指定一位学生描述他听到的事情，并编成一个故事。其他同学可以修改补充。例如，播放如下一段声音内容：

音乐声——门铃声——关掉电视机——开门——送快递的，女主人跟快递员的简短对话——关门声——浴室水响声——女人在唱歌——洗澡声——小狗叫——脚步声——开抽屉——拿东西——狗又叫——开门——女人尖叫——枪响声——狗被踢了惨叫——关门——狗的狂叫声。

【目的】

练习口语，尤其是想象力和成段描述能力。

（钱旭菁）

263. 编故事结局

【做法】

准备写有事件开头或过程的若干卡片，每个学生从教师手里抽出一张卡片，准备两三分钟，然后依次读出上面的内容，用五个以上的句子完成故事，越生动越好。如：

我坐在公园里看小说，忽然，一个东西打在我的脚上，我抬起头一看，是一个红红的小球，我再看看周围，周围没有一个人……

完成：

真奇怪，是谁的呢？忽然我听见头上有鸟叫声，主人是它吗？当然不是,那是一个小女孩的玩具,5分钟后,她才赶到,原来是小鸟"偷"了她的小球,它以为那是果子呢!

又如:

汤姆在酒吧里看到一容貌美丽、气质高雅的女子。犹豫之后,他鼓起勇气,低声问:"我能和你谈谈吗?"

完成:……

【说明】

给学生一定的时间准备,不宜过长。最后可评比谁的故事最有意思,最生动幽默。

【目的】

训练学生的词语组织能力和想象力。

(尹绍华)

264. 意外的答案

【做法】

教师讲一则短小的故事,却不说结尾,让学生们猜,看谁的回答最出人意料,最幽默。例如:

爸爸批评儿子:"平平,你不觉得害臊吗?你的学习成绩排在全班最后一名了!"

平平回答说:"这难道是我的错吗?……"

问:平平后半句话想说什么?

参考答案:(1)我们班原来的最后一名昨天转学了。

(2)爸爸您当年不也是倒数第一吗?

【说明】

这里再提供两则小幽默以供参考:

(1)钓鱼的人对旁观者说:"你已经看我钓鱼三个小时了,你为什么不自己试试呢?"

旁观者回答:"……"

(2)医生安慰病人说:"相信我,你没有危险,你需要的只是新鲜空气,我建议你每天多散散步,多走动走动,你的病很快就会好了。顺便问一句,你是干什么工作的?"

病人:"……"

参考答案:(1)我没有耐心;(2)邮递员。

【目的】

培养学生积极思维及幽默表达能力。

(周健)

265. 编吹牛故事

【做法】

教师可以先讲下面的故事作为引子：

有一位女士总想让别人知道她有多少珠宝，如何富有。有一天她对身边一位老太太夸耀说："我用温水洗钻石，用红酒洗红宝石，用白兰地洗绿宝石，用鲜牛奶洗蓝宝石。"老太太听了，微微一笑："我根本不洗，如果脏了，我就扔掉。"

教师事先布置，让学生准备，可以不限主题，要求上课时每人讲一个自己编的（或搜集来的）吹牛小故事。

【说明】

所谓吹牛故事，就是夸张的幽默手法。好的故事能够引人发笑，活跃课堂。以下几则幽默故事作为参考：

（1）一农民到某汽车销售中心，只见他掏出3000元人民币往桌子上一拍："给我来辆桑塔纳（SANTANA）！"营业员大惊："你的钱不够啊！"农民不解："外面不是写着'桑塔纳3000'吗？"营业员："哦……那您出门往右拐，那家公司的奔驰（BENZ）才600！"

（2）一个农夫的女儿长得实在是太丑了，嫁不出去，农夫只好让她去玉米地当稻草人吓唬乌鸦。结果到那儿后，她不仅吓走了乌鸦，甚至还吓得三只乌鸦把以前偷的玉米送了回来。

（3）在一节快速行驶的地铁车厢里，某人客气地对身旁的一位女士说："车厢真挤，请允许我为你找扶手吊带吧！"不料那位女士冷冰冰地说："我已经有扶手吊带了。""那么请放开我的领带吧！"这个人气喘吁吁地说。

（4）有一家疯人院。一天，院长想看看有多少人病好了，就让护士在墙上画了扇大门儿。只见一个个病人都疯了一样的往墙上撞。院长很失望，忽然他看见只有一个病人无动于衷。院长很是高兴，忙跑过去问他："难道你不想跟他们出去？"病人答道："这帮傻瓜，我这儿有钥匙！"

（5）两个英国人正在互相吹嘘他们的儿子有多笨。"我让你看看我儿子米克多笨。"第一个说，"到这儿来，米克，给你1英镑，现在进城去买辆劳斯莱斯汽车。"米克上城里去了。

"这算什么呢？"第二个说，"等着瞧我儿子迪尼吧。过来，迪尼，现在进城去沙利文酒店，看看我在不在那里。"迪尼也去了。

去城里的路上，米克和迪尼相遇了，开始吹嘘起他们的父亲有多傻。

"以我老爹为例，"米克说，"他刚才给我1英镑买辆劳斯莱斯车，再笨的人也知道现在所有的商店都关门了。"

"这算什么呢，"迪尼说，"我那老头子才真是蠢到极点了，他刚才打发我去沙利文酒店看看他是否在那儿。他自个拿起手边的电话筒不就可以马上知道了吗？"

【目的】

练习成段表达和运用夸张手法。

（黄立）

266. 故事表演

【做法】

教师先讲一个《老鼠嫁女》的故事：

老鼠爸爸妈妈有一个女儿长大了，要出嫁了。嫁给谁呢？老鼠爸爸妈妈商量说："咱们要把女儿嫁给最有能力、最威风的。"于是老鼠爸爸妈妈就出门去找。

它们遇见了老猫。老猫说："请你们把女儿嫁给我吧。我就是最有能力、最威风的。"老鼠爸爸妈妈不同意。一抬头看见了太阳，就对太阳说："我们把女儿嫁给你吧，因为你是最有能力、最威风的。"太阳说："我不是最有能力、最威风的。我怕乌云，乌云能把我遮住。"

老鼠爸爸妈妈就去问乌云，乌云说："我也不是最有能力、最威风的。我怕高墙，高墙能把我挡住。"老鼠爸爸妈妈就去找高墙。高墙说："我也不是最有能力、最威风的。我怕老鼠打洞。"

老鼠爸爸妈妈一听，傻眼了：原来我们是最有能力、最威风的呀。可是我们怕老猫啊。看来老猫真是最有能力、最威风的，我们就把女儿嫁给老猫吧。于是，老鼠爸爸妈妈还是把女儿嫁给老猫了。老猫一见老鼠女儿，就把它吃了。

教师讲完以后通过提问检查学生是否理解，还可以在黑板上写下若干关键词，然后引导学生复述这个故事。最后找几个学生扮演故事中的人物，让他们分角色表演这个故事。必要时可以安排一名学生担任解说。

【说明】

故事不要太复杂，人物以三四个为宜，如《东郭先生和狼》、《狐狸和乌鸦》等都是适合表演的故事。

【目的】

锻炼听说能力和成段表达能力。

（王庆云）

267. 互问互答

【做法】

教师每讲完一课课文，把学生分成两组，让学生回去准备提问。第二次上课时，两组学生互问互答。如，由 A 组学生问一个问题，并指定 B 组的某位学生回答。B 组的学生回答完后，教师可问 A 组提问的学生满意不满意，如提问的学生说满意，再进行下一对学生的问答；如提问的学生说不满意，则回答的学生就要继续回答，若提问者仍不满意，那么教师就让提问者进行补充，然后教师总结。有时两组学生会就某些问题进行争论，这是最好的，若一时争不出结果，教师可让他们课下再准备，第三次上课时再辩论。

【说明】

教师应掌握好回答问题的分寸，起好导演的作用。互问互答前一定要让学生做好准备，如果你不提问，别的学生就会问你，这样都会得到练习的机会。学生的提问必须是与课文有关的，或词语，或语法点，或课文内容的理解等。教师课前也应做好充分的准备。

也可采用抽卡问答的方式，即先由教师根据课文内容设计若干问题，预先写在卡片上，每卡一个问题。请一位同学抽取一张，读出问题，指定另一位来回答，并对其回答进行评论。

【目的】

巩固学生对课文内容的理解及对有关词语、语法点等的掌握。提高学生的口头表达能力。

（吴晓明　彭柳）

268. 循环问答

【做法】

学生分成A、B、C三个队,围绕课文轮流提问,轮流作答:A队学生先提问,B队的学生回答后再提问C队的学生,C队学生回答后再向A队提问,依次循环。教师指导其他的学生当评判,对的各得一分,提问提得好的可多奖励两分,不断累加,最后按总分的高低评出名次。

【说明】

(1)提问或作答的学生不必硬性指定,但教师要注意练习的面一定要广。

(2)要注意鼓励学生提出一些并非三言两语就能回答清楚的好问题。

【目的】

提高学生用汉语进行思维、提问的能力及口头表达的能力。对帮助学生深入理解课文、提高阅读能力也有好处。

(彭小川)

269. 答非所问

【做法】

教师问第一位学生一个问题,要求学生必须回答与问题毫不相干的话。如"你叫什么名字?"答"我没有姐姐"或"中午的饭菜真难吃"都是合格的答案,因为都是答非所问。然后由第一位学生问第二位学生,依次做完为止。

【说明】

如欲增加难度,可以要求第三人回答第一人的问题,第四人回答第二人的问题,以此类推。如:

A:你叫什么名字?

B：我没姐姐。你是哪国人？

C：我叫李明。你下午去哪儿？

D：我是日本人。你喜欢什么运动？

E：我下午去图书馆。你有女朋友吗？

要求学生快速回答。答错了的同学要站起来回答、提问。

【目的】

训练学生听说答问快速思维反应的能力。

（姚宁）

270. 交流短信

【做法】

教师先给大家读一则幽默短信：

钱可以买房子但买不到家，能买到婚姻但买不到爱，可以买到钟表但买不到时间，钱不是一切，反而是痛苦的根源，把你的钱给我，让我一个人承担痛苦吧！

然后布置学生做准备，搜集手机幽默短信，下次上课时每人读一条幽默短信。

【说明】

在节日前后，手机幽默短信特别多，内容也很丰富有趣，学生如果注意阅读，也是提高汉语理解和表达的一个好办法。在课堂读短信时如果遇到难字或生词，教师可以讲解。如果学生难以搜集到中文短信，以下几段可供教师参考选讲：

（1）亲爱的上帝，请保佑那些不打电话给我，也不传短信给我，更没有想念我的朋友们：愿主把他们的手机掉到厕所里去吧，阿门！

（2）思你念你想着你，找个画家画下你，把你贴在杯子里，整天喝水望着你——幸福吗？倒杯开水烫死你！

（3）有一天，我对你说你是猪，你说：我是猪才怪。于是我便开始叫你猪才怪。终于有一天你忍不住在众人面前大声宣布:我不是猪才怪!

（4）学生甲:"你把我的衬衫拿到哪里去了?"

同屋乙:"送洗衣房了。"

学生甲:"我的天哪,我把今天考试的全部要点都记在了袖口上了。"

（5）风在刮,雨在下,我在等你回电话;为你生,为你死,为你守候一辈子。横批:发错人了!

（6）我花一毛钱发这条短信给你,是为了告诉你——我并不是一个一毛不拔的人。比如这一毛钱的短信就是我送你的生日礼物。

（7）我不打算给你太多,仅仅五千万:千万要快乐,千万要健康,千万要平安,千万要知足,千万不要忘记我!

（8）我在天空写下你的名字,却被风儿带走了;在沙滩写下你的名字,却被浪花带走了;在街上写下你的名字,可是我被警察带走了。

【目的】

通过交流短信内容,学习汉语的幽默表达方式,活跃课堂。

（恒声）

271. 设语境练说话

【做法】

教师设置各种具体的交际语境,让学生练习表达打招呼、寒暄、问候等常用说法。

（1）面对突然出现的多年不见的老朋友:哇!什么风把你给吹来了?/稀客稀客。/少见哪!快请坐。

（2）面对不常见面的老朋友:最近忙不忙?/家里人都好吗?/忙什么呢?

（3）面对多年不见的教师:好久不见了,最近怎么样？/您身体好吗?/师母身体好吗?/最近忙不忙?

（4）面对多年不见的普通朋友:好久不见了,你现在是越来越精神了。/最近忙什么呢?/在哪儿发财呢?/你气色真好! /你越来越年轻了。

（5）面对病人：你好点儿了吗？/现在觉得怎么样？/身体恢复得好吗？

（6）面对常见面的同学：怎么来的？/外边很热吧？

（7）面对初次见面的长辈：久仰大名。/久仰，久仰。/您身体不错啊！

（8）面对远道来的客人：一路辛苦了。/一路顺利吧？

（9）吃饭前后，面对熟人：吃饭了吗？/吃了没有？

（10）面对熟人，观察其行为：买菜去了?/上班去啊？/等车呢?/去打球啊?/出门啊？

（11）面对生人（或熟人）：今天天气不错啊。/看这天，快下雨了。/今晚要刮大风了。

（12）面对熟人：现在菜越来越贵了。/你儿子回来了?/打算去哪儿旅游啊？

【说明】

外国学生跟中国人见面，最熟悉的就是"你好！""你好吗？"这类最简单的打招呼方式，事实上中国人打招呼、问候、寒暄的方式很多。教师要设置具体的语境，让学生注意说话的恰当得体。除了问候语，教师还可以给学生总结谈风景、天气、交通、工作、生意、衣着、家庭等，让学生练熟。进一步可以扩展到双向对话和角色扮演。

【目的】

掌握中国人最常用的见面交际语。

（恒声）

272. 练习话别

【做法】

1—3个学生扮作提前回国者，其余学生来道别相送。有嘱咐他们或托办某事的，有帮助叫出租汽车的，有帮忙提行李的……在大家的交谈中，归者要说明回国的原因、回来的时间（如果还回来的话）等等。彼此要说些依依惜别的话，合影留念，互赠纪念品;记录对方的联系方式，要求保持联系，交代没来得及办的事情；最后握手、拥抱互相道别。对不同年级的学生可有不同的要求。

【说明】

这类现象在留学生中经常发生，由于来自不同的国家，所操语言不同，彼此只能用有限的汉语道别。可以在课堂上再现这一情景。教师可适时介绍中国人一般的送别方式，并与西方的或外国的方式进行比较。还可以提供分别时常用的语汇，如：一路平安、一路顺风、到家来电话、别忘了我们、保持联系、保重身体、问候你的父母、再见、明年（北京）见……

【目的】

用汉语道别，训练话别功能，提高实际交际的能力。

（喻捷）

273. 汉语扑克

【做法】

教师事先准备好52张扑克牌,每张牌上写一个句子,这些句子或语义相同或相近,如"他在等出租汽车"和"他想坐出租汽车";或时间上有联系,如"他下了车"和"他走进了学校";或空间上有联系,如"左边是教学楼"和"右边是体育场";或意思上有联系,能自行添加关联词组成复合句,如"(因为)今天下午不上课","(所以)我想去老师家玩"等等。

玩牌时,52张牌摞一叠,背面向上,放在桌子中间。4个学生一组玩一副牌,4人依次摸最上边的一张牌,每人摸4张,共16张,属于个人的基础牌。这4张中如果有成对的或能关联成句的,就打出来,放在自己的面前,但必须向大家显示这张牌所组成的对子或联张,并朗读或解释,被大家认可后,才算合格。然后补充到4张。

从第17张开始,每张牌都是明牌,4人依次选择是否要这张牌,如果有两个人都想要,能组成对子者有优先权。要牌的人同时打出一张自己不要的并补充到4张。如果4人都不要牌,就继续翻牌。任何玩牌者有权随时拥有他人刚打出的牌(先拿先得)。最后以面前拥有最多牌张的人获胜。

【说明】

(1)扑克牌上句子的设计应结合教学内容,还要精心设计和安排。

(2)遇到有争议的情况,由教师做鉴定。

【目的】

帮助学生准确地理解汉语句子的意思,了解汉语句子间的关系,锻炼他们正确地把汉语句子连贯在一起,构成话语篇章的能力。

(陈佩瑜)

274. 自由提问

【做法】

由教师指定一个汉语水平较好的学生 A 先用一句话说最近做了一件什么事,学生们就这句话或这件事的各个方面进行提问。要求每人提一个问题,可以追根问底。例如:

学生A:昨天我和朋友看了一场电影。

学生1:昨天你什么时候去的?

学生2:昨天你跟谁去的?

学生3:你朋友是男的还是女的?

学生4:你们看的是什么电影?

学生5:电影好看吗?

学生6:电影票贵吗?

学生7:你最喜欢的女演员是谁?

学生8:你们看完电影又做什么了?

学生9:你们在一起玩了多长时间?

学生10:你们一起吃饭了吗?

学生11:你的朋友请客还是你请客?

……

教师事先规定所提问题可以承接前一人的,也可以是独立的,但必须与学生 A 所说的话有关。

【说明】

平时上课总是教师提问学生回答,其实培养学生的提问能力,对提高他们的汉语交际能力更有价值。学生可就各种问题向说话者提问,教师应当鼓励学生提问。对于好的问题,教师要予以表扬。

【目的】

　　培养学生的提问能力。

（恒声）

275. 说鞋找鞋

【做法】

　　让每位学生脱下一只左脚鞋放在教室门外，学生坐好后，让第一个学生描述一下自己的鞋。要求说得简明、清楚，能抓住鞋的特点。如"白色旅游鞋，两侧都有一道紫色的边"或"浅黄色平跟牛皮鞋，新买的"等等。教师先找回第一位学生的鞋，再让该生根据第二位学生的描述去找鞋，如此依次进行下去。如果找错了，则重找，直至找对为止。

【说明】

　　这个游戏能大大活跃课堂气氛，尤其是找错鞋的时候。教师可对不够准确的描述加以修正，或让其他学生补充描述。对于个别不愿意脱鞋的人，可以不勉强他脱鞋，改由他第一个去找鞋。

【目的】

　　提高学生描述具体事物的能力。

（恒声）

276. 猜东西

【做法】

　　教师事先准备七八个顶部无盖的纸盒，每个纸盒编上号，盒里放一样实物，像香蕉、袜子、笔、小字典、钱包、名片、录音带、钥匙扣等。教师指定一个学生任选一个号码的纸盒，让学生在讲台上看着盒里的实物进行描述，其他同学根据他的描述猜盒里的东西。第一个猜中的人上台替换他，并另选一盒进行描述。如此进行下去。

【说明】

教师要明确告诉学生，描述时不能说出物品名称中含有的字眼，也不许用动作手势来形容物品，一定要用语言描述。教师在选择物品时，要选择学生比较熟悉的并知道名称的东西。也可以考虑把盒中的物品作为奖品，奖给第一个猜中的学生，这样做会使气氛更为活跃。为求简单省事，也可以用卡片代替实物，但效果可能不如实物。

【目的】

训练学生描述事物特点的能力，活跃课堂气氛。

（杨德峰　张念）

277. 描述动物

【做法】

让学生若干人依次上台各描述一种动物，不能说出其名，只能用"它"来描述。如："它有一对长长的耳朵，眼睛是红色的，它有一身可爱的白毛，喜欢吃草，走起路来一跳一跳的……"全班学生来猜，有人猜中即止，描述者和猜中者各得一分。

【说明】

有些动物的特征比较难于描述，可能出现说不清楚也没有人猜得出来的情况，这时教师可以问该生描述的动物名，并动员大家考虑应当如何描述。

【目的】

培养学生概括事物特征并用自己的语言进行描述的能力。

（周健）

278. 描述动作

【做法】

教师预先准备好一些实物，如笔、本子、书、杯子等。这些实物的名称是学生已经学过的。教师可先拿出笔，举起来，要求学生说："那是一支笔。"教师又拿起一张纸，要求学生说："那是一张纸。"因为教师要讲授"动作的进行"这一语法点，就在纸上写字，要求学生讲出这一正在发生的动作。学生就会说："老师（正）在写字。"或"老师（在）写字呢"这样的话。

学生一旦掌握了新的句式，就要趁热打铁进行操练。教师可再拿几个实物并做一个动作，让学生说。例如，教师举起一把钥匙，学生就会说："那是一把钥匙。"教师用钥匙做开门状，学生说："老师正在用钥匙开门。"教师拿起一茶杯，学生说："那是一个杯子。"教师端起杯子做喝水状，学生说："老师正在喝水。"

然后就不借助实物，直接做动作。让学生说出"老师在吃饭呢"，"老师游泳呢"，"老师正在看报纸"，"老师在开车"，等等。这时也可由一个学生来做示范，让另一个学生来描述正在进行的动作。

【说明】

做这个练习，教师应把词语、语法点的学习和复习联系起来，让学生用多种方法来描述正在进行的动作，学生之间的看和说可活跃整个课堂气氛。教师最后还要进行归纳、总结。

【目的】

用动作场景来训练学生描述正在进行的动作。

（吴晓明）

279. 以貌取人

【做法】

教师先准备照片若干张，把学生分成几组，每组分发几张照片，让他们进行讨论，选出一张或几张他们最感兴趣的照片，要求学生就照片中的人物，推测人物的性格、兴趣、年龄、职业等，然后编出该人物的生活经历或此人在生活中最近发生的一件大事。学生之间可互相补充，编出一个比较完整的故事来。

【说明】

每组学生要互相讨论，共同配合，充分发挥想象力，才能完成这个练习。教师可就练习中出现的问题进行讲解。

【目的】

培养学生的观察力和想象力，以此提高学生用汉语来描述、讲故事和提问的口头表达能力。

（吴晓明）

280. 猜猜他（她）是谁？

【做法】

教师发给每个学生如下一张工作纸，让学生填写：

```
性    别：_____
相貌特征：_____
身材特征：_____
爱    好：_____
习    惯：_____
性    格：_____
```

教师要求每人选定班上一位同学作为描写对象，并提示学生"相貌特征"一栏可以从五官、是否戴眼镜、发型、皮肤等方面加以描述；"身材特征"可以用个子高矮胖瘦来描述；"爱好、习惯、性格"可以从平时观察到的最突出的特点来描述，要简明扼要，时间限定为15—20分钟。

写完后，教师可以让学生依次读出自己的描述，让大家猜被描写者的姓名；也可以全部收集上来，再指定若干学生各抽取一张先默读并猜测，如果猜对了，教师要给以简要的评论，如"观察得很细致、形象生动、特征很明显"等等，对于人物形象刻画得传神的，要给予特别的表扬。如果大家都猜不出，可以让作者说出被描写者姓名，教师引导大家讨论应如何刻画该同学。

【说明】

这个技巧主要训练学生的人物观察能力和特征描写能力，类似简笔素描画那样，寥寥几笔就能栩栩如生地勾勒出一个人的形象特征。上述两种做法中以第二种做法较为有趣。做此练习最好在学了人物描写的课文之后，教师也可以把描绘人物的词汇印发给学生，以供参考。

【目的】

训练学生抓住人物的突出特征加以准确描写的能力。

（谭桂英）

281. 提问猜物

【做法】

教师请每位学生在心里选定一样事物（人和物均可）作为谜底，写在小纸条上，不能让其他学生看见。教师指定一位学生站到讲台前，这位学生先把小纸条交给教师，然后其他学生用"是不是……"疑问句向这位学生提问，该学生只回答"是"或"不是"，不做解释。通过问答，猜出谜底。

例：第一位学生在心里选定"黑板"做谜底，学生可以问："是不是有生命的？""是不是学校里的？""是不是每人都有的？"……学生通过问答不断地缩小范围，接近目标，最后猜中谜底。

【说明】

这个游戏主要目的在于测试问话人的提问技巧，为了使游戏更富有竞争性和趣味性，教师可把学生分为 A、B 两组进行比赛。先让两个小组各自围坐在一起，相互传阅每人写的谜底，然后推选出大家公认比较难的一个作为本组答案提交给老师。要注意推选时不能让对方知道本组的答案。

比赛开始后，教师先指定 A 组的代表站到前面，由 B 组自由提问，同时在黑板上记下提问的次数。猜中后，交换进行。最后教师宣布提问次数少的一组获胜。

【目的】

活跃思维，提高提问的技巧。

（陈佩瑜）

282. 介绍我家

【做法】

教师先做示范，在黑板上画出自己家的平面图，再分别标上"客厅、大卧室、小卧室、书房、厨房、浴室（或'洗手间'）、阳台"等。然后指定两个学生分别到黑板的左侧和右侧画出自己住宅的平面图，并一一标出房间的名称。最后教师引导学生对两个住宅的不同进行对比，练习"比"字句。

比如："汤姆家有四个卧室，小丽家有三个卧室，汤姆家的卧室比小丽家多"；"小丽家有三个阳台，比汤姆家多一个阳台"……

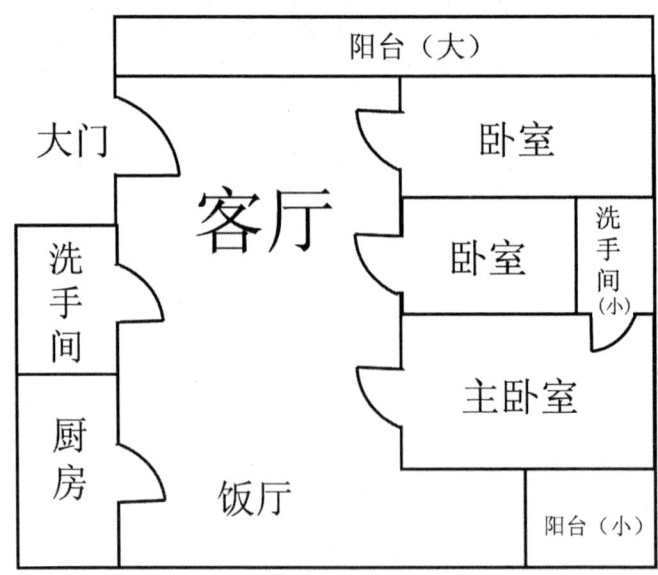

【说明】

学生都熟悉自己的家,平面示意图也不难画,学生对不同国家的住宅结构也有了解的兴趣。这个技巧主要用来训练学生介绍和描述的技能、熟悉有关住房、房间功能的词汇。还可以进一步深化,让学生画出并标示客厅的家具和陈设。

【目的】

熟悉住房常用词汇,锻炼描述事物的能力。

(周健)

283. 画怪物

【做法】

把学生分为两个组,每个组围坐在桌子周围。人多的班可以分为4个组,每组以5—6人为宜。教师准备好怪兽图片两张,彩色粉笔(或水笔)若干。

宣布开始后,每组推举一人到黑板上画,其他学生根据看到的图样用语言指令指导该学生画。由于有两个组同时画,大家七嘴八舌,课堂秩序可能有些杂乱,但无伤大雅。在黑板前的学生根据本组同学的提示和指令,在黑板上画图、填色。都画完后,教师把原图也贴在黑板上,让大家比对。最后教师做简单讲评,选出优胜者。如果有4个小组就轮流进行,每次只安排两组同时做。

【说明】

教师所选的怪物最好是线条比较简单、色彩鲜明、构图生动,为学生所喜爱的怪物、怪兽、卡通形象等。怪物的形态各异,能充分训练学生灵活运用所学词汇的能力,激发学生学习的主动性,培养想象能力和创造能力。

【目的】

帮助学生练习使用颜色词、形容词、方位词、人体部位词,激发学生的想象力。

(周健)

284. 描述相片

【做法】

要求每个学生带来一张非本人的人物照片(也可以由教师准备),教师把收齐的照片摊开放在讲台上,指定学生甲站到讲台前,同时指定学生乙根据记忆描述自己所带照片中的人物形象(如:小伙子,二十岁左右,头发较长,圆脸,不胖不瘦,穿浅蓝色的短袖衫),甲根据乙的描述在十秒钟内找对相片则甲乙各得一分。然后换人做。

此技巧可以逆行做,即由学生甲从教师手中抽取一张进行描述,在描述过程中或描述结束后,如果有人举手表示是自己的照片,并验证无误,双方各得一分。

【说明】

在学生把所带照片交给教师前,要求他们先仔细观察相片。描述时只限描述人物形象及服装,不能说出照片中的文字及背景。(例如"站在长城上照的","他穿的短袖衫上印着'暨南大学'"等)教师可以先在黑板上挂一幅大图片,做描述人物的示范:这是一个小伙子,东方人,大约二十多岁,黑色的头发,黑色的眼睛,圆脸,戴一副宽边眼镜,五官很端正,眼睛大,双眼皮,嘴角左侧有一颗小痣。他面带微笑,看着前面。他上身穿浅蓝色的短袖衫,下身穿棕色的长裤,脚上穿着一双白色运动鞋……

学生甲在描述过程中,如果学生乙发现他描述的正是自己带来的照片,应当马上举手示意。教师叫学生乙走到台前,看一下照片,如果正确无误,大家一齐鼓掌给以奖励。如果有几个人同时举手,教师则让学生甲继续描述,直到只剩一人举手为止。

训练也可以反过来做,即教师先把收集的照片全部摊开在讲台上,指定学生甲根据记忆描述自己所带的照片,同时指定学生乙站在讲台前,根据甲的描述迅速找对照片,这样做难度稍大一些。

【目的】

锻炼学生观察和描述人物形象的能力,练习综合运用有关五官、颜色等词语,还能活跃课堂气氛。

(周健)

285. 观察与描述

【做法】

教师拿出两个瓶子,放在讲台上,每个瓶子里装着水和一条鱼。(也可以用两幅彩图表示)问学生:"讲台上放着什么?"学生一面观察,一面回答,大家兴趣很高,纷纷抢着发言。学生说得好,教师加以肯定、表扬;学生说话有语病,教师加以引导和帮助。以下是六名学生描述他们所见到的景象:

(1)老师的讲台上放着两个瓶子。一个瓶子里是大鱼,一个瓶子里是小鱼。(教师表扬他说得正确、明白。)

(2)讲台上放着两个瓶子,一个是大瓶子,一个是小瓶子。一个瓶子里有一条大鱼,还有一个瓶子里有一条小鱼。(教师表扬他会用"还有",很好。)

(3)老师的桌子上放着两个瓶子,每个瓶子里有两条鱼。(在教师启发下,学生把"两条鱼"改为"一条鱼"。教师表扬他会用"每"

字。）

（4）老师讲台上有两个瓶子，一只瓶子高，一只瓶子矮。高的瓶子里是大鱼，矮的瓶子里是小鱼。（教师表扬他会用"高、矮"。）

（5）老师讲台上放着两个瓶子，左边一个瓶子，右边一个瓶子。左边的瓶子里放着一条小鱼，右边的瓶子里也放着一条大鱼。（教师表扬他会用"左边、右边"，但"也"字应该去掉。）

（6）老师的讲台上有两个瓶子，一个是大的，另一个是小的。大瓶里有大鱼，小瓶里有小鱼。（教师表扬他会用"另"字。）

【说明】

这里介绍的是一位优秀教师的说话课教学实录，教师的指导语是精要的，他留心学生发言中的每一句话，每一个词，对于微小的优点也能予以肯定，对缺点则帮助纠正。这对学生的语言发展大有好处。

汉语初级班的学生说话的主要问题是：词汇量小，句式不通顺、不完整，用词不确切，语意表达不清楚。教师应当在训练学生改正这些问题方面下功夫。

【目的】

培养初级阶段水平的学生观察事物、描述事物的能力。

（恒声）

286. 信息差

【做法】

教师课前准备一封信，信的内容是一个有趣的幽默故事；另外准备一段录音，其内容是另外一个幽默故事。上课时教师确定同座的两位学生分别为A、B组（例如坐在左侧的为A，右侧的为B）。然后让A组的所有同学走到教室外边去读信，时间为三分钟；他们离开教室后，教师立即给留在教室的B组学生播放录音。三分钟后A组学生返回自己的座位，教师让他们互相询问各自听到或读到的故事内容。最后教师提问A组的一个学生关于录音中故事的内容，再提问B组的一个学生信中故事的内容。

【说明】

　　人们交际的主要目的是交流信息,因此信息差才是产生交际的动机。本技巧是通过教师人为制造信息差来促进学生开展比较真实的交际。注意提问时要问 A 组学生 B 组所获得的信息,问 B 组学生 A 组所获得的信息,对方的信息学生是通过交际获得的。

【目的】

　　把比较真实的交际引入课堂,提高学生交际的兴趣。

（周健）

287. 新闻发布会

【做法】

　　世界范围内几乎每周都有重大新闻事件。遇到某国发生重大的新闻事件,比如日本更换首相、泰国局势紧张、菲律宾发生叛乱、印巴出现武装冲突、中东局势紧张、美国大银行倒闭、韩国总统访华……教师即可安排来自该国的学生就此新闻事件给全班做一次新闻发布会。学生必须尽可能充分地准备，除记熟新闻本身内容外，还要对新闻的背景和媒体的评论做一些调查研究，并设想自己如何应付记者可能突然提出的问题。

上课时，先由该学生坐在讲台前发布新闻，他的身份是政府部门或新闻单位的发言人，最好有PPT演示。讲完之后，由"记者"们（由全班学生扮演）纷纷提问。提问者要先自报家门，说自己是什么媒体的记者及姓名。提问要围绕发言人的新闻内容，不可离题。发言人一一解答。由教师掌握时间，并控制课堂节奏。

【说明】

用开新闻发布会，答记者问的方式来教中高级汉语口语及新闻听说课，能调动学生学习的主动性，也活跃了课堂。教师也可参与提问。在聆听的过程中，教师应把问答双方精彩的表达和有问题的词汇、句子记录下来，在会后适当讲评。这种方式能综合训练学生的口语表达、记忆、分析和幽默应变的能力。

也可以要求每人准备一条有一定影响力的、自己特别感兴趣的新闻，范围不限，国际、国内、本校、政治、军事、经济、文化、社会、体育、艺术……皆可。新闻来源可以是报纸、杂志、电台、电视，也可以是互联网或权威人士。

【目的】

营造语境，调动学习积极性，提高新闻表达和交际能力。

（陈延河）

288. 问答猜谜

【做法】

由教师指定或学生推选出一个主持人，主持人从教师手中抽取一张纸条，纸条上有一个谜底，如"钢琴"和一句提示语："它是人类制造的。名称是两个字。"然后由学生自由提问，主持人做简单回答，只限说"是、不是、有、没有、不一定"等。例如：

学生 A：学校里有没有？

主持人：有。

学生 B：家里有没有？

主持人：不一定。

学生 C：是电脑？

主持人：不是。

学生 D：录音机？

主持人：不是。

学生 E：汽车？

主持人：不是。

学生 F：是不是文具？

主持人：不是。

学生 G：是不是乐器？

主持人：是。

学生 H：是不是钢琴？

主持人：是。

【说明】

也可以分组比赛，把全班学生分为两组，由第一组选出的主持人，主持第二组同学猜，反之亦然。每个组猜谜时学生要依次提问，提问时主持人或教师要记录问题的数量，提问少的一组获胜。

【目的】

训练灵活提问能力。

（安辉仁）

289. 简历问答

【做法】

教师事先把王大中先生（或某名人）的简历写在一张大纸或黑板上。

王大中简历	
1958.9.28	出生于北京
1964—1970	北京西单小学
1970—1976	北京四中
1978—1982	北京大学中文系
1982—1985	人民日报记者
1985—1988	北京师范大学哲学系研究生
1988—1991	上海复旦大学历史系研究生
1991.7.11	获得历史学博士学位
1991—1998	故宫博物院研究员
1998—2000	美国斯坦福大学访问学者
2000—2005	《历史研究》编辑、副主编
2005—	南京大学历史系教授

然后要求学生分两组互相问答，要围绕简历进行多种方式的提问。如：王大中的生日是哪一天？他是哪儿的人？他今年多大岁数？他在哪个小学读书？1979年时他干什么？他在北大学习什么专业？1989年时他做什么？他成为哲学系研究生是什么时候？是在哪所大学？1991年至1998年他去了什么地方工作？他在故宫博物院工作了几年？他在美国哪所学校访问过？他一共做过多少年学生？他的最大兴趣在哪一方面？等等。

【说明】

要鼓励学生提各种类型的问题，必要的话教师也可以先举例说明。

【目的】

培养学生根据一定线索提问和回答的能力。

（恒声）

290. 猜亲属

【做法】

在讲过亲属关系称谓表之后做。两人一组，由甲心中暗想一个亲属名并写在纸上（如"姑父"），但不让乙看见，由乙进行提问。乙要用"是不是"来提问，甲只能回答"是"或"不是"，直到找到答案为止。甲同时记下乙所提的问题数。两人再交换进行一遍。以提问题较少的一方获胜。

【说明】

教师可与一学生先做示范性问答，如教师依次问：

——男的？（是）

——父母家庭之外的？（是）

——与你同辈？（不是）

——与你父母同辈？（是）

——姨父？（不是）

……

即可猜对答案是"姑父"。

此游戏可以扩展，还可猜中国省名、班上某同学名（问座位情况）、某人生日时间等等。这是把智力测验跟语言表达训练结合起来。

【目的】

合理设定问题，培养逻辑分析和语言表达概括能力。

（周健）

291. 听歌记词

【做法】

教师选择一首通俗易懂、节奏稍慢的汉语歌曲录音带（或电脑数码歌曲），由全班学生共同记录歌词。记录的方法是先推选一位（或二位）汉语程度较好、写字较快的学生担任记录员，然后由该学生控制录音机或电脑，每放一句便由大家七嘴八舌，争先恐后地念出歌词来。记录员把歌词记录在黑板上。

【说明】

遇到听不懂的句子可反复放两三遍，如仍旧没人听懂，则由教师指出并写在黑板上。由于唱歌和说话不同，声调会发生变化，听不清吐词是很常见的现象。然后由教师点评，指出错误之处并加以修改。最后带领大家学唱、跟唱黑板上写的这首歌。

【目的】

锻炼听准歌词的本领，提高汉语能力。

（恒声）

292. 击鼓传袋

【做法】

模仿中国传统"击鼓传花"的做法，组织同学围坐一圈传一个布袋，同时安排一位学生蒙眼坐在中间，用小锤轻轻敲击拍子，忽然重击一声时，接到布袋的人从中抽出一纸条回答上面的问题，回答不出时罚其表演一个节目或背诵学过的一首中国古诗。

【说明】

布袋中的问题可以是多种多样的，比如"限词造句"、"说同义词反义词"、"成语、俗语说完整"、"简单的脑筋急转弯"、"问有关中国的历史、地理、文化常识"、"猜谜语"等等，如果答不上来，其他学生答出来的可以获得一个小奖品。题目可由学生设计，每人写1—2个题目。教师也可参加到游戏中，气氛会更加融洽。本游戏适合作为汉语课外活动节目。

【目的】

复习所学汉语和文化内容，寓教于乐。

（安辉仁）

293. 递进复述

【做法】

全班学生分组围坐（每组5—6人为宜，也可以规定每行为一组）。先由第一组的第一个学生（假设叫玛丽）说："我要去商店，我要买一盒饼干。"

第二个学生（假设叫田中际）应说："我要去商店，玛丽要买一盒饼干，我要买两块肥皂。"第三个学生应说："我要去商店，玛丽要买一盒饼干，田中际要买两块肥皂，我要买一个订书机。"即后面的学生应重复前面学生的所需，再加上自己的句子。后面同学的句子，所购物品不能重复。如此类推。

【说明】

本练习以小组间比赛的形式进行，小组可以根据每个人的能力自行调整座次，把记忆力好表达能力强的同学安排在最后。如果小组最后一名同学正确说出前面所有同学要买的商品，该组有多少人就得多少分。本技巧是听力、口语表达及使用汉语思维记忆的综合训练。话题可结合教学需要而更改。

【目的】

训练听力、记忆力和复述能力。

（陈佩瑜）

294. 逻辑推理

【做法】

教师先讲一个比较简单的逻辑问题让学生做：

在一所学校里，李老师、王老师、张老师分别上一门课，但不知道他们每人上什么课，只知道这三门课是语文、数学、外语。此外，还知道：

（1）李老师上课全部用汉语；

（2）外语老师是一个学生的哥哥；

（3）张老师是女老师，她是数学老师的邻居。

请推断三位老师各上什么课？

待有些学生推知后，教师可在黑板上列出如下表格：

	李老师	王老师	张老师
语文			
数学			
外语			

再根据已知条件分别填入×号（表示不可能）和√号（表示正确）。

答案：张—语文；王—外语；李—数学。

然后教师再给出一个稍为复杂的逻辑问题：

在国际饭店里，甲乙丙丁四位朋友交谈时，发生了语言上的困难，因为在汉、英、法、日四种语言中，每人只会说两种，而又选不出一种大家都会说的语言，只有一种语言是三个人都会说的，于是他们交谈时：

（1）乙不会说英语，当甲与丙交谈时，却要请他当翻译；

（2）甲会说日语，丁不会说日语，但他们却能互相交谈；

（3）乙、丙、丁交谈时，找不到一种大家都会说的语言；

（4）没有人既能用日语又能用法语交谈。

请想一想，甲乙丙丁四人各会说哪两种语言？

参考答案：甲—汉、日；乙—汉、法；丙—英、法；丁—汉、英。

【说明】

逻辑推理问题对于训练学生的思维和关联词的使用都十分有效，列表格法是比较简明的办法。在学生做出之后可请一位学生上台逐项说明。以下一则逻辑推理问题供参考选用：

有一个小城有两种人，一种人永远说真话，一种人永远说假话。你来到这个小城，与ABC三人闲谈。A告诉你说，B是一个说谎的家伙，B听说了非常生气地加以否认，C却肯定了A的话。问三人谁是说谎者？

参考答案：A、C说谎者，B说真话者。

【目的】

训练学生逻辑分析与口头表述能力。

（周健）

295. 排队组句

【做法】

学生分为七人一组，并以向右看齐的方式排成一行。教师拿出预先准备好的不干胶小贴纸，贴在每个学生的前额上，每张贴纸上写一个汉字，这七个汉字是一句俗语，比如"不管三七二十一"。教师有意打乱顺序粘贴，让学生自己讨论并猜出这句俗语，然后按照俗语的顺序排成一队。以最快排列好的一组为优胜。

【说明】

这个活动比较有趣味，能有效地活跃课堂气氛，帮助学生复习学过的俗语（也可以加上七言诗句），或考查学生课外习得的汉语惯用语。当然，七言俗语也可以变化为四言成语或五言诗句等。以下七言俗语可供选用：

（1）羊毛出在羊身上；　　　　（2）不到黄河心不死；

（3）不识庐山真面目；　　（4）此地无银三百两；

（5）打开天窗说亮话；　　（6）打破砂锅问到底；

（7）今朝有酒今朝醉；　　（8）近水楼台先得月；

（9）大水冲了龙王庙；　　（10）好了伤疤忘了痛；

（11）浪子回头金不换；　　（12）眉毛胡子一把抓；

（13）清官难断家务事；　　（14）人怕出名猪怕壮；

（15）跳进黄河洗不清。

【目的】

熟悉和掌握汉语常用俗语。

（周健）

296. 电话套语

【做法】

教师利用下列大图片或投影分别展示打电话时经常遇到的情况和常用的交际套语。

（1）直接找到对方

乙：喂？

甲：你好！请问王小红在吗？

乙：我就是。你是那位？

甲：我是大卫啊。你好，王小红！……

（2）对方不在

乙：喂，你找谁？

甲：你好！请问王小红在吗？

乙：她不在。您是……？

甲：我是她的同学大卫。

乙：你好。她去超市买东西了。

甲：没关系，那我晚一点再打。再见！

乙：再见！

（3）对方不在，请第三人转告

乙：喂，你好。

甲：你好！请问王小红在吗？

乙：她出去了。

甲：我是她的同学大卫，请您转告她，今天晚上的汉语角活动改到明天晚上了。

乙：等她回来，让她给你打电话吧。请问，您的电话是多少？

甲：请您记一下：8522-4290。

乙：（重复）8522-4290。

甲：没错。谢谢您！

乙：不客气。

（4）拨错号码

乙：喂？

甲：喂，你好。我是大卫，请问王小红在家吗？

乙：这里没有王小红，你打错了吧？

甲：您的电话是8720-5113吗？

乙：错了，这里是8720-5133。

甲：真对不起！给您添麻烦了。

教师每展示一张，就带领学生朗读，让学生两两一组练习，再指定两人不看黑板分角色表演。

【说明】

中国人打电话通常不是一拿起电话就自报家门，外国学生可能感到不习惯，教师要训练学生掌握最常用的一些打电话的套语，使自己的电话交际方式符合中国的习惯。

【目的】

掌握汉语常用的电话用语。

（周健）

297. 说绕口令

【做法】

教师根据学生汉语水平，选择适当的绕口令写在黑板上教学生说，再让大家依次说，评出最佳表演者。以下几条绕口令可以作为参考：

（1）吃葡萄不吐葡萄皮，不吃葡萄倒吐葡萄皮。

（2）鼓上画只虎，破了拿布补，不知布补鼓，还是布补虎。

（3）大兔子，大肚子，大肚子的大兔子，要咬大兔子的大肚子。

（4）有个小孩叫小杜，上街打醋又买布。买了布，打了醋，回头看见鹰抓兔。放下布，搁下醋，上前去追鹰和兔，飞了鹰，跑了兔。洒了醋，湿了布。

（5）"同姓"不能念成"通信"，"通信"不能念成"同姓"。同姓可以通信，通信的不一定同姓。

（6）知道就说知道，不知道就说不知道；不要知道装不知道，也不要不知道装知道，一定要不折不扣真知道。

（7）四是四,十是十,十四是十四,四十是四十。谁说十四是四四，就打谁十四；谁说四十是细席，就打谁四十。

（8）扁担长，板凳宽，扁担没有板凳宽，板凳没有扁担长，扁担绑在板凳上，板凳不让扁担绑在板凳上，扁担偏要扁担绑在板凳上。

（9）咬牛奶，喝面包，夹着火车上皮包。东西街，南北走，出门看见人咬狗。拿起狗来打砖头，又怕砖头咬我手。

（10）一只青蛙一张嘴，两只眼睛四条腿，扑通一声跳下水。

两只青蛙两张嘴，四只眼睛八条腿，扑通扑通两声跳下水。

三只青蛙三张嘴，六只眼睛十二条腿，扑通扑通扑通三声跳下水。

四只青蛙四张嘴，八只眼睛十六条腿，扑通扑通扑通扑通四声跳下水。

【说明】

口齿清晰的表演者还可以在联欢会上表演绕口令节目。初学者可用拼音代替不认识的汉字。

【目的】

训练学生分辨极易混同的声母、韵母或声调。

（周健　姚宁）

298．周末活动

【做法】

学生五个一组，每组有十三张牌，每张牌上写有一种运动器材的名称或图片。游戏开始，每组中有四个学生各分得三张牌，余下一张牌扣放在桌子中间。第五个没有牌的学生开始猜测组里其中一个学生这个周末将干什么。如，他可以说："这个周末玛丽会去打篮球。"如果组内没有学生对第五个学生的猜测有反对意见，猜测的学生应作出更肯定的判断："玛丽这个周末将去打篮球。"同时猜测者可以直接获得加分。如果写有"篮球"的牌在约翰那儿，约翰要说："玛丽不能去打篮球，玛丽的篮球在我这儿。"第五人再继续猜第二种可能，如此进行下去。到没有人提出异议时，一轮游戏到此结束。

【说明】

牌上也可以有其他学生所熟悉的周末项目及设备（如：看电影——电影票；开汽车——车钥匙）。牌上的项目事先要让学生知道。

【目的】

锻炼学生对相关语法点的听力和口语表达能力。

（陈佩瑜）

299．设计结局

【做法】

教师预先将某一电视短剧或小品的录像节目转录至另一盒录像带上，但是要把电视剧的末尾部分有意删去不录。在课堂上播放这盒没有结局的电视剧录像，接着让学生思考或讨论约十分钟，然后请几个学生分别猜想剧情发展，并按自己的意愿给电视剧设计一个结局。最后把未经删节的电视剧完整地播放一遍，让学生讨论一下谁的结局更符合情理。

【说明】

所选电视剧的情节发展和结局应有较多的改编可能性，以便让学生按自己的不同推理和设想叙述剧情。

【目的】

发挥学生的逻辑推理能力和想象能力，培养他们根据提示展开话题和结束话题的口语能力。

（卢伟）

300. 仿说广告

【做法】

教师预先安排一个课后作业，让学生每人准备一条从电视中听到的广告词并加以模仿。上课时每人表演自己所模仿的广告词，其他学生来猜是什么产品的广告。最后评选出模仿得最惟妙惟肖的优胜者3—5人。

【说明】

这个作业能吸引学生去看电视并关注电视广告词。很多广告电视上长期反复播放，人人耳熟能详。比如："味道好极了"（雀巢咖啡）；"爱生活爱拉芳"（拉芳化妆品）；"想要皮肤好，早晚用大宝"（大宝化妆品）；"人靠衣装，美靠亮庄"（亮庄化妆品）；"今年过节不收礼，收礼只收脑白金"（脑白金）；"排除毒素，一身轻松"（排毒养颜口服液）；"冰爽口感，前爽未有"（高露洁牙膏；"健康肌肤护全家"（舒肤佳）；"草原好奶造好糖"（金丝猴奶糖）；"原来生活可以更美的"（美的电器）；"感受黄山，天下无山"（黄山集团）；"勇敢做自己"（361°运动鞋）；"神州行，我看行"（中国移动神州行电话卡），等等。

【目的】

训练学生听广告词学汉语。

（恒声）

301. 编词配音

【做法】

教师播放预先录制好的电视小品或电视短剧的片段，同时关闭声音，这时学生只能看到无声的画面。播放一遍录像后，把学生分成几个小组，一边观看反复重播，一边猜测和讨论剧情，并按角色自编台词。准备一刻钟左右，然后请一个小组的学生进行角色扮演。最后打开声音，重放录像节目，学生一边听录音，一边跟自编的台词作比较。

【说明】

所选的录像片段既要有较完整的情节又不能太长,以便让学生能在规定的时间内猜测并编造台词。其中如果有难度特别大的个别词句,教师也可以提示并写在黑板上。可以让几个小组相继扮演角色,互相比较,看看哪一组的台词与剧情的设计最生动有趣。

【目的】

培养学生根据提示进行口头作文的能力,同时有助于发挥学生的想象能力。

(卢伟)

302. 找相同物品

【做法】

在 1 张大白纸上画出 6×4 共 24 个方格,再选择 12 种物品名(如苹果、西瓜、白菜、牛奶、巧克力等),每种两个,共 24 个,打乱顺序分别写到方格中。再剪 24 张如方格一般大小的纸,写上 1—24 共 24 个号码,用胶纸依次覆盖在 24 个物品名上。

让学生每次先叫 1 个号码,打开显示了物品后,该生必须正确报出物品名称。然后他再叫 1 个号码来猜相同物品的位置,教师或指定的学生裁判根据手中的答案纸核对一下是否正确,如果刚好猜中了配对的物品,就打开覆盖的号码纸,猜中位置即得 1 分。未猜中者不打开,依然用号码纸覆盖之。分两组进行比赛,每人一次机会看哪组得分较多。

【说明】

开始是乱猜,到了后来即可根据记忆来作出正确选择了。物品名也可以用图画代替。

【目的】

锻炼短时间内记忆名词和位置的能力,活跃课堂气氛。

(周健)

303. 欣赏邮票

【做法】

让每个学生准备一张自己国家的纪念邮票,在课堂上利用投影仪反射放大到屏幕上,由学生自己讲解这张邮票,包括国名、面值、编号,以及邮票中蕴含的事件、人物、故事、风情、名胜古迹、趣闻逸事等项内容。最后由学生评选出"最佳邮票"和"最佳讲解"。

【说明】

要求学生尽量选一张"有内容"的邮票,内容过于简单的邮票尽量不选。教师最好先介绍一张中国的邮票。

【目的】

提高口头表述能力。

(恒声)

304. 猜体态语

【做法】

教师先用实例讲解体态语的含义。如:伸大拇指表示称赞,鞠躬表示行礼或感谢;这大概是各民族共同的。但各民族都有其独特的体态语,如西方人用拇指和食指围成一个圆圈,手心向前,再伸出另外三个手指,表示 OK 状,但这一手势在日本表示钱,在拉丁美洲则表示下流低级的动作。

伸出食指,在美国表示让对方稍等;在法国表示请求对方回答问题;在缅甸表示请求,拜托;在新加坡表示最重要的;在澳大利亚则表示"请再来一杯啤酒"。

伸出食指和中指做 V 字状,"V"是英文 victory 和法文 victore 的第一个字母,故在英国、法国、捷克等国此手势含有"胜利"之意。

信仰佛教的国家如泰国,见面礼常用双手合十。

又如招手叫人过来,中国人用四指向下弯曲摆动;而西方人则用四指(或食指)向上弯曲摆动。

食指弯曲这一手势在中国表示"9";在日本表示小偷,特别是那些专门在商店里偷窃的人及其偷窃行为;在泰国、新加坡、马来西亚表示死亡;在墨西哥则表示钱或询问价格及数量的多少。

伸出中指,在法国、美国、新加坡表示被激怒和极度不愉快;在墨西哥表示不满;在澳大利亚、美国、突尼斯表示侮辱;在法国还表示下流行为。

盯着别人的眼睛看,在一些国家是表示对对方感兴趣;但在另一些国家,是被认为无理的、对别人不尊重。

教师可以做一个手抓头皮的动作,问学生这个体态语的含义。(表示想办法或想答案)学生猜出后,让学生一一上台做一个自己民族或中国的体态语给全班同学猜。

【说明】

体态语在交际中起着十分重要的作用,有时身体不自觉的动作还能暴露出说话人的口是心非。这里再介绍几种汉族体态语,以供教师讲课参考:

(1)竖小拇指:表示数量少,或品质差,能力低。

(2)用食指指自己鼻子:表示"是我"。

(3)敲桌子:表示提醒,如要求大家安静。

(4)打榧子(响指。拇指贴紧中指面,再使劲闪开发出声音):表示高兴、开心。

(5)把食指竖在自己嘴前:示意大家安静下来,不要说话了。

(6)拍大腿:表示高兴、着急、后悔、生气、顿悟等。

(7)拍胸脯:表示自信、勇敢、有办法、有把握等。

(8)缩脖子:表示胆小、害怕,或怕冷。

(9)咂嘴(舌尖抵住上腭发出吸气音):表示称赞、羡慕或惋惜,不耐烦等。

(10)捂脸(用手遮盖脸):表示害羞或痛苦、悲伤。

学生表演与汉族不同的体态语时,教师可以通过提问或表演来解释汉族人如何表示相同的意思,这种比较也是饶有趣味的。

【目的】

了解各民族体态语的不同和汉族体态语的含义,提高交际水平。

（周健）

305. 蒙眼旅行

【做法】

用硬纸板做四个牌子竖在地上,排成一行,两牌之间相距约两尺。牌子上分别写有"北京、上海、广州、西安"字样,并分别在北京、上海、广州、西安的地名下方注"4、3、2、1",即找到"北京"牌者得四分,余类推。

学生四人为一组,每人选定一个目的地。然后排队站在五米之外的起点,起点正对着西安,北京则距离最远。裁判宣布开始后,比赛者报出自己的目的地,蒙上眼睛后先在原地转一圈,然后对准自己估计的目标前行几步去摸目标牌子。正确找到者可得一分。如果找错了城市,则要求说出自己误找的城市的两处名胜来,说对了可得半分。第一组四人依次做完后,第二组再做。得分较多的一组获胜。

【说明】

这个游戏适用于晚会，能活跃气氛。

【目的】

人人参与，活跃气氛。

（恒声）

306. 话题讨论

【做法】

教师先讲一段故事，然后组织学生讨论。

长沙，冬天。

玛丽的房间里来了两位中国男子，他们是玛丽的朋友。玛丽看见他们很高兴，然后把同屋介绍给他们："这是丽达，我的朋友，刚到中国来。"丽达微笑着伸出了手，两个中国人看见她仍然坐在椅子里没有站起来，二人一阵不快，心想好大的架子！但还是伸出了手。

丽达发现他们仍然戴着帽子，握手也只是微微伸出了手指，给人软弱、迟疑的感觉。这在她的国家是典型的死鱼式握手，这使她十分反感：两个不懂礼貌的人。她脸上的笑容消失了。

两个中国人坐下来和玛丽说着话，发觉丽达把双脚放在椅子上，头伏在膝盖上，他们不禁皱眉头：没个坐相，太放肆了！而丽达又看见二人中的一人随手拿起桌子上她的书就翻看起来，根本不问她同意不同意。"太没教养了"，她生气地想。

玛丽感觉到他们互相都不喜欢对方，谈话的气氛也不融洽，但又不明白是为什么。你能说说原因吗？

然后引导学生讨论交际文化的差异。

【说明】

这是一个跨文化交际的问题，这种问题的讨论可以引导学生理解不同文化的体态语、风俗习惯、交际规范等内容。上例中，长沙是中国南方城市，冬天室内一般没有取暖设备，人们进屋也没有摘帽、脱大衣的习惯。别人桌子上的书报杂志，大多数中国人认为不属于隐私的范围，随意翻看一下也无所谓。但是中国人普遍重视在客人面前的行为举止。这一类内容教师必须向学生强调。所选择的故事要生动有趣、贴近生活并能引起开放式的讨论。

【目的】

训练学生的听力理解、成段表达和对文化差异的关注。

（吴晓露）

307. 趣味抢答

【做法】

教师依次读出下列问题，供全班同学抢答：

（1）什么东西没有脚却能日夜不停地走？

（2）什么东西是属于你的，别人却比你更经常地使用它？

（3）你能做、我能做、大家都能做，一个人能做、两个人不能一起做。这是做什么？

（4）什么问题你必须回答"对"？

（5）什么时候有人敲门，你绝不会说请进？

（6）一个盒子有几个边？

（7）先有男人，还是先有女人？

（8）有些月份有30天，有些月份有31天，有多少个月份是有28天的？

（9）什么时候四减一等于五？

（10）我现在坐在教室里，你能在教室里找到一个地方坐下，而我却永远不能坐在那里吗？

参考答案：（1）钟表；（2）你的姓名；（3）做梦；（4）一个字的左边是"又"，右边是"寸"，这个字念什么？（5）在厕所里；（6）两个，里边和外边；（7）男人，因为男人是先生；（8）12个月都有；（9）四角形的方桌切掉一个角；（10）你能坐在我的膝盖上，我却不能。

【说明】

当有学生说出正确答案后，再重复一遍问题和答案，使反应较慢的学生也能明白。

【目的】

训练学生听懂汉语并能给予机智的"非常规"的回答。

（周健）

308. 课堂辩论

【做法】

教师先让日本学生和其他国家的学生谈一下日中两国妇女比较典型的生活方式。如：

日本妇女：怀孕后即不再工作，操持家务，负责子女的教育，照顾丈夫，自身进修……

中国妇女：生育后照常上班，与丈夫共同操持家务，教育子女，男女平等，同工同酬……

教师也可以适当补充。然后问大家赞同哪种模式，让学生举手表态。如赞同两种的大体相等，便将学生分为两组：日本组与中国组。若两组人数悬殊，则由教师作适当调整。然后分组准备10分钟，辩论的题目是"日本妇女与中国妇女谁更幸福？"每组推选4名作为辩论人，其余学生也可以随时提醒或补充发言。辩论开始，安排正反方两组相向而坐，先由正方1号（认为日本妇女幸福）发言，然后由反方1号发言。接下来自由发言，支持、反驳或补充都可以。辩论完毕由教师作小结。

【说明】

这种辩论宜安排在高年级的口语课上进行，必要时可安排课外准备，以取得更好的效果。要鼓励共同准备献计献策，辩论时为己方加油。辩论的题目要选择学生比较熟悉、有一定程度的了解、又普遍感兴趣的。如"中国应不应该大力发展轿车工业？""发展体育应当靠市场还是靠政府？""政府应该不应该保证人人都有住房？""找对象一定要男比女大（或'强'）吗？""父母该不该打孩子？""做男人好还是做女人好？"等等。

【目的】

训练成段表达的能力，同时训练立论与反驳的一般方法，培养说话的逻辑性和急智反应。

（周健）

309. 名片头衔

【做法】

教师准备一些名片，如张先生、陈小姐等，告诉学生他们的单位，但把他们的职务、职称等头衔打乱，请学生一一找出来，用线连起来。答案可能是多种多样的，只要没有明显的矛盾之处，就算正确。

张开智——北京大学	总经理
刘一平——广州市卫生局	董事长
王明达——大源贸易公司	厂　长
孙美华——花园酒店公关部	工程师
林汉权——中华总商会	教　授
谢　飞——东方汽车公司	讲　师
李大康——熊猫电视机厂	校　长
杨大斌——北京第四中学	主　任
吴　功——宏达电子设备厂	部　长
李小立——中山大学	处　长
赵胜利——华远公司办公室	记　者
田中一郎——日本大东商社	总编辑
胡明杨——第三医院外科	秘书长
唐善算——白马广告公司	理　事
高费文——东方酒店住房部	律　师

许　明——南京大学教务处	会计师
郑这真——南方日报	院　长
吕明华——大华公司营业部	主任医师
周　海——中华医学会	局　长
邓大方——协和医院	商务代表
陈　丽——南方医院妇产科	护士长
杜芝雅——东方电视台	主　管
江　新——通达律师事务所	副主任

【说明】

学生做完后教师提问讲评。每论及一个人物，教师可问大家有多少种可能。如"张开智——北京大学"可能的职衔有：教授、讲师、校长。

【目的】

使学生熟悉中国社会常用的头衔，深入了解中国社会文化。

（周健）

310. 猜职业

【做法】

教师先讲以下小故事，让学生猜出结果，并要求说明推理过程：

在一个晚会上，纪先生、施先生和华先生互相认识了，纪先生笑着说："真有意思，咱们三个人一个姓纪，一个姓施，一个姓华；一个是记者，一个是老师，一个是画家。但是姓纪的不是记者，姓施的不是老师，姓华的不是画家。"画家听他这么一说，不禁笑出声来。请问，你知道他们各自的职业是什么吗？为什么？

【说明】

结果并不难猜，即画家姓施，老师姓纪，记者姓华。但一定要求学生清楚准确地说明推理的过程。

【目的】

锻炼学生思维的逻辑性和口头表达能力。

（周健）

311. 跨文化交际

【做法】

教师把下表发给学生，其中设有各种情景及西方人在该情景中通常所采用的交际语，要求学生在相应的位置填上比较恰当得体的中文交际语。

（T—Tom Stewart，美国青年；王—王广华，中国小伙子）

情景（1）：初次见面，交谈几句后想知道对方姓名。

T：What's your name?

王：＿＿＿＿＿＿＿＿＿

情景（2）：出门遇见熟人。

T：How are you doing, Michael?

王：＿＿＿＿＿＿＿＿＿

情景（3）：餐后遇见熟人。

T：Hello, Jack?

王：＿＿＿＿＿＿＿＿＿

情景（4）：对方称赞你外语讲得好。

T：Thanks. I studied it in school.

王：＿＿＿＿＿＿＿＿＿

情景（5）：在自己家里招待客人。

T：Help yourself with the chicken, I made it myself.

王：＿＿＿＿＿＿＿＿＿

情景（6）：与朋友在饭馆一起吃饭，结账时。

 T：Shall we go Dutch?

 王：_____

情景（7）：向对方送礼物。

 T：I hope you like it.

 王：_____

情景（8）：接受对方礼物后。

 T：(unwraps the present) It's so lovely. I really appreciate your gift.

 王：_____

情景（9）：在饭桌上请爷爷把胡椒粉递给自己。

 T：Philip, would you pass me the pepper?

 王：_____

情景（10）：别人向自己道谢以后。

 T：You are welcome.

 王：_____

情景（11）：在拥挤的超级市场，你推着购物车希望别人给你让路。

 T：Excuse me.

 王：_____

情景（12）：送客。

 T：Good-bye.

 王：_____

> **参考答案：**（1）您贵姓？（2）老李，上哪儿去？（3）吃了吗？（4）哪里哪里，您过奖了。（5）粗茶淡饭，没什么菜，你多吃点。（6）我来付款（买单）。（7）一点小意思，请收下。（8）（把礼物放在一旁）真是的，你何必破费呢？（9）爷爷，麻烦您把胡椒递过来。（10）不用谢，别客气。（11）劳驾（借光），请让一让。（12）请慢走（不远送，请走好），有空常来玩。

【说明】

中西文化在交际方面的差异也很大，教师可以通过中西交际方式的对比来凸现汉语交际文化的特点，帮助学生在跨文化交际中克服对西方文化的依附。

以称呼方式为例，西方文化中对不熟识的人多采用"先生（Mister, Sir, Gentleman）、女士（Lady, Madam）、小姐（Miss）、夫人（Mrs, Madam）"等通用称呼。对于熟识的人，则直呼其名，以示亲切，并不计较年龄和辈分的差异。但中国文化分长幼之序、重亲疏之别。使用亲属称谓时尽量把对方的辈分或排行拔高。通称用语不如西方发达，"姓＋职务（职称）"是最普遍的社会称谓方式，如王局长、张校长、刘主任、方老师、马教授、孙会计、谢大夫、周工（工程师）等等；其次是亲属称谓发达，不仅用于家庭和家族内部，也用于社交场合，如王大爷、李大娘、吴叔叔、赵阿姨、大哥、大嫂等等。教师可以设置不同语境，让学生根据对象选择恰当的称呼方式。

外国学生学到中级程度以后，应能掌握体现在不同交际用语中的文化差异。教师还可以根据实际情况补充若干对话。

【目的】

熟悉汉语日常交际用语,提高跨文化交际能力。

(安辉仁)

312. 交际任务法

【做法】

教师根据所教学生的汉语水平,设置以下交际任务:

(1)把你看到的这个通知用电话告诉你的朋友,因为这位朋友对学习太极拳很感兴趣。

> 通 知
>
> 太极拳学习班7月27日开始,8月14日结束。
> 每星期一、三、五下午4:15—5:25。
> 7月27日上午8:00—12:00在留学生办公室报名。
>
> 华文学院留学生办公室
> 2008年7月22日

（2）学生甲邀请学生乙去他家做客，把从学校去他家的路线以及乘几路公共汽车等，都告诉乙。要求乙一边听一边把路线画下来，不清楚的地方随时问对方，最后再向对方确认一遍。

（3）要学生看下边的租房广告，然后给出租人打一个电话，进一步了解具体情况并确定看房时间。

天润路金达苑

价格：1000元

居室：1居室

面积：25平米

　　实用的单身公寓，独立厨厕，温馨别致，室内采光通风，屋里家具家电齐全。位于天润路，交通繁华方便，三十多路公交车直达门口，步行到中信仅10分钟。附近有大型购物超市，购物极为便利。学校、医院都很近。小区24小时保安系统监控，舒适安全。

联系电话：87304889　　黄小姐

（4）你国庆假期打算去上海等地旅游，在报纸上看见了下面这则广告，很感兴趣。请给旅行社打电话了解吃、住、行、门票、费用等具体情况。

上海—苏州—无锡—杭州　四晚五天游

优惠价 1288 元

D1	上海游览外滩，南京路观光购物，城隍庙、豫园。	住上海
D2	游浦东东方明珠或观中华第一高楼——金贸大厦，车游南浦大桥或杨浦大桥，浦江隧道；抵苏州用午餐，下午游虎丘、寒山寺，晚观前街购物、看夜景。	住苏州
D3	游览留园，狮子林，赴无锡午餐，下午游太湖、三国水浒城或唐城。	住无锡

D4	游览锡惠公园、参观泥人厂，赴杭州用午餐，下午泛舟西湖（观三潭印月、白堤等，游花港观鱼，漫步苏堤），虎跑梦泉，车游钱塘江，观六和塔，钱江大桥等。	住杭州
D5	返回可爱的家园。	

江苏金马旅行社　　地址：中国南京中山北路255号　　电话：025-83421670

【说明】

　　任务式教学法是一种先进的语言教学模式，目标任务具有现实性、交际性和综合性。教师设置的交际任务应当是跟学生生活密切相关的，符合学生需求的，并具有引导性和可操作性。越接近真实的任务，学生操练的兴趣就越浓厚。

【目的】

　　完成交际任务，提高实际交际能力。

（吴中伟　周健）

313. 查电话号码比赛

【做法】

　　学生三四人为一小组，每组发给一本本市的电话号码簿。教师举出一些情景或问题，让学生自己查出有关的电话号码来。例如：

　　（1）打算乘船去某地，想了解班船的时间及票价。

　　（2）家中厕所下水道堵塞了，想找管道工人来修理。

　　（3）费城交响乐团来穗演出，你想了解票价等情况，但还不知道演出的地点。

　　（4）了解博物馆的展览情况。

　　（5）向某著名餐馆订位。

【说明】

　　学生可能会找出不同的机构来，教师可先让学生说明理由再作讲评。

【目的】

此游戏实用性极强,可帮助学生学会直接使用电话簿及公共咨询服务设施。

(周健)

314. 查地图比赛

【做法】

学生分成若干"三人小组",每组发给一张中国地图和要找寻的地名。地名可以包括两个中国文化名城(如扬州、宜宾)、一座名山(如衡山)、一处名水(如鄱阳湖或太湖)、一条线路(如从上海去九寨沟的可能的交通路线),看哪个组先完成。要求把结果写下来,以便核对、评比。也可以给各组不同的任务,但难度要大致相当。

【说明】

属于任务式教学法,实用价值比较高。要根据学生的汉语及文化水平来确定难度,对于程度较低的学生还可给予提示,如"衡山在湖南省"。

【目的】

帮助学生认识和熟悉中国地图，有效地使用地图。

（周健）

315. 邮政问答

【做法】

教师发给每个学生一张纸条，纸条上写着两个有关邮政方面的问题，如：

（1）寄往国内与寄往国外的信封在规格上有什么不同？

（2）寄往台湾的平信要贴多少钱邮票？

（3）寄往日本的信件能不能使用国内标准信封？

（4）一封重20克的信，航空寄往美国应贴多少钱邮票？

（5）水果能不能邮寄？

（6）贺卡怎样邮寄？

（7）给中国朋友写信但又不知道他的邮政编码怎么办？

（8）有没有必要告诉住在法国的父母自己所在学校的邮政编码？

（9）对于没贴邮票或没贴足邮票的邮件邮局怎样处理？

（10）怎样领取包裹？

（11）挂号信或包裹能不能请别人代领？

（12）邮局的EMS快递和其他快递公司有什么不同？

（13）邮局汇款和银行汇款哪种合算？

（14）邮政银行和其他银行有什么不同？

……

如果学生人数多，部分题目可以重复。要求学生到邮局去做一下调查研究，弄清楚正确答案，在几天之后再做"课堂邮局"的游戏。做游戏时，把学生的问题条收上来打乱次序后再发给学生，学生们依次根据手中的问题提问，由了解该问题答案的人扮演邮局服务员回答。其他知道正确答案的学生也可以纠正或补充。

【说明】

教师的题目也可以来自学生，让每个学生写两个自己弄不清楚的有关邮政方面的问题。

【目的】

掌握中国邮政方面的知识，培养他们通过真实交际独立解决问题和课堂表述的能力。

（周健）

316. 做导游

【做法】

根据学生在中国旅游的实践，让学生扮作导游，组织带领大家去游览自己去过的一个风景区、文化名城或有特色的地方。导游要重点介绍一些名胜古迹或风貌特色。要求提前准备，最好能展示照片、实物、纪念品并把讲稿做成PPT来演示。可以适当介绍旅途中的有趣经历，但介绍的重点要放在旅游目的地的名称、位置、交通、自然条件、历史文化或自然风光的背景知识、特产、选择该旅游地的理由、旅游路线等。其他学生作为游客可提出各种问题或要求。

【说明】

在进行这一任务操练时，必须提前布置，让学生有所准备。教室里最好能准备一张较大的中国地图。可以介绍学生还没有去过的其他旅游点，也可以由学生带领大家去自己的国家或家乡旅游（最好自备地图），给大家介绍其所在国的游览胜地和民族文化风情。

【目的】

锻炼使用旅游汉语语汇和成段表述的能力，以及解答疑难、随机应变的能力。

（喻捷）

317. 设计乘车路线

【做法】

教师利用投影展示本市的简明交通图，地图上有地铁、公交路线和若干地名。教师先通过提问热身："假定你现在在火车站，你打算去××大学，应当怎样乘车？"学生普遍对这条路线比较熟悉，他们可能会说："先从火车站坐地铁2号线，到中山路站下，换43路公共汽车，就到××大学了。"然后教师假定一个位置，要求学生设计出去另一位置的乘车线路。

【说明】

本训练具有很强的实用价值和交际价值。教师要注意选择两点间没有直达公交的路线让学生设计乘车方式，但也不宜换乘次数过多，以换车1—2次为宜。如果两点间有多种换乘方式，教师可以引导学生比较，看哪条线路最快最省钱。投影展示的本市交通图要清晰、简明，教师可能需要对已有的地图做一些处理。

【目的】

培养学生运用地图和汉语解决实际问题的能力。

（周健）

318. 传递与改编

【做法】

教师课前准备好两种不同的文字材料，分别发给单双行的学生，使同座的两位学生得到不同的材料。要求他们把手中的信息通过语言交流的方式传递给同伴（不得把材料给同伴看），帮助同伴完成任务并以同样的方式从同伴那里获得信息来完成自己的任务。

例如，单行的学生得到以下表格：

姓名	年龄	身高	健康	相貌	职业	文化程度	爱好	住房
谢立新	30岁	1.75米	良好	端正	医生	大学毕业	文学	二居室

双行学生得到以下表格：

姓名	年龄	身高	长相	穿着	职业	其他特征
杨毛毛	6岁	1米左右	圆脸大眼睛	咖啡色衣裤，白色童鞋	无	1. 左耳下边有一颗黑痣 2. 只会说广东话

要求单行学生根据表里的材料，描述征婚者的情况，帮助双行学生完成下面的《征婚启事》。（不要把表给同伴看）

征 婚 启 事

谢立新，_____
_____
_____

　　欲寻28岁以下，1.60米以上，身体健康，性格温柔，相貌端庄，高中以上文化程度的本市姑娘为伴。有意者请来信来照，寄北京中关村燕清小区78号楼207室（100071）李刚收转。

双行学生根据手中材料，描述走失儿童的情况，帮助单行学生完成《寻人启事》。（不要把表给同伴看）

寻 人 启 事

　　3月15日下午，在广州东山口走失了一个叫_____
_____
_____

　　有知道小孩下落的，请跟本市长城饭店521房间的杨新联系。（电话87370524）定有重谢。

【说明】

整个活动过程分为四步：(1) 输入信息；(2) 交流信息；(3) 用获取的信息完成指定任务；(4) 核对。教师可提问若干学生，请他们读出自己写的启事，然后作简略讲评。

【目的】

帮助学生掌握传递信息、交流信息、改编信息的能力，提高交际能力。

(晏懋思)

319. 识药开方

【做法】

学生两人一组，教师发给每组一个药品包装盒或药品说明书，要求学生借助工具书弄懂该药品的名称、作用与用途（或功能与主治）、用法与用量、注意事项（或禁忌）以及贮藏方法。然后教师在黑板上写出一些与所用药品相关的疾病名，如感冒伤风、肠胃病、关节炎、心脏病等，要求学生选择合适的病症，并在下面写上自己手中的药名（通常不止一种）。对于存在疑问的，教师或学生们可以提出质疑，由写药名的学生作出解释。教师最后说出或在黑板上写出一些判断，如：关节炎病人应服用胃舒平，食物中毒病人服用康泰克等，让学生判断正误。

【说明】

药品说明书要选择常用的，中成药和西药皆可，内用外用都有。药名的含义（如吗丁啉、参苏丸）不要求弄懂，教师也不必解释，但要求正确读出。教师本人要熟悉药名和主治。

【目的】

通过任务式自主学习法,帮助学生读懂中国药品的说明书,对他们在中国独立生活也极有实用价值。

(恒声)

320. 画校园图

【做法】

给每个学生发一张学校简图。教师在黑板上先画一个学校大门和校园轮廓,然后请学生自愿上讲台(上讲台的学生不用看图)。讲台下的学生每人看图讲出学校内某一建筑的方位,讲台上的学生按他说的画出所在方位。如,一学生说:"留学生楼在学校大门的右边。"讲台上的学生画出个大致方位。另一学生说:"图书馆在留学生楼的前边。"讲台上的学生再绘出来。如果画得不对也由学生发出指令,让他修改。

【说明】

（1）学校简图由教师事先准备好，复印给学生。

（2）也可分为两组进行比赛，可准备两幅不同的图，画好后教师点评。

【目的】

训练学生的方位词和交际沟通能力。

（林晓彤）

321. 小品表演

【做法】

教师预先把小品的脚本发给学生，分配角色，带领学生排练以下两个小品：

小品（1） 你哪儿受伤了

教师先介绍情景，分配好角色。让学生 A 扮演骑自行车的小伙子，学生 B 是个较胖的学生，C 扮演行人。学生 A 骑车把 B 撞倒，B 倒地，被撞得很厉害。

A：实在对不起，你没事吧？

B：哎呀，我的腿大概被你撞坏了，疼得厉害，哎呀——

A：怎么办呢？我送你去医院吧？

B：好——吧。

A：我把你扶起来，背你上医院吧。

B：好——吧。

A：哎呀，你太重了，我背不动呀。

B：那怎么办呢？哎呀，快疼死了。你快叫一辆出租吧，要不，我会疼死的。

A：好，我去叫。

B：你别走。

C：(对A) 你留在这儿照顾他，我帮你们叫车。TAXI——

小品（2） 还书

情景：李兰头戴耳机，在房间里随着节拍舞动身体。马平上，虚拟敲门，效果敲门声，李兰听不见，马平重敲并叫门。

马：李兰！李兰！

李：（摘下耳机）谁呀？

马：是我，马平。

李：（拉开门，见是马平，故意一口气说）请进请坐请喝茶。

马：你这儿真难找，我找了一个小时才问到你家。

李：我不是告诉你我住128号了吗？

马：我记成182号了。

李：我还写在纸条上给你了。

马：那张纸条我又忘记带了。

李：你怎么这样粗心。今天有何贵干？

马：我来还书给你，明天有"中国历史"课，我怕耽误了你复习。

（从书包里拿出一本书）

李：把书放桌上吧。来吃个苹果。

马：不吃了，我还要去书店买磁带呢，告辞了！

李：谢谢你，再见！

马：再见！

李：（拿起书一看——）咦，怎么是《中国地理》？这个马大哈，又拿错了。

【说明】

小品也叫小话剧。口语课上的"小品"表演还不同于舞台上的小品表演，重点是训练口语表达能力，并不要求太高的表演技巧，人人都可以参加。但表演又不同于回答问题，必须把语言和动作、表情、姿势以及简单道具结合起来。教师也可扮演其中一个角色，既当导演又当演员，师生同乐，效果更佳。

【目的】

小品（1）主要练习道歉并活用学过的语言项目，如"走不动了、背不动了、来不及"等；小品（2）训练口语常用语，如"请进请坐请喝茶、有何贵干、马大哈"等。

（周健）

322. 点标点

【做法】

教师先讲一个小故事：

从前有一个饭店老板，替一位客人包饭，他们订了一个合同，上面这样写着："没有鸡鸭也可以没有鱼肉也可以青菜豆腐不可少。"客人见收费不太贵，又有荤菜，很高兴。可是他没有想到，天天给他吃的只是青菜豆腐，既没有鸡鸭，也没有鱼肉，于是客人和老板争论起来，你猜他们各说什么？

老板说的是：没有鸡鸭也可以，没有鱼肉也可以，青菜豆腐不可少。

客人说的是:没有鸡,鸭也可以;没有鱼,肉也可以;青菜豆腐不可少。

由此引出标点符号的重要性,再让学生为以下三句点标点:

(1)男人没有了女人就害怕了

(2)田中山田在北京大学学习汉语

(3)下雨天留客天留我不留

【说明】

(1)有两种标点法:

①男人没有了,女人就害怕了。

②男人没有了女人,就害怕了。

(2)有五种标点法:

①田中、山田在北京大学学习汉语。

②"田中、山田在北京大学学习汉语。"

③"田中、山田在北京大学学习汉语?"

④田中:"山田在北京大学学习汉语。"

⑤田中:"山田在北京大学学习汉语?"

要求学生逐句说明含义。

(3)教师可先讲一下这个小故事:

下雨了,客人想留下吃晚饭、住宿,而主人不想留客,于是在客人写的话上加上了标点,最后客人又重新标点。

客人原意是问主人:下雨天,留客天,留我不留?

主人说:下雨天留客,天留我不留!

客人再改为:下雨天,留客天,留我不?留!

【目的】

使学生认识标点符号的重要性。正确地使用标点符号,有助于准确鲜明地表达思想或帮助读者正确地理解语意。

(周健)

323. 学做中国菜

【做法】

教师先问学生是否喜欢吃中国菜，得到肯定的答复后告诉学生，今天要教他们做一道中国菜——糖醋排骨。先展示这道菜完成后的照片，接着依次展示做这道菜的材料照片，共10张：切成小块的猪肋排（约250克）、料酒、酱油、白糖（或冰糖，色泽更好）、醋、花生油、大料、葱段、姜片、盐。然后具体介绍做法：

第一步：在汤锅里注入清水，小排骨冷水下入锅中，开锅后撇去浮沫，放入葱段4段，姜片4片，大料2个，转小火炖30分钟，排骨煮好后捞出。

第二步：按照1勺（瓷调羹）料酒、2勺酱油、3勺糖、4勺醋、5勺清水的比例做成一满碗的调味汁。

第三步：在炒锅里倒上50克油，油热后倒入排骨，用小火慢慢炒，待排骨表面呈淡淡的金黄色即可。倒入刚才做好的调味汁，应该刚好没过排骨，大火煮开后转小火慢慢让它炖至入味，随后加入很少的盐和一勺醋，开大火收干汤汁，就可以盛出了。

教师介绍完了这道菜的做法以后，通过提问要求学生复述糖醋排骨的做法步骤。还可以提议全班举行一次自带菜聚餐，要求每个学生（或每个小组）自己查资料学做一道中国菜，同时写出该菜的菜名、材料、做法步骤等，向全班同学做一个介绍。

【说明】

　　教师最好能准备糖醋排骨烹制的演示光盘或PPT，给学生以直观的感受。本练习的重点是复述做菜的步骤，要求学生一边听教师介绍，一边做笔记。最后用任务式活动让学生把语言学习和动手实践结合起来，学以致用，提高他们的汉语学习兴趣。

【目的】

　　结合做菜来练习汉语表达，扩大烹饪方面的词汇。

（周健）

324. 脑筋急转弯

【做法】

　　教师说若干有趣的题目，看学生能否很快想出答案来：

　　（1）有两个戴帽子的人从屋里走出来了，一个戴着蓝帽子，一个戴着白帽子。戴蓝帽子的人是戴白帽子的人的儿子，可戴白帽子的人不是戴蓝帽子人的爸爸。那么这个戴白帽子的人是谁？

　　（2）有一个人，他是你父母生的，但他却不是你的兄弟姐妹，他是谁？

　　（3）什么动物，你打死了它却流了你的血？

　　（4）每对夫妻在生活中都有一个绝对的共同点，那是什么？

　　（5）小张被关在一间并没有上锁的房间里，可是他使出全身力气也不能把门拉开，这是怎么回事？

　　（6）为什么有家医院从不给人看病？

　　（7）小王一边刷牙，一边悠闲地吹着口哨，他是怎么做到的？

（8）书店买不到的书是什么书？

（9）打什么东西毫不费力？

（10）怎样才能用蓝笔写出红字来？

（11）什么东西人们都不喜欢吃？

（12）王老太太喜欢整天说话，可她有一个月说话最少，是哪一个月？

参考答案：(1) 妈妈；(2) 我自己；(3) 蚊子；(4) 同一天结婚；(5) 推开；(6) 动物医院；(7) 刷假牙；(8) 秘书；(9) 瞌睡；(10) 写"红"这个字；(11) 吃亏；(12) 二月。

【说明】

脑筋急转弯的题目很多，要选择一些语言比较浅显，内容有趣的。

【目的】

锻炼学生的汉语思维能力和表达能力。

（周健）

325. 汉语的幽默

【做法】

以下十则幽默供教师讲解汉语特点时选用：

（1）望文生义

洋　　人：你们中国人的确是一个勤奋的民族。

中国人：怎见得？

洋　　人：每天早上我上班的时候，常常可以看见路边招牌上写着"早点"，提醒上班的人不要迟到。

（2）简练

某大学生物系设有动物学、昆虫学、植物学三个专业。在全系学生大会上，主持人大声招呼："动物坐左边，昆虫坐右边，植物坐中间。"

(3) 左右逢源

史蒂夫向汉语老师抱怨说:"汉语没有逻辑,我没法学了。"老师愿闻其详。史蒂夫说:"昨天我看报纸,标题是'中国乒乓球男队大胜美国队',我知道是中国人赢了;今天又看报纸,标题是'中国女队大败美国队',一看内容,还是中国人赢了!"

(4) 官员的检查

问题出在:好喝酒;

检查根源:酒好喝;

思想认识:喝酒好;

改进措施:喝好酒;

努力方向:酒喝好。

(5) 好懂

中文教师:中文的"好"字有这样的用法:"好容易"意思是"好不容易";"好不辛苦",其实是"好辛苦";"好不快活",就是"好快活"。懂了没有?

外国留学生:好懂。

(6) 屡败屡战

清朝大官曾国藩有一回和洪秀全领导的太平天国打仗,几次都失败了。他在给朝廷奏章中无奈写下"臣屡战屡败"的字样。后来,他的部下劝其改成"屡败屡战",果然是化腐朽为神奇的置换,皇帝不但不惩罚他打了败仗,还下诏表扬他的不屈不挠的精神。

(7) 料事如神

从前有一位善于算命的王先生,人称王半仙。有一天,三位赴京考试归来的举人,找王半仙算考试结果。其中一位的母亲不久前去世了,他要求王半仙说说他母亲的生死,看他算得灵不灵。王半仙装模作样算了一会儿,给他写了一张字条:"父在母先死。"他大吃一惊,认为王半仙算得真灵,于是三人都要求算考试结果。王半仙只伸出一个指头,微笑摇头一言不发。三个人走了以后,王半仙的儿子问他那是什么意思。王半仙说,我这一个指头可以表示有一个人考中了,也可以表示有一个人没考中。如果都考中了,这就表示"一齐高中";如果都没考中,这就表示"一个也没考中"。儿子恍然大悟,又问为什么写“父在母先死”，王半仙让他认真想一想，他想了一会儿，不禁大声叫绝。

（8）wife的中文说法

①妻子；②老婆；③太太；④夫人；⑤内人；⑥媳妇；⑦那口子；⑧娘子；⑨老伴；⑩拙荆；⑪配偶；⑫贱内；⑬贤内助；⑭孩子他妈；⑮娃他娘；⑯内子；⑰婆娘；⑱糟糠；⑲宝贝；⑳心肝；㉑家里的；㉒达令；㉓女人；㉔主妇；㉕女主人；㉖老板娘；㉗财政部长；㉘妇人；㉙大姐；㉚小妹；㉛家属；㉜屋里的；㉝另一半；㉞半边天；㉟女当家；㊱发妻；㊲浑家；㊳堂客；㊴山妻；㊵山荆；㊶婆姨；㊷老妻；㊸贤妻；㊹老妪；㊺老太婆；㊻领导；㊼冤家；㊽亲爱的；㊾革命同志；㊿丫头；(51)哎。

（9）爱情历程

李先生刚与太太认识时叫她“张慧芳”，开始谈恋爱时叫她“慧芳”，接过吻后就叫“芳”，领了结婚证后叫“芳芳”，蜜月时叫“小心肝”，生过孩子后还原为“芳”，半老徐娘时叫“慧芳”，闹离婚时就彻底恢复为“张慧芳”。

（10）顺口溜

有财不一定有才，有胃不一定有味，性福不一定幸福，真诚不一定真成。

【说明】

教师在讲完双关、省略、歧义等汉语知识后，最好再给学生讲一个相关的小幽默故事，效果较好。

【目的】

活跃课堂，使学生对汉语表达的某些特色留下深刻印象。

（周健）